新闻传播学
新视界译丛

陈卫星 主编

War, Imageacy & Legitimacy
Viewing Contemporary Conflict

战争、影像与合法性
透视当代国际冲突

[英] 迈尔纳·米哈尔斯基（Milena Michalski）
[英] 詹姆斯·高（James Gow） 著

李智 译

华夏出版社
HUAXIA PUBLISHING HOUSE

图书在版编目（CIP）数据

战争、影像与合法性：透视当代国际冲突/（英）迈尔纳·米哈尔斯基（Milena Michalski），（英）詹姆斯·高（James Gow）著；李智译.—北京：华夏出版社，2019.1
书名原文：War, Image and Legitimacy: ViewingContemporary Conflict
ISBN 978-7-5080-9135-8

Ⅰ.①战… Ⅱ.①迈…②詹…③李… Ⅲ.①战争－影响－国际关系－研究－世界－现代 Ⅳ.①E195②D819

中国版本图书馆CIP数据核字（2017）第028228号

War, Image and Legitimacy: ViewingContemporary Conflict, first edition
By Milena Michalski and James Gow /9780415401012
Copyright ©2004 by Routledge
Authorized translation from English language edition published by Routledge, an imprint of Taylor & Francis Group LLC
All Rights Reserved.
本书原版由Taylor & Francis出版集团旗下 Routledge出版公司出版，并经其授权翻译出版。版权所有，侵权必究。
HUAXIA PUBLISHING HOUSE is authorized to publish and distribute exclusively the Chinese (Simplified Characters) language edition. This edition is authorized for sale throughout Mainland of China. No part of the publication may be reproduced or distributed by any means, or stored in a database or retrieval system, without the prior written permission of the publisher.
本书中文简体翻译版授权由华夏出版社独家出版并在限在中国大陆地区销售。未经出版者书面许可，不得以任何方式复制或发行本书的任何部分。
Copies of this book sold without a Taylor & Francis sticker on the cover are unauthorized and illegal.
本书封面贴有Taylor & Francis公司防伪标签，无标签者不得销售。
北京市版权局著作权登记号：图字01-2014-6992号
本书获中国传媒大学"双一流：新时代科学研究创新团队支持项目"资助，项目批准号：CUC18CX01

战争、影像与合法性：透视当代国际冲突

作　　者	［英］迈尔纳·米哈尔斯基　［英］詹姆斯·高
译　　者	李　智
责任编辑	陈　迪　许　婷
出版发行	华夏出版社
经　　销	新华书店
印　　刷	北京京鲁数码快印有限责任公司
装　　订	北京京鲁数码快印有限责任公司
版　　次	2019年1月北京第1版　2019年1月北京第1次印刷
开　　本	720×1030　1/16开
印　　张	18
字　　数	200千字
定　　价	89.00元

华夏出版社 网址：www.hxph.com.cn 地址：北京市东直门外香河园北里4号 邮编：100028
若发现本版图书有印装质量问题，请与我社营销中心联系调换。电话：（010）64663331（转）

内容提要

动态影像的威力显现于我们的周围，各种影像在拍摄后数秒钟内就被迅速传递，在这样的一个世界里，影像、合法性与战争之间的关系变得异常重要。回想"9·11"双子座大厦轰然倒塌时万众瞩目的情景，伊拉克阿布·格莱布监狱电极网里那个戴兜帽的身影，网络上呈现在搜索者面前的被定格的斩首形象，倚在波斯尼亚-塞尔维亚集中营带刺铁丝网旁那个波斯尼亚穆斯林人的羸弱形象，从某一国的首都如巴格达、贝尔格莱德或其他某个地方的地平线上因爆炸腾空而起的闪景——当时由美国导演的空中轰炸行动则击中了某一个"流氓"政体及其"长期受苦受难"的民众。诸如此类的影像勾勒出了当代战争的整体轮廓。

本书广泛引用了故事片、纪录片、时事、电视新闻以及数字新媒体中有关美国、英国、"全球反恐战争"、南斯拉夫战争、苏联冲突、中东和非洲等一系列的实例，全面而深入地考察了动态影像的威力及影像、合法性与战争之间的关系。由此，该书提出了一个颇为新颖的观点，那就是：动态影像是当代战争的关键武器。而至关重要的是，本书以实例阐明了动态影像对冲突的呈现可能对当代战争的合法性、实施方式及其后果产生何种影响。如同其他的战争武器一样，动态影像是一种杀人于无形的工具。一方面，它缺乏常规武器所具有的那种外在破坏力，但在这个传统克劳塞维茨式的"三位一体战争"业已多维化的时代，它的运作又是具有决定性的。

本书对战争和安全、媒体和传播以及国际关系等领域的广大研究者，将大有裨益。

目 录

前言 / 1

第一章　导论 / 001
第二章　动态影像及其意义：武器的本质 / 016
第三章　剧情片 / 034
第四章　纪录片与时事 / 076
第五章　电视新闻 / 119
第六章　影像的基本原理 / 168
第七章　影像与亲身经历：合法性与当代战争 / 204
Notes / 231

前　言

　　这项研究以不太起眼的方式始于一篇有关南斯拉夫战争和电影的联合署名文章；它于1999年期间在伍德罗·威尔逊国际学者中心（Woodrow Wilson International Center for Scholars）得到了推进；是年春季，它首次在伯明顿印第安纳大学亮相。当然，早在20世纪90年代早期，它就有一段与英国电影协会（BFI）合作共事的"前史"经历。推进这项研究工作的背景和意图是始终存在的，但直到诸多事件激发起各种强烈的研究机缘时，研究工作才真正"起飞"，这些事件赋予它特别的驱动力和新的观照维度，这些都出现在由英国电影协会理查德·佩特森（Richard Paterson）组织开展的有关跨国电视新闻和受众的调研项目"'9·11'之后"期间。这项研究得到了广播标准委员会（Broadcasting Standards Commission）、经济和社会研究委员会（ESRC）以及英国电影协会等机构多方面的资助。其中，英国电影协会以摘要的形式发表了调研结果——《"9·11"之后：电视新闻和文化多元化受众》（After September 11: TV News and Multicultural Audiences）（伦敦：英国电影协会，2002）。米哈尔斯基是该项调研的主要研究者及该调研报告的主要撰写者（与之共事的有负责内容分析的艾莉森·普雷斯顿、负责受众研究的玛丽·吉莱斯皮和汤姆·奇斯曼）。这份研究报告没有足够的篇幅——每个部分设定了5000字的上限——来容纳所有的研究成果。高是致力于该项研究的20强团队成员之一。后来，米哈尔斯基和普雷斯顿又分别在一份比利时比较研究报告《英国人眼中的

"9·11"：电视新闻比较》（载于马里克·利茨主编的著作《从"9·11"到反击：新媒介战争的开启》）中发表了研究成果。本书的各部分援引了该项目的研究成果（该成果没有在以往的出版物中被引用过），同时也引用了其他来源（包括艾莉森·普雷斯顿的著作）的材料。不过，这里所展示的、源自这个初始项目的绝大多数材料都是由米哈尔斯基负责的原创性成果，它们不可能纳入英国电影协会发表的研究报告《"9·11"之后》当中。

还有一项成功的应用性研究，它同样建立在《"9·11"之后》这一项目之上，它被应用于由英国经济和社会研究委员会资助、由吉莱斯皮和高以及安德鲁·霍普金斯（他曾经也是该项目的研究人员）负责的"新安全挑战规划"。这项应用性研究部分地反映在本书中。这一经济和社会研究委员会"新安全挑战规划"（ESRC Award RES-223-25-0063）的标题是《转变中的安全——2003年伊拉克战争前后的电视新闻文化》。该项研究由三个部分构成，它们分别探讨公众与受众、内容与话语以及安全和新闻从业者。该项目的经验研究部分挂在加了密的网上，其网址是（至少最初）www.mediatingsecurity.com。贯穿于本书的这项研究的参考文献，有一个共同的标题来标明——"转变中的安全规划"，它们附在详尽的正文内容之后。本书源于对先前研究的阐发，这项研究早在最初的英国电影协会项目期间就开始了，从那时到现在一直在推进，这得益于马奇蒙特基金（Marchmont Trust）的支持和伊凡·兹沃扎诺夫斯基的帮助，他后来成为高在"转变中的安全"规划之子项目"安全和新闻从业者"的研究伙伴。正是这个子项目为本书某些部分的分析提供了材料——虽然他本人并没有在这份研究报告上发挥直接的作用。高和兹沃扎诺夫斯基后来还负责撰写了另一本有关该子项目的书——《观照战争犯罪》（*Watching War Crime*，伦敦：赫斯特出版公司，2007）。

本书几乎完全建立在两类全新的研究上，其一是对文本的基于经验事实的、定性、阐释性的批判，这是一种特殊的内容分析形式；其二是经验的、定性的社会研究，它采用半结构化的开放式采访和焦点小组访谈方法。无论就研究还是撰写而言，我们各自承担了一半的工作，因而两人将共同对本书负责（虽然第二章更多地要归功于米哈尔斯基，而第六章、第七章的某些部分则更多地要归功于高，但我们对这些章节负同等的责任，因为从整体上说，我们的分工是一半对一半）。要指出的是，米哈尔斯基提供了最后一版初稿，但同时也保留了高的某种质朴的文风。

对这样的一项研究，有无数的人值得感谢，他们支持并影响了这项研究成果的形成。要是没有理查德·佩特森施加影响，没有他的慷慨和他富于想象力地把不同背景的人聚集到研究项目上的雄心壮志，我们是不可能完成这项工作的。艾莉森·普雷斯顿提供了另一种贯穿始终的友善影响力，她既是合作者，又是顾问，她的名字最早出现在英国电影协会理查德提供的"皮氏培养皿"名单上。我们对他们的友好合作深表感谢。正是在理查德提供的英国电影协会这个研究环境里，我们首次结识了玛丽·吉莱斯皮和后来的安德鲁·霍普金斯。他们启动了富有挑战性的经济和社会研究委员会研究项目，这个项目给予本书以很大的启发。在此，我们要再一次感谢他们提供的支持，其中，玛丽还在生活中其他一些更为重要的方面给予了我们个人鼓励。这种鼓励在整个项目研究和写作本书的过程中一直感染着我们。

"转变中的安全项目"使具有各方面才能的大量研究人员和研究助理都参与进来。我们要感谢所有的人为这个项目的各部分所付出的劳动。尤其要感谢的是泽比·尤苏夫、哈比巴·努尔、诺勒丁·米拉迪、奥利维亚·阿利森、托马斯·霍恩·汉森和路易斯·怀斯。要特别感谢的还有本·奥洛克林，从许多方面来说，他都是该项目的支柱和关键性人物，是他以某种方式把项目的各部分研究成员相互联系起来的。他所做的工作不是本书的核心所在，但它确实使本书的某些部分写起来要顺畅、简便得多。他和蔼敦厚、亲切友善地支持着我们，还积极地参与思想观点的探讨并力求对它们加以阐发，这些都是非常值得珍惜的。就项目研究本身而言，我们最应该立马就予以感激的是伊凡·兹沃扎诺夫斯基，他直接参与甚而全身心地推动了项目研究中最重要的部分，正是这些部分的内容为本书奠定了基础。此外，虽然不是经济和社会研究委员会研究项目的直接成员，但作为资助该项目的"新安全挑战规划"的主管，作为激昂智慧和有益建议的提供者，他是值得我们赞扬和感谢的。或许是他对该项目的支持和为本书所投入的巨大热情（印象尤为深刻的是：有一个晚上，在西敏寺酒吧，他谈到出入议会的经历）才确保了项目的完成，要不然，其他的因素极有可能导致项目被放弃——当然，即便他对项目如此兴奋投入，也不可能要他为项目承担任何责任。朱利安·格拉夫也是值得我们表达特别谢意的，感谢他这些年来给予我们的所有友谊和支持。另外，要致谢的还有安德鲁·汉弗莱，他细致耐心、乐于助人和支持他人；马尤利·弗兰西斯，他在我们最后结项之前都一直在努力前行；以及凯蒂·戈登，她欣然地承担起各种事务，愉快而不失耐心。他们都在劳特里奇-泰勒及弗兰西斯出版集团（Routledge-cum-Taylor& Francis）工作。还有无数的人都是值得我们感谢的，感谢他们以各种方式提供的建议、支持和协助。我们希望没有遗漏掉任何一位值得感谢的人。如果我们真的遗漏了，那也恳请他们原谅我们的疏忽，我们希望没有被我们遗漏的人有：彼得·布希、彼得·纽曼、迈克尔·克拉克、劳伦斯·弗里德曼、约翰·格洛弗、马克·霍巴特、雷·艾瑞兹、利奥尼德·西特尼科夫、埃夫格尼·特西姆巴尔、伊恩·克里斯蒂、道奇·比林斯利、莱斯利·伍德黑德、菲奥纳·劳埃德·戴维斯、吉姆·理查德森、斯蒂夫·奇兹纳尔、安·莱恩、维瑟林·波普夫斯基和雷切尔·克尔。我们同时也希望能借此机会充分肯定多年来各次课堂讨论所具有的价值，并对参与有关动态影像、战争或结合这两方面讨论的各位学生表达谢意。

最后，我们必须承认，这是一次非常有创造性的研究历程，我们要向家人表示无限的谢忱，包括父母、祖父母，他们都没有在身边看到项目的最终完成。杜西卡、彼得、彼得拉、弗朗兹、海伦、马乔里、帕特里夏以及唐——所有这些人都以某种方式或在某个时间段内帮助我们渡过难关，当时，两大富有创造性的活动叠加在一起淘空我们时间和精力储备：其一是写作本书的源泉；其二是发掘父母快乐的源泉。至此，我们最大的谢意要送给那个成就了加百列天使（上帝传送好消息给人类的使者）的人——他虽然并不理解他所忍受的一切，但他领会到了电脑、电影和文学珍品的至关重要性。

第一章　导论

"9·11"双子座大厦轰然倒塌时万众瞩目的情景，伊拉克阿布·格莱布监狱电极网里那个戴兜帽的身影，移动屏幕上呈现在搜索者面前的那些被定格的斩首形象，倚在波斯尼亚-塞尔维亚集中营带刺铁丝网旁那个波斯尼亚穆斯林人的羸弱形象，从某一国的首都如巴格达、贝尔格莱德或其他某个地方的地平线上因爆炸腾空而起的闪景——当时由美国导演的空中轰炸行动击中了某一个"流氓"政体及其"长期受苦受难"的民众，诸如此类的影像勾勒出了当代战争的整体轮廓。此外，它们——与其他任何可获取的影像——统摄了各种各样的环境，在这个国际和跨国事务飞速变化的时代，武装冲突的合法性的争夺在政治社会、法律和通信等各个方面展开。在此，出现了一场围绕影像的竞争，影像（无论是否合乎事实）似乎提炼出了冲突的实质。它们成为理解世界各地现代战争中的人心争夺这一实质的捷径。由此可以说，影像是当代战争中的关键武器。

这就是战争与动态影像之间的关系至关重要的原因，也是这种关系与动态影像作为武器的本质都应得到探讨的原因。影像到底是如何影响战争的？影像又是如何影响我们对战争的理解的？这实际上就是说，影像是如何影响我们对战争的多重理解的？——实际发生的战争、历史上的战争、记忆中的战争、一般意义上的战争以及各种特殊表现形式的战争。关键是，动态影像对冲突的表现如何可能影响到当代战争的合法性、性质和实施？这种最重要的武器的本质是什么？其特性又是什么？

如果要理解影像作为武器如何运作，其作用又如何可能被控制或被抵制，上述关乎关系和性质的问题就显得至关重要。

本书探讨了动态影像媒体（moving-image media）的性质及它们同合法性和战争之间的关系。合法性是战争成功的关键；而影像是形成合法性的关键，或者说，是对合法性形成的重大挑战。基于此，本书断言，当代战争的关键武器是动态影像，但不同于其他的战争武器，它是一种杀人于无形的工具。正如下面所要表明的，影像是一种活跃的力量，但不同于常规武器所具有的那种外在破坏力。影像之所以是一种杀人于无形的工具，是因为传输手段及其性质和受制约的因素。本书的目标是，揭示影像和人类体验是如何在战争的故事性呈现中突显出来的，还有，就动态影像媒体的性质而言，这些相同的因素如何决定了非故事性电影（无论是时事片和纪录片，还是电视新闻）中对阐释和理解的建构、塑造和界定。影像无疑是探究人们详尽而精细地理解战争的一条捷径。无论通常是支持还是否定其他大量的经验材料，动态影像就其本性而言是要受到限制却又极具威力的。

媒体与战争：动态影像及其意义

影像并不新鲜，战争当然也不新鲜，影像与战争之间有联系同样不新鲜。但在我们看来，就影像对理解当代战争的突出地位而言，还是完全有新颖之处的。[1] 商用喷气式飞机作为巡航导弹和世贸中心双子座大厦轰然倒塌的形象，突显出影像或影像的缺席在报道和解释当代冲突——无论是纪实的还是虚构的——以及使奥萨马·本·拉登（Usama bin Ladin，此后被称为UBL）[2]成为家喻户晓的名字中的重要性。[3]影像——尤其是动态影像——的重要性是当代的一大特征。与此同时，当代战争的特性也提出了新的合法性问题。这两大趋势的汇合使它们成为研究当代冲突的核心所在。

虽然存在大量涉及媒体与战争这一宏大主题的文献，[4]其中很大一部分的注意力聚焦到媒体对战争的影响等问题上，包括宣传和所谓的"CNN效应"，但我们对虚构和纪实的影像形式的整个探讨是不同的——如果说不是独特的。而且，我们认为，我们对不同的动态影像媒体的性质以及所采用的虚构与纪实形式之间关系的系统处理方式是无前例的。而在其他学者论及故事性表现的重要意义的地方,这里却视之为附带的,只关乎记忆,[5]或者推理式地集中探讨戏剧和纪录片的地位,[6]或者对之只是加以非系统地探讨——如同苏姗·卡拉瑟斯(Susan Carruthers)的著作所做的那样。[7]

应该说,卡拉瑟斯的著作是构建新闻和娱乐媒体与战争之间的整体关系的首次尝试,它对整个20世纪进行了回顾式的考察。她的重点不在于理解战争,不在于冲突本身,而在于冲突后的故事性描述对特定冲突的报道和解释方式。从多方面的意义上说,卡拉瑟斯的著作同我们的著作最为接近。不过在许多方面,两者之间也存在显著的不同。各个不同的方面共同构成了我们要探讨的一个重要议题。一方面,从某种意义上讲,本书同卡拉瑟斯的著作探讨的是大致相同的领域,但在结构和当代报道方面,它又远远超越了她的研究范围。首先,就整体探讨——无论是特殊地还是普遍地来讨论——故事形式及其与理解战争的关系而言,卡拉瑟斯的著作是按照冲突的不同形式和烈度进行章节编排的,包括全面战争、局部战争、恐怖主义等,而对资讯媒体和娱乐媒体不做区分地统一论述。我们对不同类型的动态影像媒体会系统地分别加以论述,以便揭示动态影像作为武器的本质。它聚焦的是从20世纪末到21世纪的当代冲突,这些冲突是被嵌入到我们著作的框架结构内的,而我们的著作则是通过探讨不同的动态影像形式——故事片、时事/纪录片和电视新闻——而架构起来的。

我们的著作还有一个不同于卡拉瑟斯及其他人的著作的关键之处。她的著作源于对关乎战争的宣传和传播的研究,它主要关注新闻业——即便在讨论故事素材的地方也是如此。与之相对,在我们的研究中,聚焦点落在动态影像媒体的性质及其作为当代冲突中的关键因素对冲突合法性的潜在影响上。因此,本书并不直接探讨新闻业(对战争的报道[8]),也不直接讨论宣传(交战国有目的地对战争的理解施加影响的一种努力,譬如,斯蒂芬·巴德塞和菲利普·泰勒所探讨的[9])。虽然有必要考虑宣传,但我们不是这么来关注宣传的。按菲利普·泰勒的话来说,宣传是"有意支配人们按所希望的方式去思想和行动的一种努力"。[10]这是给宣传所下的最为合适的一个定义,它关注的是被传播的材料。

重要的是,我们意识到了宣传的存在,并把它同对作为武器的影像的关注叠合起来考虑,但这并不是我们所要关注的本身。在宣传中,核心的要素是意向(意图），但这里有关影像的分析并不必然地同意向相关。实际上，其中的一个方面是，即便在有意向的地方，效果也是不可控的。譬如，中央情报局向整个阿富汗地区投放带有本·拉登画像的火柴纸板，还附有用相关语言写成的文字，表明他注定是个大坏蛋，如能提供有助于擒获他的情报，将获得500万美元（后来提高到2500万美元）的赏金。这个意图很明显，就是要散布这样的消息：本·拉登是可恶的，就是要擒获他。不过，作为宣传工具的真正关注点是纸板背面的地址："正义赏金，邮政信箱96781，电子邮箱 heroes@heroes.net。"然而，在塔利班统治下的阿富汗，整个国家就64台电脑，要不然，连电脑也是被禁用的，而在大部分时间里，电都没有。在这种情境下，很难想象，一位在山顶上和牧群在一起的阿富汗部落男子，当一块宣传纸板落在他的头上，他会说："我的主啊，我得搭乘卫星去送一封电子邮件到 heroes@heroes.net。" 这就是宣传，它有意图，但这种意图并没有做到同它意欲在其中产生效果的文化环境相契合。意图是明显的，当然是有意的——就是要让人以特定的方式去思想和行动。然而，很难想象，有时候其效果和影响微乎其微乃至于可以忽略不计。[11]

关键在于，这里关注的不是宣传本身，因为它并不纯粹是关乎有目的地控制信息和影响对意义的理解的努力。当然，此处的分析同宣传有关，但它所论及的范围要更为广泛。它探讨的是合法性问题。我们的分析也不直接涉及对战争的报道，战争报道有其他诸多的方面（包括纸质新闻业和广播），在这些方面的图像并不必然地像动态影像媒体那么有冲击力，它们可能只是偶然地起作用而已。事实上，我们的关注点之一是，一旦考虑到动态影像媒体的性质以及当代冲突的本性，合法性受到无意图的影响至少像受到有意图的影响那么大。

这转而使寻求控制对主导者来说变得尤为重要，但真要实现控制，对他们来说又变得更困难。政策和新闻生产者力求可以随时审填地选择把何种新闻内容提供给公众，但其间可提供消息的渠道又如此之多，没有一个消息提供者能确保议程可以被控制住，即便真能够设定议程，他们也很难对消息如何被他人所使用、解释、理解和传送加以控制。[12]这里的关键在于，最要紧的是媒体的性质，而不是有意识的或直接的意图——虽然对合法性的影响当然会关涉到某个行为体的宣传目的。动态影像在作为当代冲突核心所在的合法性争夺场上是至关重要的，它们通常构成了一种无导向、不明确而几乎不可控的武器。一方面，无论新闻报道还是宣传都同我们目前的研究相关联，相关的资料偶尔也会涉及，但我们的聚焦点在于动态影像的性质及其所决定的叙事类型以及它们所构成的武器的本质。

我们的研究聚焦于动态影像的性质、关键性媒体是如何通过自身对此类影像的倚赖而构建起来的，以及这又如何制造出对我们关于战争的理解施加潜在影响的效果。影像对冲突的影响当然不是21世纪的一个新鲜话题。比方说，面对犹太即原以色列恐怖主义袭击和叛乱状态，两名在巴勒斯坦服役的英国中士在1948年被绞死，从而促成托管领地的终结。从这一案例中可以看出影像在政治层面上的影响。[13]英国有一份报纸——《今日快报》（the Daily Express）——在头版上刊登了一则带有图片的报道，它以一种更能反映后来时代特点的方式成了下议院的一桩著名讼案。这是压垮骆驼的最后一根稻草。死尸首次被曝光，他们被事先设置的陷阱所捕捉，以至于当军队来砍杀他们时，他们早就受伤了。这幅图像在早餐时间引起了巨大反响，人们深受震撼。但实际上，在过去的三年里，虽然已经有大约300人被杀害了，但唯有这次是由这幅图像来设置议程的。

在此之前，约翰·哈特菲尔德（John Hartfield）[14]就已经意识到了影像的威力——无论它们是被纳粹所利用还是作为与纳粹做斗争的工具。他把纳粹的影像纳入反纳粹的活动中。哈特菲尔德之所以重要，是因为他早已认识到：在与反对派的战略交锋中，基于影像分配的途径和手段不断增多，人心最有可能受到网膜视像冲击力的影响。在整个20世纪和进入21世纪期间，这种认识日益显示其正确性。超越其他一切事情的头等大事就是要对视网膜施加瞬间的冲击力——这就是哈特菲尔德所谓的网膜闪像。"争夺人心的斗争"，这种说法在反恐怖主义和反叛乱状态的情境下经常被引用；在当代武装冲突，尤其在"全球反恐战争"以及以美国为首的军队在伊拉克作战的情境下，它也越来越频繁地被引用，但它不止于此，它是一场同时争夺心灵、头脑和视网膜（眼球）的斗争。[15]

视网膜冲击力和动态影像在当代武装冲突中占据着非常重要的地位，这一点从本章概述中就可以看到。当代战争有着不同于以往的时代的特点。当代武装冲突是以政治控制的不对等、暴行化和中心点多样化以及诸如种族性、政治共同体、大规模迁移等议题为特征的，而至关重要的是，其中处在空前流动性环境下的主权、法律、人权和道义等议题尤为凸显。[16]当代冲突的这些特征在20世纪90年代及2000年以来的几大战例中清晰可见——包括发生在伊拉克和整个中东、"基地"组织、非洲、苏联和前南斯拉夫的战事（所有这些特点都或多或少地反映在本书当中，尤其出现在有关不同类型的动态影像媒体的章节中）。当代冲突的这一特点使战争乃至于刚刚过去的战争的确定性变得极其有限，甚至无关紧要。由此，在这样的情境之下，合法性就成为战争成败的关键所在——这是在第七章中要阐发的一个概念和一大论点。

合法性之所以关键，是因为动用武力的政治、法律和操作框架已经改变或正在进一步发生改变，尤其是在后"9·11"期间西方各国政府可能被要求基于秘密情报采取"先发制人"（pre-emptive）的行动，但又不能够公开信息。这就要求赢得公众和媒体的信任（要不然，这两方都会事后指责被曝光的政府在获知受到威胁的消息时未能采取行动），但围绕伊拉克战争的种种事态却表明：由于缺乏作为制造记忆和理解的证据或手段的影像，战争有可能得不到公众和媒体的支持。近年来，有关战争和媒体的大多数讨论首先都聚焦于事实报道和故事描述的准确性问题，或它们对政府决策或公众舆论的影响。本书认为，在电视、电影和日益重要的互联网中，上述方面的重要性是有限的；影像和经历才是支配和框定解释与理解的突出因素。

在此种情境下，发动战争和开展军事行动远远不是某一支军队聚集足够强大的武力去征服对手的问题——虽然在必要时拥有这种能力仍是重要的，它变成了一个并非在战场上取胜而是成功地解释事件的问题。劳伦斯·弗里德曼（Lawrence Freedman）对有关这一发展趋势的重要文献进行了极佳的简要提炼，他强调了文化方面的重要性，并且认为，当代冲突中的胜利来源于"战略性叙事"（strategic narratives）。[17]他把叙事定义为"能够有说服力地解释事件、任何结论可以从中推导出来的可靠的故事情节"，他认为，这些叙事对维护分散的、不同的人群聚合于其中的文化网络至关重要，它们同时对框定议题及对议题所做出的反应也很重要——这基于如下的分析，即："决定人们看法的不是他们所接收到的信息，而是这些信息得以被解释和理解的框架结构。"对此，他还明智地用下述说法予以补充：有效的叙事之所以能起作用，是因为它诉诸"目标受众的价值观、利益和偏见"，他还警告说，如果后来出现的信息或事态发展"暴露"出叙事是虚假的或无说服力的，那么这种叙事就会受到损害而大打折扣。总之，"每每论及争夺'人心'的斗争，叙事必然包含于其中。"那么，成功的战略的关键就是从破坏敌人的占有物转向削弱敌人的叙事——这种叙事赋予敌人以吸引力，动员起支持敌人的力量。

由于对叙事的探讨没有扩展为对影像显著性——争夺"人心"的斗争同时也是争夺"眼球（视网膜）"的斗争——和动态影像媒体对影像和经历依赖性的深入理解，弗里德曼关于叙事的绝佳分析的意义还是有限的。他确实也隐约地承认，政府已经意识到："展示大规模灾难的影像可以催促它们去'有所作为'，而揭示这种'作为'所要付出的代价的影像又可能阻止它们去这么做"，[18]"对美国来说，揭露阿布·格莱布监狱酷刑的图像无疑是一场公关上的灾难。"[19]发自阿布·格莱布监狱的场景展示无疑是对美国在伊拉克的军事行动乃至其全球反恐战争的最大打击（如同我们在第五章、第七章中所讨论的），可见，弗里德曼关于影像的论述还是不太充分的。这就是他的绝佳分析为何依然不完备，而确认影像在争夺人心或争取胜利和合法性的斗争中绝非次要的为何极其根本的原因。影像是重要也是必要的。对战略性叙事的分析和理解必须懂得：关键性的叙事框架来自动态影像媒体，一项基本的要求是领会动态影像媒体的决定因素和特征。我们在本书中的使命就是探究这些议题，阐发对动态影像叙事和现代战争的理解——在此，我们认为，影像是现代战争的关键武器。

制胜武器：结构与动态

重要的是，要摆出我们论证中的一个核心假定，即：影像可以构成武器。这一观念并不新颖。譬如，这一点从007系列电影《明日帝国》（*Tomorrow Never Dies*）中"反派角色邦德"的宣称那里就有所反映。这部影片由乔纳森·普赖斯（Jonathan Pryce）这位优秀的传媒大亨主演，显然，他旨在凭借他通过广播媒体所拥有的势力来挑起各超级大国之间的武装冲突，从而达到主宰整个世界的目的。在影片中，他宣称："文字是新的子弹"，"卫星是新的火炮"。当然，他没能说出：影像就是武器，不过只要进一步稍加反思，就可能得出这样的结论：卫星伴随实际的武力所传递的就是影像。

乍看上去，这个观点有可能被驳倒。[20]"武器"这一术语的使用首先会让人想到为特定目的——给予敌手（或乃至于某一个活着的人）以肉体伤害——而制造出来的工具的形象，诸如刀、剑、矛或手枪等。不过，虽然对何者构成武器的这种先人之见式的理解无疑并非毫无道理，但这种理解并没有得到充分的阐明或完善。其实，这种武器观可以囊括所有足以在冲突中扰乱敌人或赢得优势的一切事物（在此，《牛津英语简明词典》列出了诸如双刃武器或工人罢工武器等反讽性例子来说明符合这个意思的器具）。这就导引出这样一个要点，即：武器是物理的和社会的建构物。我们之所以把某类对象理解为武器，是因为这是一种已经施加于其上的目的性解释。譬如，坦克是武器，是因为它是出于能够给予敌人以打击的目的而被设计出来的一种器械。但剥离掉这种既有的、目的性设计的解释，坦克（从效应上说，这多少有点悖谬）可能就是"一个非常庞大的压纸器"。[21]同样，那些回忆起室内纸上游戏的人、周末犯神秘谋杀罪的老手，或是故事（电影或小说）里的人物（演员），他们都承认，杀人的武器无非是蜡扦或电话机——几乎任何一件东西都可以被解读和理解成有特定社会目的的存在物，它因而被"改编"为一件武器。由此可见，正是某一器械被施予的用途及对此的解释把它界定为一件武器。任何一件东西只要被用来在冲突中给予对手以打击从而挫败对手，它就成了一件武器。

如果不考虑同我们一样的目的，这就是发生在格林特和伍加（Grint and Woolgar）与罗布·克林（Rob Kling）之间的论争。[22]在格林特和伍加的书中第六章先前的标题是"中弹的社会性是什么"，这是对"社会"的双重含义的一种反讽游戏：一方面，它不是一种社会性行为；而另一方面却要表明，它是一种社会性现象。他们同克林之间的交锋是有关"技术"的更大范围的讨论的一部分，它们聚焦于武器的经验的、物理的特性。克林则坚持认为，枪可以以一种其他工具诸如玫瑰的柄不可能做到的方式粉碎骨头。在这一点上，克林的理解是完全正确的，因为他试图以一种冷静的方式来看待他的知识对手对武器的极端解释；不过，从更为广泛的意义上说，格林特和伍加却是对的。玫瑰柄可以是武器——给予打击的工具，因为任何一个不幸被玫瑰的柄扎到——刺扎出血来——的人都可以证明这一点。就一种意图赋予到工具的设计当中，或就武器所造成的损害程度而言，克林的分析是说得过去的。然而，这些观点都经不住大的质疑。如果损害程度被检测的话，那么就可能构想出这样一个案例：被克林认定为武器的匕首、剑、矛和枪就不属于武器了，因为它们对任何事物都不可能施加像榴弹炮、核武器那样大的破坏性打击。显然，破坏性影响的程度不能成为衡量是否为武器的尺度——尤其是因为，这否则会把明确被认定为武器系统的器械诸如被扰乱而非被破坏的电磁脉冲系统排除在外。

一个范畴——武器——通常地、也恰当地涵盖在正常状态下明显符合该范畴的那些被确认的器械，而在确认这一范畴的存在保持认时在词汇上和概念上的一致性上，无疑存在着一种基本的常识。当然，词语应当意指某种东西，它在明晰性上具有很大优势。然而，这并不意味着我们不该这样来理解：比方说，一支手枪不会自然地出现，而是人类有目的地进行社会性设计和建构的产物。只有这类武器真是自然地出现了（不过，即便是这样，它们的用途及对它们的理解也仍然是一个社会建构的问题），那么，克林的观点才会是完全恰当的。他的观点也并没有排除这样一种可能性：通常地乃至于更为明显地以另一种方式被划分的其他器械也可能获得一种特殊的身份——在这里是武器的身份——如果其社会建构起来的角色、决定性因素及实际的用途使其如此。必须把上述理解看作是涵盖了整个"双重用途"的技术领域，包括计算机和核导弹，它们都可以构成武器。只要以这种方式来解释，这一点就无人能够否认（除非是那些被卷入到某种诡计或秘密计划内的技术，它佯称核知识完全是用于和平发电目的的——而实际上是用于武器生产）。

由此可见，在当代战争的情境下，影像——尤其是那些由动态影像媒体所传输的影像——显然可以也应该被看作是武器。影像可能具有其他的目的而可以以各种迥然不同的方式被构造出来。它们在武装冲突中的作用或对武装冲突的影响不应当被看作是对敌人予以打击——起码在道义和心理上是这样，自然也不应当被看作是对敌人的一种战胜（要不然成为敌人战略影像管理和传输的接受方），这种否定的看法是讲不通的。显而易见的是，影像可以发挥武器的作用——其身份是一个情境的问题。在"9·11"恐怖袭击、阿布·格莱布监狱虐囚或被拍摄成电影的自杀性行动的情境中，图像就好比是它们所表现的工具一样的武器——是给予对手以打击或战胜对手的器械。如同任何其他的器械一样，影像可能被当作武器来使用。就像其他任何的技术手段，无论是否原初就被武器化了，它们在人类冲突的社会情境中被改造用于战胜对手。[23]

动态影像同更为常规的武器共同具有一种特性——都是动态的。物理运动这一术语往往被战士们理解成用于破坏性武力的动用。他们把"动态"战（'kinetic' operations）放在同其他军事行动的对比中来谈论。该术语也适用于动态影像。事实上，动态植根于动态影像媒体中尤为突出的一大分支——电影（或者原初地说，"动态片"，kinema），其给出的词根"动态"（kino）在诸种语言中都是指电影

（包括德语、俄语和塞尔维亚语）。无论在军事还是在电影方面，它都是指运动之力，但前者指对抗其他对象的运动性行为，后者则是指自我运动。不过，动态影像媒体中的物理运动是画面一个接一个地流逝，这意味着，它也具有一种由观念、情感或心理上的冲击力所产生的准动态之力。[24]事实上，"动态影像"在某种层面上所意味的不仅仅是视觉上的物理运动，还有感情和价值观意义上即情感或心理上的"驱动"（move）能力。人类的体验–情感维度就意味着"移动"影像的双重意义——物理上的"运动"和情感上的"驱动"。前者表述的是影像自身的活动，后者表述的是影像活动所产生的冲击力（影响）。

动态影像的冲击力有赖于其自身的特性或性质。我们在本书中的目标是，展示取决于影像和人力的动态影像媒体的特性。为此，我们考察了当代武装冲突中核心武器的性质。成功的战略或许就有赖于这双重动态力间的审慎平衡。

研究方法

通过对故事片、时事–纪录片和新闻动态影像媒体的分析，本书认为：动态影像的主导地位导向了这样一个时代——有关军事行动的讨论被人们对政治、伦理和法律议题的理解所形塑，这种理解框定了军事行动的合法性，而这种合法性又进一步决定了军事行动的胜利——或者说逼近胜利，而以常规的方式是不可能获得胜利的。对上述议题的理解先行被动态影像媒体所支配，这就意味着，影像无疑是现代战争的核心武器。先前的章节确立了当代战争与动态影像叙事的至关重要性之间的关系，这成为本书余下部分论述的出发点。不过，在展开系统分析之前，还有几个涉及我们所采取的研究方法的问题应该加以阐述。

如前所述，我们的分析运用了两大研究方法——经验性文本阐释和经验性社会学研究（半结构、开放式个人采访和焦点小组访谈的结合）。其中，第二种方法不失是对第一种方法的重要补充。经验性社会学研究是作为"转变中的安全"项目（前述）尤其是其中该项目第三部分的内容加以实施的。第三个组成部分的研究是焦点小组访谈和对个人采访的结合（采访的对象涉及有关广播媒体和战争的特定领域内的从业者，如记者、制片人、导演、军事人员、政策制定者、律师和各类媒体及安全方面的专业人员或"专家"[25])。这种经验性社会学研究证实了本书各处各部分的分析，同时加强了全书的整个分析——虽然这种研究方法并不总是合适的。

本书主要的研究方法则植根于文献研究的传统之中，它关涉对文本的单个的（或双重的，如文案可能如此）阐释。这种研究方法把某些特殊的文本当作经验的现象，利用在其中所发掘的经验证据来阐发对它们的理解。这同在战争和电影研究中的其他地方所采用的阐释方法是一致的，它聚焦于显在的而非潜在的内容（其，后者更多地对应于前述电影和媒体研究的主流学派）。[26]在诉诸文献遗留物的过程中，我们可能会被认为是朝着日益被理解成构成电影研究和媒体研究的主流逆向而行。如同在探索区域，每个人都已朝着涉及目的论的、社会的、政治的、经济的、心理的和理论的维度的方向走，人们解读文本来获取文本必然会揭示出的其所生发的语境的东西来，也是这样的。也就是说，文本中被认为蕴含的东西有赖于文本批评者意识形态的或分析的立场，而并不完全倚赖从文本自身所抽绎出来的东西。我们认同理查德·戴尔（Richard Dyer）的说法，他指出，譬如构成电影研究的主体一直是对各种意义的阐释，其他一系列的问题则本应是研究的焦点。[27]这也是一种对21世纪初由伊恩·克里斯蒂（Ian Christie）和迈克尔·格兰特（Michael Grant）所创办的杂志的创新性予以支持的哲学立场。他们断言，电影研究被"过早学术化"（prematurely academised）了，其所采用的方法意味着各种渠道或路径都已被切断，[28]包括我们力求提供的那种纯电影批评，在此，对电影文本的个体阐释是有其一席之地的。我们并不拒斥业已累积起来的大量电影理论文献（实际上，我们会在第二章中对它的多个部分进行分析），但我们认为，一种经验性阐释方法本身就为分析——尤其是有关战争等议题的绝对经验性的分析——提供了最为可靠的基础，我们对动态影像媒体的分析同这些议题紧密联系在一起。这并不是说，主观的个人支配力或文化风格不会影响到分析——它们确实会影响（无疑包括这项研究），但是我们确实应该容许文本自身而非主观预设在分析中具有优先地位。

遵循电影批评的原初传统，我们在每一章中都花时间对各个文本予以特定阐释，每一章都提供了一种自我确立起来的解读。[29]各章被前面所确认的类型学所界定，由此架构了全书（故事片、时事、纪录片和电视新闻），进而，在每一个案例中，我们利用我们对文本的解读彰显出影像和经历在动态影像叙事建构中的突出地位。文本部分地是基于一种"简便"法的利用而被挑选出来，[30]待阐发的样本或是直接被我们注意到，或是通过他人的建议而被采纳，总之，它们都显示出一种研究上的效用，如有可能，它们还被他人用于比较研究。有许多被考虑到的文本，它们本来是很有用的，但最终我们并没有在本书中予以论及，因为我们判定，那些被采纳的文本对我们的分析具有更大的价值——或就其内容或就其便利性或两者兼而有言。我们的文本解读有时是相当长的，这是在一种媒介上展开关于另一种媒介的分析这一方法所带来的必然结果。这意味着，为确定有关我们的书写对象的题材，大量的描述就会出现在各个不同的地方的。

我们原本考虑把影像样本的登载当作本书的一部分内容，但有两个因素促使我们做出相反的决定。这些影像样本在实用和更学理方面的脆弱性关涉到诸多的困难，诸如对出版商来说增加的制作成本，包括对印版的制作。有关实际涵盖本书的影像素材的整版插图几乎没有。我们考虑不在书中登载静态的真实影像（而影像又是本书的主要关注点），做出这一决定的一个更为重要的原因是，我们关注的是动态影像媒体，绝不缺创制一部我们可以在其中嵌入动态影像的商业DVD，但考虑到使用纪录片中有版权的电影胶片的成本（正如一个被采访者所指出的[31]），这么做的费用会高得负担不起，至于其他的办法只会让人极其不满意的。相反，在很大程度上，我们力图聚焦于动态影像文本本身相当容易得到的案例上——尽管必然不是所有的案例都如此。无论从比较研究还是从教育功用的角度上说，这也会使得素材易于让人们获得。

本书旨在成为一部对专注于媒体和战争等各领域工作的其他人既有趣也有用的研究著作，同时也是一部对电影研究、媒体研究、文化研究、区域研究及战争研究有某种教益的著作。在这种情境下，正如我们所指出的，我们认同理查德·泰勒（Richard Taylor）那个令人说服的评论，即：对视觉媒体来说，最重要的是看了电影，而不仅仅是读了或听了有关电影的内容。[32]在正文的每一个章节中，我们广泛探讨了要么通过商业途径要么从图书馆购买、租用而获得样本，人们基于自身的经历可以预期，它们会在一个多渠道的自由市场环境中被电视上有规律的插播所重复，由此，方便了学习或进一步的研究。这是本书同其他论述媒体和战争的著作的显著区别所在，在这些著作中其中没有影像，而写的又是有关读者不能跟进的现象，这两个问题相伴而行。[33]

关于本书

在"导论"中,当代武装冲突与有赖于动态影像的战略叙事和作为武器的影像的作用之间原初而基本的联系的确立,为我们下一步的工作奠定了基础,本书余下的部分将展开对动态影像——现代战争的核心——的探究。第二章确立了前述的动态影像媒体的基本类型学(包括故事片、现场长时段节目编排或时事和纪录片及电视新闻中现场短时段节目编排),它被用来架构余下的章节。本章还考察了动态影像媒体叙事的性质,即为我们所思考的武器的性质,包括这种性质施加的媒体所能为的局限性。最后,本章对这些媒体的性质与战争研究相互关联的方式及其显而易见的局限性进行了思考。

第三章考察了当代冲突的故事呈现。它包括对涉及南斯拉夫战争的电影的分析,譬如埃米尔·库斯图利卡(Emir Kusturica)执导的戛纳电影节获奖作品《地下——没有天空的都市》(Underground)和丹尼斯·塔诺维克(Danis Tanovic)执导的奥斯卡获奖作品《无主之地》(No Man's Land)。本章还包括对有关后苏联期间车臣冲突的电影的分析,如瑟奇·波德罗夫(Sergei Bodrov)执导的国际著名的商业片《山囚》(Prisoner of Mountain)和阿列克塞·巴拉巴诺夫(Aleksei Balabanov)执导、在西方获得成功的《战争》(War, or Voina)。本章也思考了关于美国介入伊拉克的两部电影,即戴维·拉塞尔(David O. Russell)执导的《夺金三王》(Three Kings)和萨姆·门德斯(Sam Mendes)执导的《锅盖头》(Jarhead)。本章在结尾处,还将研究由两度获得奥斯卡奖的导演雷德利·斯科特(Ridley Scott)执导的《黑鹰坠落》(Black Hawk Down),它是有史以来在商业上最为成功的战争片之一。该片描述了20世纪90年代早期美国在索马里的军事行动。该片是理解通过动态影像表现武装冲突所涉及的议题时最常被引证的一部电影。最后这部电影为研究虚构模式与纪实模式之间的互动及合成以及动态影像在确立武装冲突合法性上的突出作用提供了坚实的基础。本章从整体上显示:就其本性而言,动态影像媒体通常聚焦于个人经历和情感及视觉层面上的东西——无论它们对一般性冲突或某一特定冲突做出何种阐释和理解。正是这一点而非其他任何因素规定了屏幕(或屏幕)上的呈现。

第四章考察了与当代冲突有关的长时段纪实电影。所涉及的文本包括有关南斯拉夫战争的两大纪录片系列——《南斯拉夫之死》（The Death of Yugoslavia，又名《南斯拉夫：一个国家的死亡》）和《米洛舍维奇的倒台》（The Fall of Milosevic）。它们是由同一家电影制作公司制作的，在英国和美国大规模地或定期地重复播映。我们要表明的是：是影像而非信息的有效提供形塑了电影的制作以及用于阐释和理解的素材。本章还考察了一系列同后苏联期间的冲突、"9·11"恐怖袭击事件及其在"全球反恐战争"中的后续事件——包括在伊拉克的战役——等有关的纪实电影。本章还包括了对诺德兄弟（the Naudet brothers）在不经意间所拍摄的《9·11》的阐释，描述这两人随同纽约消防队赶赴某事故现场途中碰巧拍摄到恐怖袭击全过程的这部纪录片后来成了纪念9月11日的作品。我们以考察迈克尔·莫尔（Michael Moor）执导的《华氏9·11》（Fahrenheit 911）结束本章的探讨。该片是近年来最为成功的纪实叙事影片，它获得了广泛的影院发行量、庞大的观众群和高曝光率。该片的成功部分得益于它同2004年美国总统大选之间的关联，它对美国卷入伊拉克战争的抨击产生了重大的影响。本章从整体上确认，是纪实文本，如同虚构文本，的性质决定了纪录片和时事的性质——尽管在风格和基调上有某些差异。这就使得表现、阐释和理解当代冲突变成一种既不可靠而又不可预测的手段。[34]

　　基于上述各章，第五章考察了最直接、广泛而最具影响力的动态影像媒介形式——电视新闻，它表明：在剧情呈现及纪录片和时事片中限定叙事和材料选择的那些相同的要素，同样也限定了电视新闻。正是动态影像的内容决定了当代冲突及其他议题的呈现，而非取决于对信息的全面把握和理解。卫星资源尤其是CNN作为全世界范围内自身没有国际冲突报道能力的广播电台（电视台）影像的来源，也被称为或被理解为真正的"CNN效应"。[35]本章还包括了对发生在美国在伊拉克持续采取军事行动期间巴格达阿布·格莱布监狱虐囚影像及其影响的考察。这些影像显然对美国及其他地方的政治话语和合法性产生了重大的影响。这里还论及了这次冲突的其他方面，包括缺乏"大规模杀伤性武器"的影像，不妨认定，这种反事实的做法应该是同对冲突的认识完全相左的。本章通篇据理认为，正是动态影像类型的动态影像媒体在情感和物理的双重意义上决定了当代冲突的电视新闻报道及其他。

　　第六章思考了动态影像媒体的其他方面，它们都同为前面各章提供情境的当代武装冲突、主题和议题有关。其中的一个方面关注的是地点、处境或事件，它们通常不配准、对正而有所忽略——就西方媒体的本性和操作而言，如我们所述，它们尤其忽略了非洲大陆及其安全问题。在各节中，我们探讨了动态影像不断变化的性质以及在此变化之中持续重要的问题。首先，探讨的是有关武装冲突的情境下作为动态影像媒体和资源的互联网和数字资料记录的兴起及信息输出及其冲击力的原子化和多样化（万维网使之成为可能）。然后，思考的是制度的改变和堵塞以及"原创"声音的影响力和重要性——无论这种声音发自新闻主播和记者，还是我们在最后一节所讨论的长时段影片（故事性的或纪实性的）的导演和制片人——他们为现代战争提供了不同的动态影像表现方式。

第七章探讨了当代武装冲突的性质，介绍了一种对著名的克劳塞维茨"三位一体"所作出的新说法，不同于20世纪90年代众多评论家的看法，该章认为，"（战争的）三位一体"仍然是有现实意义的。不止于此，更为重要的是，它需要被理解成一种有多个方面、多重意义的现象，我们称之为"多维三位一体的立方次相加"（$Trinity^3+$）。本章把它同合法性这一核心概念联系在一起，我们认为合法性界定了当代战争的成功与否。本章确定了武力与动态影像媒体之间的动态交织，同时确认了把动态影像为武器看待的众多原则，包括"影像情境主导"原则。最后，本章中所给出的结论是对本书其他部分的分析的总结，它强化了一个一以贯之的观点：动态影像自身决定了动态影像媒体所作的呈现、阐释和理解的性质，而这些动态影像并不产生必然可靠的、完备的甚或可预期的战争手段。总之，影像是当代战争的核心武器。

第二章 动态影像及其意义：武器的本质

正如第一章所讨论的，如果在当代战争中动态影像能够成为武器，那么对于这种媒体制造的动态影像的深刻理解便非常必要。从某种程度上来说，也就是理解这种当代战争中的关键性武器如何运用以及会以什么样的形式出现。要理解一种工具如何运用以及运用的效果，首先得明确它的主要组成部分。这是本章的主要目的，涉及从最早的战争画面开始，审视制造动态影像的影视媒体与战争之间关系的演变，以及媒体所采用的主要呈现形式，尤其是几种主要的画面形式（剧情片、电视新闻、时事和纪录片）。本章还将从对动态影像文本的理解到对文本中叙事的分析审视动态影像武器的本质，也就是讨论媒体如何运作、如何架构文本的实质。最后本章尝试通过对影视媒体与战争之间关系的研究建立索初步的结论，包括此类媒体研究能够加强对战争的审视以及在21世纪的战争中两者之间的关系重要。

电影、电视和战争

战争一直是影视媒体钟爱的题材。在电影发展初期，第一部纪实电影（actuality film）叫作《索姆河会战》（*The Battle of the Somme*）。这是一部非常出色的作品，因为它可能是唯一一部未经审查、开放式创作运用于战争报道的影片。在对拍摄未作任何限制的情况下，制作团队派出五个独立的摄像小组去记录1916年7月1日的一轮攻势。这部电影在一周内完成拍摄、剪辑并投入影院放映，即便其中部分内容真实记录了战争带来的严重损失，但大部分是对这轮进攻势的正面描绘。影片展现了士兵们第一次面对镜头所表现出的好奇，其中最突出的场景是一个战争囚犯在游行过程中注意到了摄像机的存在，于是他注视镜头并绕着镜头跑了一圈，然后又重新回到游行队伍中。这部纪实电影比21世纪的大部分作品都要真实和不受限制，其中的一些基础元素影响了此后影视媒体对战争的处理方式，无论是剧情片、纪实电影还是纪录片，也无论它们是在剧院播放还是通过电视或者新世纪数字化和互联网带来的多媒体环境收看。这些基础元素包括对个人和小群体的关注、醒目影像的主导地位、相对于反思与分析对动作与情感的注重等，这些都是影视媒体共通的叙事需求，只仅仅在虚构与非虚构的类型上存在小幅的差异。

从电影诞生之日起，动态影像和战争之间的广泛联系便逐步显现，无论它们是通过胶片、模拟信号的电视还是其他数字媒介加以呈现。尽管有这些联系的存在，尽管有越来越多关于传播媒介在学术及更高层面的研究，但至少在英国，将这两者联系在一起的严肃尝试却相吐很少。除了偶尔出现的咖啡桌（coffee-table book）图书之外，一般来说，只要对战争与电影形成具体关注，便是某种特定类型的电影与某场战争之间相关性的研究，比如第二次世界大战[36]或者广义上的越南战争[37]。但即便如此，涉及的领域也是非常有限的，有时采集的素材缺乏平衡性或者仅仅是没有说服力的描述性研究（尽管不是很全面的统计，但这些研究只涉及二战中的战争与社会关系，迄今为止美国的战斗电影也只是关于严肃的和系统性的研究）。总的来说，这些研究要么关注电影和变化中的社会环境之间的联系，要么是对电影制作历史的探求。然而目前许多其他域对于电影的关注持续增长，其中包括了国际关系研究和战争与和平研究等领域。理论型杂志《千禧》（*Millennium*）从2006年起开创了一个有趣的电影板块，用于刊载较短篇幅的单部电影影评以及影片与国际问题[38]之间联系的解读。2000年，伦敦国王学院（King's College London）的战争研究系为战争研究硕士项目引进了一种修订版课程，主要围绕着15个文本进行分析，课程在这些分析文本中有意识地选择了一部剧情片，以表明对战争本质和特征的调查研究不仅仅局限于文字资料，也不只是学术型、分析型的研究。尽管出现了这些新的趋势，但对来自电影的资料如何有助于对战争与和平的理解这一问题仍鲜有关注。（虽然在文学经典中长期存在两者的相关性，比如莎士比亚的《亨利五世》（Henry V）和列夫·托尔斯泰的《战争与和平》（War and Peace）。）

"影视媒体"这一术语是国际通用的，它包括了多种类型和形式，从各式各样的传统胶片电影，到魅力十足的录像带，再到正在飞速丰富起来的能够捕捉、编辑、取景等用以处理动态影像的数字手段。虽然我们也考虑到数字化革命对战争存在相关影响，比如在本书第六章中探讨的某些内容，但这些形式在这里却不是讨论的重点。

本研究涉及的类型主要有三种：剧情片、时事和纪录片。还有一种电视新闻是本书三到五章重点讨论的节目形态。对于这些不同类型的动态影像之间的区别以及各自的类型元素，之后当然需要更加深入的解释和背景研究。对一些观察者来说，类型之间的区别也许是明显的，但其他人仍然会对此产生疑问，比如我们把时事和纪录片合为一种类型研究（下文有相关解释），但一些业界人士和分析家会为两者做出非常明确的区分。[39]同样，正如下文所提到的，在我们定义的其他类型之中也会存在区别。我们在分析导向的层面上进行操作，因为类型学（节目形态）让发掘不同类型影视媒体之间的共性特征成为可能。

这里的类型学首先基于虚构类与非虚构类，或者说，纪实性之间的区别。虽然在一些情况下，两者之间的界限是模糊的，但总体来说，纪实电影（actuality films）和与其有一定相似性的虚构类电影之间有着明确的区分。判断的标准在于一部电影是否基于其实世界的某些现象，或有用对这些现象的观察以呈现对经验世界的记录，还是只是创造性想象的产物，而非表现"真实"世界的经验性细节和经历。当然，在纪实电影中也有着创造性的想象，就像在虚构类作品中也有着对经验世界的映射一样。但是，这一根本性的区别仍然在使用真实素材去展现经验世界的作品和为了表达想象的意义而有意识地去除某些现实世界元素的作品之间形成了一道必要的边界。关键区别在于所有描述的事件或者细节在动态影像的创作过程之外是否真实存在：如果存在，便可以认为是纪实电影；如果不存在，即便有某些元素符合真实性的标准，也只能划归为虚构类电影。[40]

纪实作品可以分为两大类型：短篇和长篇。其中电视新闻，主要依靠动态影像，但同样也是由一系列的短篇"迷你电影"（mini-movies），比如仅仅1分30秒长的包裹式新闻报道（package reports）组成。新闻中短篇"迷你电影"的目的是用图片配合口头叙述和解说来捕捉与主题相关的重要细节和发展（这是理想的情况，当然现实中的新闻报道往往由太多的解说来主导，而画面相对于声音则处于弱势地位）。这些短篇新闻倾向于事件驱动，所以很容易被遗忘、被下一天或者下一周的"新闻"所替代，就像日报总是在第二天的垃圾桶里结束它们的使命一样。短篇新闻报道的效用通常是短暂的，但现在将这些报道保存下来的做法有逐渐上升的趋势，比如伟大的新闻公司BBC便开始在其新闻网站BBC online上将文字报道与这类包裹式新闻形成无限制的链接。[41]类似的情况也出现在美国的CBS新闻中，但素材首先得经过更加严格地挑选，较少部分得以保留（比如，在某个时间段内能够得到的许多"9·11"事件的素材，在2006年夏天以后就无法得到了）。但是总的来说，CBS的政策还是应该得到赞赏的，虽然相对于BBC它的限制更多，但其仍然和BBC一样承诺了获取此类素材的无偿性。这些素材对于那些好奇的或者真正有研究兴趣的人们来说，是非常重要的资源。它们提供了可参考的信息，更有趣的是，为可以那些影视媒体的研究者所用。

　　相比之下，长篇的纪实电影通常能够形成对事件更加丰富的叙述和更加深入、更具反思性的理解。长篇作品能够提供背景和观点，避免了短篇中的日常细节和调查，进而发展出区别于一般新闻报道的不同维度。长篇作品对主题进行更有深度的处理，有时甚至允许作品聚焦于对事件的探讨和介入。在当代社会，长篇作品可以分成两个子类型：时事和纪录片。这两种子类型不断分化，前者更多地表现为每日新闻（daily news）的跟踪报道[42]，在新闻中提供短篇报道的丰富版［典型的比如在BBC新闻报道中包含了《全景》（Panorana）的部分内容，再比如CBS的新闻中使用了《60分钟》（60 Minutes）报道中的少量素材］。节目和新闻议程之间的联系日益表明出纪实电影中的一种短暂性趋势，即它们的重要性并不体现在长期性和固有价值，而是在于比新闻的形式更丰富地去表现短暂事件。时事电影（Current affairs films）因其真实性或者事实性在传统上被认为是"纪录片"。但是它之所以被区别于纪录片来对待，也是因为越来越多的短期性关注这一特点。有时，这些具有短期性关注特点的电影往往能够走得更长，与它们的来源或是表现意图无关，这也让时事与纪录片间不能形成绝对性的区分（无论是主题还是电影的内在作用）。相对而言，纪录片创作需要符合其内在特性，要关注所讲述故事的固有价值和创作者的表达方式，以获得更多的观众。如果作品有幸成功的话，生命周期则会更长。比如纪录片带来的教育作用便是长效的,这也被看作是其区别于长篇时事电影的重要因素。[43]

一类稍显幼稚的倾向认为从广义来说,纪录片既不是"文献(document)",其本身也不是基于文献。理由是虽然这两种情况都尝试以系统性的客观表现来传达"事实",而实际操作中却并不一定如此。但不论如何,纪录片这种媒介的限制性还是很明确的。所以我们应当认识纪录片的不同形式和类型。总的说来,包括时事电影在内的纪实电影和剧情电影之间的区别是巨大的。[44]

纪实电影制作尤其发展历史中经历了巨大的转变,从早期仅仅是影像"文献",如记录下行驶的列车或是某人骑自行车等一些现实的片段,其中并没有更多的背景资料的展现,也没有用以结构叙事的剪辑,到剧情性的纪录片以及具有成熟表现结构的纪录片的出现,比如凯文·麦克唐纳(Kevin MacDonald)的产生重大影响的纪录片《九月的某一天》(One Day in September)(对于那些认为创新和主观无助于提高作品收视的人们来说,影片闪切的叙事风格是对纪录片传统的一种背叛,从而在某些圈子里引发了恐慌)。[45]关键是,无论纪录片的类型或者风格是什么,都是追溯到伟大的苏联纪录片大师吉加·维尔托夫(Dziga Vertov)的观点:摄像机的存在与所记录的真实,在他重要的作品《带摄像机的人》(Man With a Movie Camera /Chelovek's kinoapparatom)中,他反身性地展示了电视制作者有意识干预的始终存在,这种干预隐藏在摄像机背后,最终呈现在剪辑室中。纪录片无论多么忠实地建立在经验现实和历史事实之上,它始终是一种创作,无法同制作者的处理和判定以及视觉信息的可用性独立开来,这些因素交织影响从而形成了故事的叙事结构。[46]学者和业界专家将纪录片定义并分为几种类型,比如有解释型纪录片(最常见的形式,一般包括了叙事性解说和对描述、对信息的强调)、观察型纪录片(摄像机尽量不介入而真实记录"生活的片段",即"趴在墙上的苍蝇"(fly-on-the-wall),在不被人注意的情况下随意观察局势的一种状态,和拍摄前就决定了影片的兴趣点不同,这类纪录片通常强调记录素材本身兴趣点的发掘,这也是和(电视真人秀)不同的地方、交互型纪录片(电影制作者通过采访或者在镜头中的出现,制造事件发展的动力,有意识的成为影片的一部分)和反身型纪录片(比如维尔托夫的作品,有意识地找到一些方法去定义电影制作的过程以及素材的可用性、选择性如何影响最终的结果)。[47]

这种对纪录片的分类并不包括一些更加激进和富有挑战性的类型，此类纪录片甚至存在着与虚构元素的交错。该领域的创新；一便是戏剧型纪录片的出现，戏剧型纪录片中的一些元素是被再创造出来的而非本质上的"现实"段落。同样的情况出现在一些影片风格比基础性的经验特征更为重要、强调情感与真实、并非物理性的描述而是强调神韵的影片中，这些方法在剧情片中则更为常见。凯文·麦克唐纳运用在《九月的某一天》中手法便是这部电影的一个主要特征：快切、跳剪和其他一些手法都使得这部影片远离早期的、认为文献才能作为记录现实生活经验论据的陈旧观点。风格化的、更加主观的纪实电影和那些包含戏剧性再创造的影片在业界人士眼中虽然是颇具争议的，但同时也会得到令人激动的关注。

真人扮演的运用是为了确保至关重要的画面呈现，如果这点都不能达到，那么影视媒体的基本功能就无法实现。戏剧型纪录片实现了一种创新，将那些无法表现的内容以视觉形式展现出来。这种技术于20世纪60年代和70年代被莱斯利·伍德海德（Leslie Woodhead）团队在英国格拉纳达电视台的《世界在行动》（*World in Action*）中首次运用，以表现他们所知晓的却无法进行拍摄的东欧共产主义者的情况（但伍德海德自己也公开承认，虽然他们的拍摄意图是打击美国，但在美国却能够自由旅行和拍摄[48]）。这次创造性的运用为此类技术什么时候使用、如何使用树立了一个标准当一部电影极具价值却无法通过其他合理的途径来表现时。但是，对于缺乏真实性的"虚构"的担忧，对于可能违背的纪实性作品制作所基于的道德准则的担忧，甚至是对于因为懒惰使用再现方式而不去寻找其他方法的担忧，都是合理的。

纪实电影家族中的另一类区分便是单集纪录片、独立纪录片和系列纪录片的分野。系列纪录片和单集纪录片的区别主要表现在两个方面：首先是形式上的明显区别，和单集纪录片不同，分章节样式的系列纪录片通常是反映同一主题不同层面和阶段的一系列相关影片。其次系列纪录片作为一个整体出售，是依靠稳定的信誉和质量，而不是求新求奇。相比而言，独立纪录片或者单集纪录片则通常建立在新奇的基础上接下来还有哪些未知的真相会逐渐显现？

系列纪录片中有一些比较突出的作品是有关战争的，比如20世纪60年代的一部主要作品《第一次世界大战》（*The Great War*）就是用以纪念和理解一战的。紧随这部先锋式系列纪录片之后的，是关于二战的纪录片《世界大战》

(*World at War*)。在那以后，有关战争的系列纪录片便层出不穷，从早期彩色片的纪念作品集《二战风云录》(*The Second World War in Colour*)再到里查德·福尔摩斯（Richard Holmes）的重大历史题材系列纪录片《惠林顿》(*Wellington*)。后者从一位伟大的通信员西蒙·沙玛（Simon Schama）的视角出发，在更普遍的历史范畴中去直面战争的本质。但系列纪录片的关键性代表作品大多与现代战争相关，比如在本书第四章中讨论的《战争》(*Fighting the War*)和《南斯拉夫之死》(*The Death of Yugoslavia*)这两部作品（《南斯拉夫之死》在美国的片名叫作：《南斯拉夫：一个国家的灭亡》）。

《南斯拉夫之死》作为此类纪录片的巅峰之作，是由布鲁克·拉平Brook-Lapping公司制作完成的。这家由布赖恩·拉平（Brian Lapping）领军、诺尔玛·珀西（Norma Percy）任制片人的专业公司负责了大量纪录片的拍摄制作，其中包括了《五十年战争》(*The Fifty Years War*)系列纪录片。布鲁克-拉平制片公司的纪录片叙述方式是独特的，让拍摄对象自己来讲述故事，抒发最直接、最真实的感受，或者通过文献资料的组合形成具有权威性的整体效果。影片作为一个整体依赖于其中每一个部分的可靠性，而这些部分的可靠性也需要以整体形式呈现并且参考制作团队之前的创作记录。这种方法只有在所有采访都是重要人物的出镜采访，事件的所有相关人员都能够参与的情况下才适用。影片的主题是具有当代性的，尽管影片涉及研究和深度挖掘，也包含着"类纪录片"（quasi-docnmentany）的特点，但其整体呈现仍然是新闻性而非学术性的。

这部由六个部分组成的系列纪录片就像是一座内容丰富的宝库，南斯拉夫解体以及相关战争的历史通过公认的可靠信息来源得以展现。影片在调研、拍摄和制作中，将历史亲历者的口述逐个呈现，这样的方法能够把无法拍摄到的史实通过叙述的方式表现出来。尽管这部影片（或系列影片）对历史现实的表现还算比较可靠，但也不是毫无争议的。纪录片，无论是系列的还是单集的，无论是在影院播放还是通过电视收看，都和剧情片一样，有着对影像和情感的追求。因此，接下来这一部分将要探讨影视媒体的本质和动态影像叙事的概念。

动态影像：叙事的本质

叙事语言在不同类型的媒介中呈现出多样的内容与形式，这些不同的语言以及作用方式之间有着清晰的区分。电影的叙事本质、叙事方法以及叙事所制造和满足的需求对于本研究是至关重要的，而本研究的目的也正是理解媒介的本质，理解影视媒体叙事能够做什么和不能做什么。这一部分将要参考书面文本和各类形式上的固有区别来针对以上内容进行探索研究。稍后将涉及对于电影本质和"真实"的重要性的强调，虽然这被很多电影理论家尤其是早期的苏联电影大师们所提倡，但实际上也许是一种错误引导。同样，一种有局限的观点认为，文学的特性无法翻译，导致"真实"改编亦不可行，这也可能是错误的引导。另一种实现媒介区分的方法源于尤里·罗特曼（Iurii Lotman）提出的对等性概念，他指出旨在对一个文学文本实施清晰"编码"的电影制作者需要找到对等性的电影语言以表达文本中的含义。

从最初开始，电影理论和电影本身就自然倾向于强调电影的视觉特色。这一电影分析方法将技术和摄影因素凌驾于编剧、剧本、表演和声音因素之上。这一趋势似乎从早期的电影发展中就已经形成了，因为那时的电影需要凭借自身力量成为一种独立艺术形式的媒介。一些关于电影让"那些最疯狂的影像被称作艺术"的质疑也开始出现。[49]这种观点的本质是电影只能作为一种被记录的戏剧：电影仅仅是机械地再现发生在摄影机镜头之前的一切。[50]一些电影理论家对此观点持否定态度，尤其是贝拉·巴拉兹（Béla Balázs）（他同时也是剧作家、诗人和电影批评家）和一些早期的苏联电影专家比如列夫·库里肖夫（Lev Kuleshov）、费谢沃洛德·普多夫金（Vsevolod Pudovkin）、吉加·维尔托夫（Dziga Vertov）和谢尔盖·爱森斯坦（Sergei Eizenshtein）。

巴拉兹曾明确地提出电影作为一种新的艺术，更重要的是表现而不是再现。[51]为了强化这一概念，巴拉兹探讨了电影的视觉层面。为了将电影区别于仅仅作为戏剧表演的记录这一概念，巴拉兹运用美术理论（fine art theory）去论证艺术目标的实现并不是取决于内容而是在于用提供的材料去组织这些内容，无论提供的材料是画布、大理石还是胶片。对于电影来说，最重要的方面是电影制作方法能够将摄影机镜头前的展现形成一种特别的设计。诚然，很大程度上来说艺术形式是由相关的技术性材料决定的：摄影机及其所用的记录材料，无论是传统的醋酸盐胶片和还是更为近期的数字信号，都由它们自身的本质决定着、需求着，也同时提供着运动和影像。正是电影的动态呈现和它所运用的影像移动，才使得电影能够作为一种创造性、表现性和观察性的媒体存在。和其他相比，电影的含义更多是通过运动形成的（有些时候也包括运动的缺失）。

1917年，电影导演兼电影理论家库里肖夫首次提出了"蒙太奇"这一术语，用以指代某种电影创作原则，即通过将不同的电影片段剪辑在一起来形成一系列的联合影像。[52]他把这种创作过程看作是电影本质的形成和一项能够将明晰性和情感表达形成叙事的技术。[53]他将这一技术在他1924年的讽刺作品《怀斯特先生俄国奇遇记》（*The Extraordinary Adventures of Mr. West in the Land of the Bolsheviks*）中发挥到了极致。库里肖夫对许多伟大的电影制作者都产生过重要影响，其中就包括普多夫金。

普多夫金创造出他自己的"蒙太奇"，使它成为一种动力性的、间断剪辑的技术。[54]在电影中，他将这种创造性的方法与文学、舞台剧的传统相融合，尤其是表演心理学流派中的现实主义风格和元素。[55]1926年，他将高尔基的文学作品《母亲》（*Mother*）改编为电影。在这部著名的影片中，普多夫金将英雄放置在宏大的历史背景之下，几乎没有参照任何真实的历史人物。而实验性导演维尔托夫则恰恰相反，他所坚守的建构主义让他仇视所有的虚构电影。他坚持用纪录片的方法去"捕捉生活中的无意识"，就像他在1929年的作品《带摄像机的人》中表现的那样。[56]维尔托夫强调电影的社会功能，认为电影是一种自发的艺术，应该让所有人都能理解。他认为这是一种教育大众远离"中产阶级"的闹剧和更加贴近非表演类（non-acted）电影的方式，因此能够揭露革命的真相。[57]

但如今，提到"蒙太奇"一词最容易被人提及还是苏联导演谢尔盖·爱森斯坦，虽然他既不是这一概念的创造者也不是第一个使用"蒙太奇"的导演。爱森斯坦认为蒙太奇不是电影所独有的，它在其他艺术形式中早已存在，尤其是绘画艺术比如达·芬奇（Leonardo da Vinci）的著名作品《大洪水》（*The Deluge*）和文学作品比如弥尔顿（Milton）的《失乐园》（*Paradise Lost*）。[58]这一表现手法在他20世纪20年代的一系列电影中有较为集中的体现，这些电影包括：《罢工》（*Strike*）（1924），《战舰波将金号》（*Battleship Potemkin*）（1925），《十月》（*October*）（1928），《总路线》（*General Line*）和《旧与新》

（The Old and the New）（1929）。爱森斯坦的蒙太奇理论认为电影不应该只是一系列镜头之间的逻辑性连接，更应该是一种并置（juxtaposition）。[59]爱森斯坦把这种电影称为"理性电影"，认为这种电影传达抽象理念的功能比叙事功能更为重要。[60]对于爱森斯坦来说，蒙太奇的力量建立在"它包含了观众情感和思想的创造性投入的过程"这一事实的基础之上。[61]他认为从一个形象到另一个形象的运动才是推动电影叙事发展的"动力"来源。

声音技术的发明打破了早前电影制作的平衡，为电影展开了一个全新的维度。但是，这些陪伴动态影像出现的声音元素并没有改变画面作为决定性元素的重要特征。苏联那些伟大的电影理论家和电影制作者们力挺同样拥有大量新技术发展的视觉艺术，甚至在1928年明确了反对错误使用声音技术的立场。他们所关注的是声音元素的到来可能减损电影本身的艺术风格，重新回归到戏剧这一明显更为"贫瘠的土地"。爱森斯坦、普多夫金、亚历山德罗夫（Aleksandrov）号召用"复调"的方式运用声音元素，使得电影能够通过视觉和听觉之间的剧烈对比达到预设效果，而不仅仅是简单的视听平衡。[62]所以即便声音元素发挥着重要作用，视觉元素依然不可避免地在动态影像的相关研究中处于比其他维度元素更加重要的地位。因为电影这一媒介是由视觉元素所定义的，离开它，电影也将不复存在。这也是那些把电视的亲近感和交流性凌驾于视觉审美之上（比如，将其和电影进行比较，尤其在艺术多元性上进行比较时），把电视称为"谈话"媒介的人由于忽略了动态影像的必要性而错失重点的原因。[63]

电视的视觉画面使得它的亲近性、谈话性和交流性区别于广播等其他传统的口语传播媒介所展现出的特点。不同媒介形式之间总会存在着联系，包括一些传承关系等，就像文字形式和其他媒介形式之间的联系一样。但是视觉画面在它与口语、听觉和文字媒介之间画上了一道明晰的分割线，产生了一种和其他媒介形式相比，理解影像在创意、结构和叙事上独特作用的需求。影像是媒介的"精华"，它的"主要内容依赖于视觉影像的展现"。[64]

在影视媒体的文学批评领域最有影响力的人物之一，乔治·布卢斯通（George Bluestone）曾有过相关著作。他追随巴拉兹的研究足迹，但在强调读者反应的重要性方面与前者分野。布卢斯通认为电影与文学之间的区别，比如由创作作品中不同的物质和技术手段所引发的区别，是混合着另一类区别的，这种区别以一种"精神意向（mental image）"的方式存在于观众对电影影像的理解和读者对文本文字的概念化之间。[65]但是，他的研究并没有深入到对受众的调查。

主要的电影理论家包括安德烈·巴赞（Andre Basin）和克里斯蒂安·麦茨（Christian Metz）。[66]麦茨是尝试建立电影叙事分析方法的第一人。其研究成果是对"具体的表意过程"进行整合从而构成了电影叙事的"组合段"。[67]但是这些为研究方法而生的特定能指和必要的分析框架被认为是混乱、不清晰和不充分的。[68]在这些之中，视觉维度能够定义影视媒体中的叙事从而成为一种符号系统。巴赞将一类根据导演意图组织蒙太奇的电影和另一类运用能够展示"预先存在结构"的长镜头从而突显"真实"的电影做了区分。[69]这两种方法仅在编辑和镜头使用上有所区别，却都是基于影像构成电影这一论断的。这一观点被齐格弗里德·克拉考尔（Siegfried Kracauer）发挥到了极致，他的现象学方法将电影的本质完全等同于摄影并且把重点放在那些能够产生情感和理性内容的"物质现实"让（和来源于文学的"心里连续性"形成对比）。[70]

维克多·帕金斯（Victor Perkins）认为这是一种有威胁性的批评，它甚至有可能把比如大卫·格里菲斯（D.W. Griffith）这位创造了电影语汇的导演都排除在外。[71]很明显，这种电影语汇确实存在，它包括了特写镜头、超长镜头、摇摄镜头、分割银幕、平行剪辑、蒙太奇和遮盖技巧（比如划像和叠化）的使用。之后，苏联的导演和理论家们创造了电影的语法，这在鲍里斯·艾肯鲍姆（Boris Eikhenbaum）关于电影–短语（film-phrase）作为电影联接（articulation）基本单元的讨论中也有所体现。艾肯鲍姆综述了从库里肖夫到爱森斯坦以来，伟大的实践者们对于电影所做的贡献，论证了这些电影–短语开拓性的使用和文学叙事之间的相似性。[72]

从一开始，文学就为电影提供了原始素材。这使得一些批评的观点认为后者对于前者的改编实际上是一种贬低。相对于原著来说，文学作品的电影版本被认为犯了省略、简化、夸张、毁坏、缺乏创意等多宗罪。[73]除了文本比较的方法，可以直接指明电影改编和原著的区别，关于叙事的讨论，也具有相似功能，而后者从实质上来说，更像是对于改编的一种指控

讨论的核心是概念与感知之间的区别，正如上文提及的布卢斯通的著作那样。文学和电影之间的区别是前者能够"讲述"而后者能够"展示"。西摩·查特曼

（Seymour Chatman）给出了以下案例：当一位作者写下"一个女人走进房间"，这时，没有其他形容和任何细节，因为作者未标明人物特征，所以读者会自己设想出一个人物形象。而电影制作者相较于前者，不可避免地要展示这个女人走进房间的过程，同时也提供给观众显明的形象描述和细节。就像查特曼所说的，这相当于一种"无限制的潜在语言解释"：一个女人走进房间，她有着高高的颧骨，坚挺的鼻梁，一头金发也被打理得很好（等等）。[74]相反，无论进行多么详尽的描述，文字依然无法完全还原出形象。[75]每一种媒介都有自己的固有属性而使之区别于他者。

这些本质区别产生了多样性的特征，正如大卫·波德维尔（David Bordwell）所论述的，即在承认电影能够叙事的情况下（观众通过观看电影能够获得等同于叙述式的理解），电影可以不设置叙述者。[76]但不可否认的是，由于媒介形式之间的本质区别，20世纪70年代以来，电影因其视觉特性而被认为不存在叙事或者叙述者的挑战就从未停息。比如在1972年，帕金斯就对电影分析过分强调视觉和技术元素而提出批评，这也导致了"正统观念"把叙事看作是电影能够"翻译和诠释却不能够吸收成为其创新机制的组成部分"的"一种无法相容的形式"。[77]他认为电影评论应当把电影作为一个整体进行分析，认为叙事方式表明了"那些运用于叙述的媒介的特征"而不是媒介形式之间的区别，它并没有把叙事排除在"诗歌、小说、连环画或者戏剧"之外，"也不应该把叙事看作是对电影不利或不相关的"。[78]电影是它的制作者或者制作者们决定的总和，决定电影包含哪些和不包含哪些，通过哪种方式，持续多长时间等等。

帕金斯的研究使得电影叙事问题开始得到更多重视。比如阿维荣·弗莱什曼（Avrom Fleishman）的观点便是，即使这一媒介形式排除了真正的叙事，但仍然存在"一套电影实践"能够"产生对于叙事的印象，即叙事效果"，某些电影通过屏幕画面或者声音（以旁白的方式）明确的使用了叙事方法。[79]西摩·查特曼则走得更远，他认为和一些同样容易被忽略叙事的话语形式如议论文（argumentation）和说明文（description）一样，电影也是存在叙事的，它们的叙事都源于叙述者。这是他对波德维尔的构建无叙述者叙事观点和韦恩·布斯（Wayne C. Booth）的隐性作者观点进行理论批评的开始，查特曼支持对隐含的和"重构"的叙事进行认识。[80]他提出故事的陈述者和创作者之间是有区别的。他明确地表示，叙述者（narrator）远不局限于弗莱什曼所探讨的"超越视觉影像之上的被录制的旁白"（虽然旁白也作为电影叙事的组成部分之一）。[81]无论是通过一个还是多个"讲述者"（teller），抑或以"复合物（composite）"的方式综合呈现，"电影叙述者"，也就是查特曼所谓的隐性作者自始至终在陈述着整个故事。[82]其实，这一"复合物"实际上更像是一系列的叙事手法和叙事选择而不仅仅是一个实际的叙述者。

查特曼和布斯之后，詹姆斯·格里菲斯（James Griffith）又提出了一种"新亚里士多德主义"方法。[83]查特曼认为存在一个抽象的叙述者，而格里菲斯则对前者的观点提出批评，他从叙述者的创作者（inventor）维度进行分析，认为电影和文学都能够承担叙事，且在意义和效果上是一脉相承的。问题的关键是评估电影或者小说（或者诗歌）的创作者在多种可能中确定某些叙事手法的相关性和一致性。媒介或许不同，但是关于选择的问题却是一致的："根据材料、技术和艺术家所做的选择，一定会产生哪些效果，又可能产生哪些独特的力量呢？"[84]电影和文学一样，都是依靠各自媒介所提供的一套媒介工具，将内容和形式进行结合从而进行有效的艺术表达。[85]因此，（我们）对叙事的正确理解应当是不同媒介通过不同方法达到同样或相似的结果。

从这一方法在20世纪90年代形成的那一天开始，对它的批评就随之出现了。批评主要集中在两者和谐交融的可能性和这两种不同物质形式的固有区别上。[86]具体到电影改编，它意味着在表现时空、抽象、想法与情感等心理维度时"电影与生俱来的不擅长"。在改编过程中，电影需要选择一种方法能够表现原著小说的内涵，保持它的"故事"和相对应的叙事；其中重点包括对于情节线索、次要情节、人物性格以及结构和顺序等元素的选择。[87]

虽然在影视制作中人们总抱有最为美好的愿望和意图，但实际情况却常常使得作品的元素甚至含义在媒介转换的过程中发生曲解。但那些认为因为文学的固有属性使得完整改编无法实现的局限观点是错误的。两种媒介都是利用无数的可能性将内容与形式合二为一的叙事方式。诚然，两者之间的区别也增加了改编的难度。[88]

理解影视媒体本质的关键一步便是理解将同样内容从一种媒介呈现翻译成另一种媒介呈现，或者说将其他形式的文本叙事改编成视觉动态影像媒介的叙事，从而便于进一步理解在现代战争中这种关键性"武器"的特征。这关键一步可以是文本或者事件文本结构之间的关系，如何将经验细节改编成屏幕表现，可以是理解屏幕运用影像运动，将电影的运动与在战略性背景之下"武器"的运动融合使用的方法。如果叙事的必要性体现在对于冲突的理解或者对于现代战争的胜利的定义上，体现在参考主要的电影理论和媒介形式之间固有区别对动态影像叙事本质的理解上，那么我们便需要将关注点放置在战争，尤其是战争策略和动态影像叙事之间。

关于理解的战略

媒介的本质，尤其是它对影像、动作和情感的表达渴望，能够在很大程度上限制其捕捉或者表现战争的能力。同样，战争因为规模和范围不尽相同也不能一概而论。综合考虑这两个因素，战争的某些元素比其他元素更适合电影表达：无论是在战役之中还是战役之外，战争的经历（experience），涉及对个人或者同一身份小团体的表现，能够为影视媒体提供更加便利和更具吸引力的素材。而其他元素，比如战略就相较难以表现。就其本质来看，战略属于反思和概念的范畴，而就其实际运用来说，战略又过于宽泛导致影视作品很难将其清晰地描述出来。但这并不意味着战略和其他类似的战争元素就无法表现，只是挑战性更大而已。

战略关乎方法和结果之间的关系，它是力量产生并运用于政治目标的方式。战略是战争研究领域中很少用电影去捕捉或强调的主题，当然这是就心智与实用之间的互动（卷入到现实当中）而言。虽然有一定数量的二战影片尝试通过屏幕上的对白来表现一些战略思想，比如《不列颠之战》（*The Battle of Britain*）和《最长的一天》（*The Longest Day*），但实际上它们并没有传达出战略感。仅仅一些僵硬的、事先设定好的讨论场景的展现，反而显示出电影在表现"思想"上的不擅长。而在迈克尔·鲍威尔（Michael Powell）的经典作品《百战将军》（*The Life and Death of Colonel Blimp*）中，一些讨论和行动传达出战略思想的变化，但这仅限于变化本身和电影的整体背景。或许以电影方式呈现战略唯一一个获得持续性成功的案例来自罗兰·艾默里奇（Roland Emmerich）的作品《独立日》（*Independence Day*）。但这种成功只持续了一个小时，之后的呈现又回归无序和荒谬。影片的开篇部分展示了理性、计划、准备和部署之间的相互联系，在表现美国人被设计并逐步陷入攻击的过程中采用了口头语言的方式，即便如此，依然是视觉元素占据主导地位。艾默里奇用揭秘的方式来表现战略，从一定程度来说，他借鉴了H.G. Wells曾使用的戏剧性叙事方法和他的改编作品《世界之战》（*The War of the Worlds*）：通过描述异乡人的行动和与之相关的事件，让观众逐步意识和理解到那些对结果起重要作用的手段的高明之处。同时，通过关键人物，比如由比尔·普尔曼（Bill Pullman）扮演的美国总统，或者由杰夫·戈德布拉姆（Jeff Goldblum）扮演的网络奇才让观众逐步理解到底发生了什么。战略是通过一次次的意外和解密展示在观众面前的。

电影《百战将军》的经典之处不仅在于它所展示出的历史感、友谊感和浪漫感，也在于它对战争的社会影响的表现上。这显示在两个层面：第一个层面是在将政治与社会作为一个整体考虑的情况下，战争中军民关系的变化所产生的影响。如果对当代战争中的敌军进行评估，那么社会结构和军队文化的变化则反映为从20世纪初的骑士守则转变成二战中绅士风度的丧失。第二个层面是对社会的总体影响。比如说，这体现在"女性角色"的转变上（实际上是黛博拉·蔻儿（Deberch Kerr）在影片中饰演的三场战争中三个不同的女性角色）：从1900年一个天性浪漫的女孩，到一战中在前线工作的护士，再到二战中穿制服的司机。这反映出20世纪的战争已经成为影响全社会的重要事件。

战争电影中表现得最成功的和最多的部分是战争的经历。无论这些经历是关于战役中还是战役外的军队，抑或是被占领、被袭击、战时被动员起来的社会，都是此类电影在屏幕上着力刻画的部分。不管这些经历是在许多关于越南战争的电影中表现出的战争的可怕、疯狂和滑稽，还是在20世纪50年代和60年代英美关于二战的电影中表现出的英雄主义基调，再或者是那些苦苦等待士兵归来、忍受着无情轰炸的家人们的期盼、渴望和失落，它们都是屏幕上最常出现的用以展现战争对每一个人影响的部分，同时也是最有效的部分。战争经历承担塑造人物性格和身份特征、实现叙事和结构的功能，是整部影片的推动力。

战争的屏幕叙事潜在影响力的检验对于总体上理解战争和理解某些具体战役来说是非常重要的，而后者尤其与直接受某场战役影响的地区相关。为了执行这一类的检验，可以从多个方面进行调查：调查屏幕叙事对事件进程的作用程度，比如和平的建立和教育，或者是通过对合法性和理解性的影响调查战役的策略和研究。检验影视媒体在战争研究和战争教育中的作用以及相关性在很大程度上就是开拓新的探索之路——即便存在一些处理手法，但不管是什么手法，更多是由背景为文化研究等相关领域而非战略研究的作者所创造的。对于公众讨论得很多的电视新闻和经常（但不完全是）通过电视播放的时事电影、系列纪录片的影响，这一说法仍旧适用，而这些都与本研究相关。[89]

电视新闻作为屏幕叙事的一种，和纪录片或者剧情片采用的更具反思性的方法是有区别的。每条新闻报道中的叙事通常只有三四分钟时间，有的甚至只有一分半钟，适用于即时观看，而其他几种屏幕叙事持续的时间更长，同时它们寻求一种来自观众的更为深刻、更具反思性的回应。无论是虚构类的电影还是纪实性的电影都是这种情况。但是，有关纪录片中对新闻镜头和报道的使用尚存灰色地带。对于此类研究真正关注的重点在于宣传（propaganda），共产主义媒体学者菲利浦·泰勒（Philip Taylor）的作品在此领域较为突出。[90]这一领域很重要，但只反映了有限的一部分——即使是对当代的战略和运作来说，这种相关性也是有限的。[91]但除了这类特定关注以及处于上升趋势的对有关边缘性（margin）的研究、教育电影的关注之外，质疑的声音仍然存在，主要针对电影的观看是否仅仅起到消遣的作用。

事实上，考虑到战争的竞争性本质，当政治集团没有其他方法可以做出决断和解决问题时，便是时候考虑为什么以及怎么样让电影能够提供一些有效的方法去分析和理解问题。当然，对于战争的本质、原因与行为、连带责任的相关观点也有很多。其中有很多争论是关于谁对谁做了什么、什么时候、为什么，也包括一些长期存在的不满。在这种背景下，能有以探求分析和战争有关的电影作为目标的吗？总之，电影本身不能被看作是提供了生活的一种必要的可靠性版本。这一部分的目的就是为了提出这一点和明确在电影研究的内在限制之外电影的潜在作用。正如大家已经意识到的，电影能在很多重要方面加强人们对社会和历史背景的理解，虽然也有很多关于电影能够提供什么理解的争论。

许多分析的关注点在于动态影像叙事如何创造一场战役的环境或者如何形成战争情境中的对战争的理解，再或者如何产生对于主要人物的影响。特别是有一些分析重点关注简化、变形与重复如何创造一种包含国家和公众回忆以及"他者"的强烈感知。[92]国家和公众回忆通常被看作是离散的现象（discrete phenomena），[93]而从南斯拉夫国家的案例来看，它们又是相互融合的，[94]这在很大程度上归因于媒体对上述内容的处理加工。但是，当这些导致了对战役原因与行为的理解产生融合和合并的战略被认为是溯及既往的（ex post facto），我们发现能明确这些策略如何作用于结果仍是重要的挑战。

部分原因在于没有任何的媒介输出,或者媒介呈现的节目能够确保产生其预设的影响。许多政治的、教育的或市场的媒介运动都遭遇过失败,[95]而关于受众接触电视新闻与安全性的相关研究也显示出一种相似的模式。[96]使得受众能够理解和接受作者意图的困难之处还与各类大众媒介,主要是屏幕叙事中的暴力内容对当代西方社会影响的研究发现相关。内容分析表明在某些领域中有着日益增多的对暴力内容的刻画和表现,比如儿童电视领域,[97]而以结论性方式去证明这些内容所带来的影响是更加困难的。一方面,基于屏幕叙事中的暴力表现提供了"攻击性暗示"这一观念,有关研究表明暴力行为经观察后同样也能被学习和模仿。[98]另一方面,基于强化观念,也就是一切皆可发生的观念,有关研究认为屏幕上的暴力表现只会对那些原本具有暴力倾向的受众强化影响。也就是说,如果一个具有暴力倾向的人或许会因为观看暴力内容受到鼓励而实施暴力,而一个没有暴力倾向的人则不会被激发暴力行为。[99]

除了这些立场不同的观点之外,还有一个可以追溯到亚里士多德时期的长期传统,那就是包括表现暴力行为在内的叙事(符号性)表现可以是宣泄性甚至是治愈性的。在这一语境下,痛苦的情感需要找到一个出口,它被看作是屏幕叙事产生暴力的动机。[100]基于这一点,一些媒介研究者和一些和平与安全问题研究者认为媒介能够在预防和管理冲突方面起到正面的效果和作用。理论化的关键因素是媒介提供了传播(communication)的渠道,提供了教育的机会,提供了建立信心和相互理解的可能性,定义了冲突并分析了它,同时也提供了一个情感的出口,[101]也就是媒介的宣泄性特征。[102]

但实际上,被说得最多的问题是一些人可能受媒介某方面的影响,另一些人可能受其他方面的影响,还有一些人可能根本没有受到什么影响。但是,当媒介的某种特定诠释没有被受众所接受,一些研究仍然表明无论哪种类型、哪种目的和哪种诠释的屏幕叙事是能够设置议程和强化问题的,即便它们不能必然地产生任何的特定诠释。[103]这类研究引发了两种相悖的观点,一是屏幕叙事带来了可供讨论的问题,二是屏幕叙事都能够对诠释产生一些影响。但因为主题的复杂性和预期反馈的多种可能性,对诠释进行评价是比较困难的。虽然上述两种观点的形成原因能够为考察屏幕叙事对冲突诠释的影响提供参考,但在研究中却存在着如何测量叙事文本或者其他任何一种传播形式对于受众的影响的问题。

影视媒体与战争研究的第三种联系是因其作为一种调查研究和诠释工具的使用。对于观察者们来说，关键问题是这些冲突的屏幕表现是对现实事件的如实再现还是一种歪曲。而考虑到丰富的文学作品、诠释问题的分析和"真实"的本质与存在条件（争论涉及是否存在一个可以被表达的经验现实，是否存在完整的或者局部的或者本质的现实能够和纯粹经验性的限定有所区别，能够延伸到比喻和隐喻的范围），这可能几乎被看作是一类不需要采用经验实证方法的问题。[104]也许对于新闻和实时报道，或者战争电影的表现战争真实性方面的讨论也是徒劳和陈旧的。这类分析，其内部及本身或许都不能提供显著的推论或者满意度。但如果说对于战争的调查研究是有价值的，无论这种价值是出于学术目的还是为了更广泛地理解战争现象，那么细节的准确性是至关重要的。对细节和总体诠释中的准确性的检验或许能够成为调查研究战争本身特征与行为的有效手段。考虑到这一点，本部分的剩余内容将会关注战争本身的特征以及一些差异性与准确性的案例。

对于屏幕叙事的分析除了其本身的价值之外，还能够成为教导和研究特定冲突与整体战争的有效手段。虽然在屏幕上表现战争受到诸多限制，但它对于处理冲突却起到特定作用。它提供了质疑与探究、解释与理解的可能性。有时，它甚至能够提供一种宣泄的机会并在此基础上达到和解。但无论是通过剧情片、纪录片、电视新闻与时事还是通过数字化传播，对影视媒体的检验都能够强化关于冲突的特征、行为、细节和政治、社会背景等方面的研究与理解。除此之外，动态影像与战争的关系已经成为20世纪和21世纪的冲突本身非常重要的部分，以至于两者关系的研究、影像作为武器的研究也成了重要的研究课题。

第三章　剧情片

在各种形式的影视媒体作品之中，剧情片是占据主导地位的。在历史上，这也是主要的叙事元素发展得最为充分的领域。虽然这一活跃艺术形式的早期理论家和实践者们有部分将重心放在了对真实的寻求和拍摄反映现实的电影上，但他们将更多的关注放在了发展一些有助于完成虚构类作品叙事的方面，比如影片的摄制、剧本创作、剪辑和创作特色等。首先，上一章的介绍中被认为组成诠释范围和叙事动力的三大元素——诠释、形象和经历是最为显著的，而之后的章节将探讨这些元素与不同类型纪实影视媒体之间的关系，本章则考察剧情片对现代战争的表现。本章将对以20世纪90年代的南斯拉夫战争、俄罗斯的车臣冲突和20世纪90年代早期的海湾战争（虽然战争的影响也延续到新世纪）这三个案例为代表的冷战后武装冲突的电影式虚构（小说化）处理进行分析，同时对两部极其成功和杰出的电影——取景于波斯尼亚，丹尼斯·塔诺维奇（Danis Tanovic）的《无主之地》（*No Man's Land*）和取景于索马里，雷德利·斯科特（Ridley Scott）的《黑鹰降落》（*Black Hawk Down*）进行具体的诠释。本章整体上表明影视媒体的重点从本质上来说集中在个人体验和情感上，同时也集中在比其他任何因素都更突出地定义了屏幕表现的视觉元因素当中。

南斯拉夫战争的屏幕诠释

20世纪90年代的南斯拉夫战争便是这样一个深刻而清晰的案例，虽然在严格意义上说，与这场战争相关的剧情片没有能够有效地捕捉战争战略特征，但对人类经历和形象的表现却是比较典型的。[105]这场战争帮助电影成为一种具有启发性、教育性的工具，能够对现实和冲突的现代历史进行探讨。这种说法并不意味着仅有一种诠释事件的方式，也不意味着剧情片自身足以提供可靠的历史性诠释，但我们确信的是剧情片能够成为一类用以探究冲突的工具。同时，回归本书的主题——通过建立一系列电影和战争现实之间的联系，以及展现电影在探究和理解战争的过程能够和不能够做到的，来确认影像与经历对理解当代战争的重要性。

这部分将探讨四部不同类型的表现波斯尼亚战争的电影。[106]其中的一些，尤其是最著名的由埃米尔·库斯图里卡（Emir Kusturica）执导的电影《地下》（*Underground*）曾引发了大量的争论。但这四部影片各自反映着独特的观点，传达着差异化的战争经历。被影片《地下》吸引的观众认为战争是巴尔干个性（Balkan character）的无限无序的爆发，而迈克尔·温特伯顿（Michael Winterbottom）执导的影片《烽火惊爆线》（*Welcome to Sarajevo*）则表现了一场外来者眼中的残酷的侵略战争。这些关于性格和经历的印象也出现之后在其他影片中，比如萨德扬·德拉戈耶维奇（Srdjan Dragojević）执导的深刻但极具风格的影片《锦绣山河一把火》（*Pretty Village，Pretty Flame*）和阿德米尔·凯诺维奇（Ademir Kenović）执导的简单而壮美的《完美的圆圈》（*Perfect Circle*）。

在反映南斯拉夫战争的电影之中，最具争议性的也许是埃米尔·库斯图里卡执导的电影《地下》。这部影片获得了1995年戛纳电影节的金棕榈奖，但它却成为电影节上激烈争论的焦点。一些人认为库斯图里卡的胜利只是人们对一部平庸的电影加了感情分：[107]影片的获奖并不是因为其自身的价值，而是因为导演来自萨拉热窝，把大奖授予他能够显示出与这个被围攻城市市民的团结一致。对库斯图里卡的批评则在于他采取了反对萨拉热窝政府的立场，同时在贝尔格莱德的参与下才完成了这部影片。这些批评认为这部电影和电影的内容都受到了贝尔格莱德的影响。

争论的起始点是影片将档案镜头和虚构的问题作旧镜头混合使用，使得观众下意识地增强了塞尔维亚人是受害者的观影印象。在影片刚开始的部分，贝尔格莱德动物园被轰炸，整个城镇被破坏和占领，但纳粹分子似乎在斯洛文尼亚的马里博尔和克罗地亚的萨格勒布是受到欢迎的。（混合使用）档案镜头的方法使影片兼具了准确性和虚假性，准确性在于这些档案镜头是真实的，但是其他镜头则是虚构的或者用电脑制作的。就细节来说，影片中的马里博尔不是斯洛文尼亚一个主要的说德语的城镇，而斯洛文尼亚其他地方的斯拉夫人也没有显示出不欢迎军事占领的态度。并且影片中没有说明塞尔维亚的哪些区域与德军合作。

对于南斯拉夫问题专家来说，这也许是个学术研究类的、颇为隐晦的问题，就像迪娜·伊昂丹诺娃（Dina Iordanova）所提出的观点，虽然可能只有具备相关知识的观察者才能意识到这些问题，但它会导致更多的指责，认为这部电影是政治宣传的工具。[108]这种手法的意义体现在三个方面：首先，它表明了影片支持贝尔格莱德的立场。其次，它对于冲突的诠释成为一种对历史的强烈反对。第三，它作为政治宣传有效地服务于贝尔格莱德政权。总的来说这种手法有助于一部强调历史、文化和无序关系的电影的形成，因此能够增强外界观察者们的混乱感。对这部电影的相关指控认为，该手法是一种政治宣传，原因并不在于其美化了塞尔维亚参与战争的理由，而在于它避免了以清晰明确的视觉表现来阐释战争的真正理由和行为。影片以贝尔格莱德的立场进行表现，（塞尔维亚）国内的观众是支持和认同的，同时也能避免外界观众对于战争产生清晰的理解。因此，电影《地下》在教化意义上的有效性体现在它成了分解战争关键点及相关事件的工具。

在对20世纪90年代那场被腐坏、犯罪、混乱和散兵游勇所控制的战争的描述中，那些可能只了解二战背景的人才会注意到的史实被强化了。在电影《地下》中，主角之一Brzi（意为迅速敏捷）出现在影片的尾声段落，成了能够带领独立战争行动的准军事领导人。

战争的特性描述不可避免地会重叠，这种特性描述反映并理解（把握）着人类的经历。电影中的主角们，无论是在第二次世界大战还是在20世纪90年代的战争中，都生活在一个象征着混乱、疯狂和粉饰，充满着性和暴力的世界里，这特别生动地表现在两个场景中。第一个场景是电影开头马尔科（Marko）和一个妓女无趣的性爱转变成因被妓女抛弃而产生的自我满足式的暴怒，之后发生了1941年的贝尔格莱德大爆炸。第二个场景是娜塔莉亚（Natalija）围着一辆坦克的炮口跳挑逗性舞蹈。

从一定程度上讲，这个世界与身处于其中并参与到战争中的人们组成了导演眼中的一场马戏。[109]人观众获得的对于战争的理解就是历史中一群疯狂人们的马戏表演，因为将影片的三部分贯穿起来并布满了疯狂行为的线索便是历史：20世纪90年代的战争是无法弥合的差异、狂躁不安的人们和不可避免的历史进程的产物。简言之，人们是疯狂的，战况是无法回避的。

冲突的这种诠释方式得到了贝尔格莱德和塞尔维亚方面的赞同。从这一角度来看，每一个人或者说没有一个人需要为战争负责，战争只是反映了社会的特征，需要责备的是过去。根据库斯图里卡的观点，战争并不是政治首领、军官和安全部长官的有意设计，而是一种自发的现象，它源于人类的本性。

这种诠释，操纵了历史档案镜头，相比想要寻求责任的观众来说，它似乎更加适合那些乐于被免除特定责任的观众。因此，当这部电影在贝尔格莱德受到极大欢迎并连续上映数周时，在库斯图里卡被抵制的波斯尼亚却未获播放，克罗地亚也是一样（就目前所知）。在斯洛文尼亚，这部电影只做了特别展映，便遭受了敌意的批评。这种两级的反馈同样出现在（法国）戛纳和英国，那里的观众也是根据背景和对冲突的理解对影片进行判断的。这一现象可以简单地被定义为：认为战争是理性、战略行为的观众把影片视作是政治宣传，而那些不这么认为或者不愿意这么认为的观众则很享受这场马戏表演。

萨德扬·德拉戈耶维奇执导的《锦绣山河一把火》同样也存在着对影片偏向性和类政治宣传性（quasi-propandiatic）的指责。片名本身，带着公然的狂喜意味，反映了和库斯图里卡作品同样的判断将暴力视作特定的文化满足。对影片的此类指责主要出于两个原因：首先，《锦绣山河一把火》和《地下》一样，是在贝尔格莱德方面的支持下完成的。其次，一些独特的解读认为影片中表现塞尔维亚军队被穆斯林困在一个隧道中，目的是将侵略者变成受害者。[110]的确，虽然从表面意义上来看我们并不能驳斥这种观点，但一些重要细节却表明另一种诠释也应该被考虑进去。

将塞尔维亚军队安排在隧道中成为受害方显然能够自发地吸引塞尔维亚和塞尔维亚联盟国家的观众，因为存在着那份认同。但更为重要的是，影片以设置两个身处对立阵营的朋友这一传统桥段，通过展现一个主要角色塞尔维亚人米兰（Milan）的转变来表现人们是如何被卷入事件并被事件改变的。（影片开始米兰与穆斯林人哈利尔［Halil］是由小到大的朋友但到影片最后他成为一个充满仇恨的怪物，并在军队医院残忍杀害了穆斯林受害者）这个转变在片尾这两个朋友的对话中更加强烈地体现出来：

哈利尔："你觉得将会发生战争吗？"
米兰："什么战争？"

两人的关系和米兰的转变无疑是一种在本土层面、通过人际间的关系对波斯尼亚战争发展方式的间接真实描述。冲突，或至少是这一部分的冲突，和古老的或者种族的仇恨无关。但是，冲突改变了个体，让仇恨成了战争经历中的重要部分。

透过这些经历，人们能够观察到库斯图里卡的部分观点。这显然是残酷成性的暴行，无论施暴者是以最后射杀两个南斯拉夫士兵的米兰为代表的塞尔维亚人，抑或是在隧道中辱骂被俘虏部队的穆斯林人。影片中还表现出了性与暴力之间的联系，比如维尔加（Velja），那个色鬼，用枪顶住自己的脑袋，向和塞尔维亚小分队同时被困在隧道中、已经开始转变最初敌对态度的女记者索吻。但当那个吻看似马上就要成功阻止维尔加自杀的时候，他却说"开个玩笑"，随后扣动了扳机。

在相互充满敌意的人们当中，同样也有着马戏团式的表现，或至少是一种特别的趣味。所以，尽管隧道是恐怖的，仍然充满了歌唱、舞蹈和玩笑。但是，这些内容都是在特定的场景中展现的，或者表现在某些个体的性格当中，是影片的部分展现而不是全部，比如电影《地下》。

影片将米兰设置为中心人物，让观众能够看到因为各种原因各类个体参与其中的冲突。这不能简单归因为出于本能的杀戮欲望。相反，通过中心人物塞尔维亚人的角色设定以及塞尔维亚小分队被困隧道的情节设计，也许可以推测出影片在塞尔维亚民众中间能够得以传播并得到好的传播效果。然而，米兰的人物个性和他的转变也表明了在特定的环境中，个体可能展现出最恶的自己。这些环境更多是被非当地的、来自不同地方的他者所构成的。

当电影《锦绣山河一把火》把重点放在一个小分队被困隧道和从一个"局内人"的视角看待战争时，《烽火惊爆线》却把影片核心放在局外人的经历上。影片中一队来自各国的记者被困在萨拉热窝，可以理解，他们在一路上逐渐失去了新闻记者的公正立场。这也反映出这部电影的故事来源——迈克尔·尼克尔森（Michael

Nicholson)的《娜塔莎的故事》(*Natasha's Story*)。尼克尔森是英国独立电视新闻公司(ITN)的资深战地记者,他曾经评论了在萨拉热窝的经历对于久经沙场的职业新闻记者的道德标准的影响。[111]

他曾经定将一个萨拉热窝孤儿院的女孩偷运回英国,正是这一经历成了尼克尔森《娜塔莎的故事》一书的主题。它原著书和电影提供了基本的故事,但并不是核心内容。这是因为虽然实际偷运的过程非常紧张,但是却未生枝节,基本平安无事(实际上,正如下文讨论的,设计影响事情发展的更多枝节正是电影对于战争的诠释方式之一)。

影片中,记者迈克尔·亨德森(Michael Henderson)经历了一个小小的转变,转变过程和一位穿着象征萨拉热窝血雨腥风的红色短袍的神秘辅祭有关。亨德森的新闻专业性体现在对街头屠杀的处理方式上,这个情节也让人联想到真实历史上发生在1992年5月的臭名昭著的面包排队大屠杀(bread queue massacre)。对于亨德森新闻专业性的挑战还出现在之前的一个事件,影片开头一场天主教婚礼因为狙击手射杀了新郎的母亲而转变成一场惨剧。[112]

与亨德森竞争的一个美国人——弗林(Flynn),在新闻专业性中混杂了英雄主义,他直接去大街上参与帮助——这为他的制作人提供了一个优秀的报道故事,其他的团队都在拍摄记录他的行为,除了亨德森。相反,亨德森带着摄像师去跟拍了那位辅祭。最终,他们把辅祭追到一个死胡同里,他们相互对视着。辅祭盯着他们,咒骂着,不断重复问道:"你们到底想要什么?"这就像是对亨德森自我意识的一种审视:他在做什么?他想要什么?从某种意义上来说,亨德森仿佛是在新闻专业性的死胡同中面对自己:仅仅作为一个观众去看萨拉热窝的苦难是不够的。[113]

促使他进一步转变的是,当亨德森从人群中找到辅祭的身影并最终跟随着人们,看到他们都在观看一个大提琴手演奏意大利作曲家阿尔比诺尼(Albinoni)的《G小调柔板》的时候,他成了人群中的一部分:就像辅祭一样,他抬头望着,成了那些人中的一个。

尽管影片《烽火惊爆线》有意识地和原著故事保持距离,但确实存在对这方面的关注。原著故事本身并不是特别富于戏剧性,而且对战地记者经历的表现比影片中来得更加耀眼。电影制作者想要避开事实上并不戏剧化的故事,尝试将影片以类型电影的制作方式拍成一部战争片。在这部类型电影中,中心人物是一个进入到冲突区域内的记者,同时他也成为南斯拉夫领土以外观众的电影讲述者。[114]更确切地说,目的是使得萨拉热窝和萨拉热窝人民成为影片的焦点。[115]

虽然亨德森是电影的主角,但他的表现却不用特别抢眼。然而当影片回归到故事本身,关注点逐渐放在亨德森和萨拉热窝女孩的对话上的时候,观众自然会将注意力紧紧地集中于记者本身(而且,以我们的判断,这恰恰是这部影片的遗憾之处)。最后,应当避免的却无法避免,影片对萨拉热窝和萨拉热窝人民的表现退居次位,变成了表现记者的故事。不过就像其他类似的电影一样,这些用来吸引外界观众的东西,也许确实让观众更多地关注了战争,从而实现了导演的意图。[116]

为了使观众不要无视波斯尼亚,"准确表现"这一问题也是不能被忽略的,实际上它对于介绍和审视战争能够提供帮助和增加趣味。比如,电影《烽火惊爆线》的中心人物——小女孩在片中的名字与真实生活中和作为影片原著故事的自传中的名字有所区别,这会产生影响吗?那个从专业客观性向个人认同转变的记者偷运出的萨拉热窝穆斯林女孩已不再是尼克尔森《娜塔莎的故事》一书中真正的塞尔维亚女孩。这一改变明确地反映出电视制作者的两大目的,一是重点关注战争中穆斯林在面对塞尔维亚人战役时所处的困境,二是使得电影目标受众——西方观众能够接受影片中的内容。同时,这也是为了简化地呈现事实,现实中,除了塞尔维亚孩子,还有其他孩子,以及成年人都经历过萨拉热窝的困境。在此背景下,这部电影被用以南斯拉夫战争研究,一方面是表明简化和偏见产生的可能性,另一方面是强调其中所包含的更为复杂和精确的现实。

战争结束后,影片《烽火惊爆线》在萨拉热窝电影节展映,据报道深受好评,但这更多地来自它的政治意义而不是真情实感。它对于展现(萨拉热窝)城市和人民的尝试,虽然值得重视,但仍然消失于外来者们的故事中。相对来说,阿德米尔·凯诺维奇的影片《完美的圆圈》受到更加狂热的追捧。这位导演正是来自萨拉热窝,和库斯特里卡不一样的是,他在战争发生时留在了被包围的小镇里,甚至用镜头拍摄下战争画面,捕捉经历了战争的人们的生活。对于那些有幸逃离萨拉热窝的人们来说,在这部令人惊奇的电影中,能够看到战争中的城市、其中的受难者们,以及生命的精神和人类的忍受力。影片对于平民们所经历的战争的描绘几乎和其他影片没有可比性。

影片的视角非常清晰。片中有城市里的平凡人和城市外被称为"游击战士"

（Chetnicks）的无名者们。这是一部真实描写种族大清洗的电影。影片一开头，一小队戴着巴拉克拉瓦盔式帽的塞尔维亚士兵正在袭击一个小村庄，这个场景也许已经是袭击带来恐怖的尽可能如实的还原。尽管袭击产生的暴力和杀戮并没有直接表现在屏幕上，但在突袭中幸存下来、躲在床底下眼睁睁地看着屋外大人和动物们尸体的两个小男孩的经历，已经足够让影片的描写令人毛骨悚然了。类似的方式出现在另一部更具有哲学意味、意在以近乎抽象的方式来表现大清洗残酷本质的电影，让-吕克·戈达尔（Jean-Luc Godard）导演的《永远的莫扎特》（*Forever Mozart*）中。它将20世纪30年代和40年代联系起来，描写了那些即将被击毙（不仅仅局限于波斯尼亚人）的人是如何自掘坟墓的。影片《完美的圆圈》围绕着两个小男孩和作为他们实际意义上的寄养父亲哈姆扎（Hamza）之间的关系进行讲述，确认了战争中那些毫无疑问的恶人们的隐匿身份。阿迪斯（Adis）和克里姆（Kerim）这两个男孩在目睹了"大清洗运动"之后来到萨拉热窝。影片并没有很明确地表现作战部队的内容，只有阿迪斯他们遇袭经历的回忆，他后来告诉一个小女孩，游击战士"没有头……只有腿"。通过这个男孩的视角，影片把不明身份的城市袭击者们的残忍和小镇里存在着的伟大人性区分开来。

局内人的经历和质朴而灵巧的抗争精神也被捕捉到了，比如影片在狙击手射伤一只狗这件小事的表现上。尝试寻找男孩们的阿姨失败后，哈姆扎带着他们回到萨拉热窝却遭遇到狙击手的伏击。三人用一辆破损的有轨电车做掩护，移动到一条必须要穿越的小路上，但是抵挡狙击手的车辆防护墙上有一条裂缝（为的是让车辆在其他时间使用这条路）。开始，一个女人被击中，随即被几个男人拖出马路，接着，狙击手们的射击方式逐渐明确，但不久之后一只过马路的狗也被击中，克里姆冲向那只狗，其他人担心克里姆出事，也都跟了上去。所有人把这只狗救下，但阿迪斯仍然困惑为什么它会被击中。哈姆扎的回答多少有点冷漠，他只是说不知道狙击手是否有意为之。当克里姆问："那他现在开心了吗？"哈姆扎答道："也许吧。"这表明了一种无奈的逆来顺受，也是对给城市带来灾难的那些人的本性的真实反应。

如果这一经历捕捉到了萨拉热窝人生活中的某一种突发事件，那么后来发生在这只狗身上的事情则在一定程度上表明了城市里人们的个性与智慧。哈姆扎、阿迪斯和克里姆带着受伤的狗往家走，快到的时候遇上了一个脾气暴躁的老头问他们为什么不把狗放下。他们并没有草草结束这个小动物的生命，而是用一个轮椅支撑着它的后背和臀部，帮助它以新的样貌活了下来。

这只狗酷似罗马人二轮战车式的奇特样貌被赋予了两个围度的含义。首先，它代表的是哈姆扎，一个在影片开头和接下来的若干场景中不断想象着自己被绞死的老年诗人的形象。这个在妻子和女儿离开萨拉热窝后只身留下，只想结束自己悲惨人生的无用诗人，却被两个男孩改变。他们对于老人就像是轮椅对于那只狗——意味着生的希望。（残疾的狗和哈姆扎之间的暗喻关系在影片的最后得到了证实，最后老人和狗跟着男孩们以及老人的朋友马尔科（Marko）一起尝试逃离这个被诅咒的城市。）第二，或许也是最有意义的，它展示出在克服逆境和以人类精神做出反抗姿态的过程中人们的聪明才智。[117]被困城市中生命的个性和人们的经历则成为这个关于哈姆扎和男孩们的故事的强大背景。

电影的素朴、简明性表现在它的名字上。完美的圆圈正是哈姆扎紧张的时候画下的。这一面对压力的近乎深思式的反应也许同样能够和他的另一个压力反应（除了一次被认为是幻觉的意识中来自他妻子的可怕声音）——绞死自己的想法产生联系。片名同样可以用以暗示萨拉热窝的处境：处于着紧张的局势，围攻者们在它周围画下了一个完美的圆圈。但那些不明身份的围攻者们也不都是塞尔维亚人——比如哈姆扎的朋友马尔科，他在影片的不同段落里给予了各种形式的帮助，包括尝试帮助男孩们逃离城镇。但当马尔科带着阿迪斯想要离开已经被战乱损毁的他曾经的家时，打击却是致命的。

结局太过真实，为阿迪斯努力寻找安葬之处成为整部影片最令人动容之处。这个场景的处理一点也不煽情：导演凯诺维奇只用了很温和的手法去表现，但事件本身便足以使人震惊和感动。这部电影以简单直接的风格拍摄萨拉热窝的经历，以多种方式表现战争对那些受难者们意味着什么。电影在萨拉热窝的取景见证了那座城市和城市里的人们。但只有影片中的细节才是将其与其他时间、其他地点的战争受难者进行区分的关键所在。影片的力量来自它的独立风格和饱含情感的直接表现，它捕捉到了逆境中的最本真的人类精神和忍耐力。

南斯拉夫战争的类型电影提供了极其有限（虽然有用）的材料，它们验证了此前的论断，即：战略不易通过影片来表现，而实际经历则给予了最肥沃的土壤，其影像亦是不可或缺的。虽然《完美的圆圈》的开篇场景和本书第二章中关于《独立日》的评论都表明处理这一问题的最佳方式是当采用受难者的视角，但这种集约化的战略-操作-战术三位一体的方式在战术层面上进行呈现仍然是有限的。目前，没有其他任何一部电影开始战略的表现这类问题。

表现南斯拉夫战争以及其他战争的影片中，战争的经历往往是能够得到最多回响的。《烽火惊爆线》遵循了固有的叙事传统，用外来的记者作为接近战争的方式。在责任意识和对萨拉热窝人民的关注方面，这部电影与同一类型的作品，比如阿尔弗雷德·希区柯克（Alfred Hitchcock）的《海外特派员》（*Foreign Correspondent*）、彼得·威尔（Peter Weir）的《危险年代》（*The Year of Living Dangerously*）或者罗兰·乔夫（Roland Joffe）的《战火屠城》（*The Killing Fields*）都几乎无法相提并论。而另一部，德拉戈耶维奇的《锦绣山河一把火》则是真正意义上伟大的战争电影之一。这部实景取材的电影采用了遇袭部队的经典桥段（也是类型电影的标识），通过情景还原和技术手法展现塞尔维亚部队被穆斯林对手困在隧道中的场景，以此表现战争。同时，影片还隐晦地表现了与战争交织存在的其他线索，这些仅仅是会意知晓的线索被看作来自贝尔格莱德。

本章分析的这四部电影展示了南斯拉夫战争的不同方面和电影的多种表现方法。影片《地下》在收获国际名声的同时也得到了来自国际的敌意，它对于战争的诠释获得了特定观众群体的回响。事实是库斯特里卡所呈现的这种马戏团式的欢庆着的人们和文化，尽管表面上（或者极其深刻地）很吸引人也很愉悦，但实际上却是一种不真诚或者误导式的诠释方式。

德拉戈耶维奇的《锦绣山河一把火》似乎也受到了马库斯图里卡电影相似的指责，但很明显这些指责是不成立的。比如有些指责认为影片把重点放在塞尔维亚部队中的那些人物性格和动机上，尤其是从最好朋友是穆斯林人的普通人转变成为贝尔格莱德军事医院里疯狂杀害穆斯林人的凶手的主要人物米兰。除了对于军队及其困境复杂而有力的表现之外，德拉戈耶维奇的影片还以朴素的方式回击对于将它视作一部支持塞尔维亚人的、曲解战争现实的影片的指责。

《地下》和《锦绣山河一把火》这两部影片都引发了对于诠释性和客观性的质疑。这一质疑在《烽火惊爆线》中更为直接地表现出来。以专业记者身份来到萨拉热窝的外来者的责任感和报道的客观性，被置于亲身经历和道德良心的不断拷问之中。影片中，那个坚定的战地记者将一个女孩带出萨拉热窝并收养了她。影片最后，一场黑白分明的战争带来的残酷，软化了记者的内心，使他成为萨拉热窝的一分子。但是影片在展现外来者转变的过程中，却偏移了它的目标：将萨拉热窝其及人民放在中心位置，不忽视他们的命运。

在凯诺维奇的影片《完美的圆圈》中，城市里的人们面对逆境，用幽默和智慧坚持忍耐，闪耀着人性的光辉。凯诺维奇的电影用朴素却饱含感情的讲述方式，清晰地表达出受难者们人性的力量，而对于掠夺者则采用隐匿身份方式表现。简单来说，影片没有对国际存在进行过分简单和直接地批评，而是在影片的不同部分对其所做努力的现实局限和有着和平愿望的人们进行合理地评价。《完美的圆圈》这部影片的力量来自人类精神的力度和忍耐度——不仅仅局限在萨拉热窝，它是普世的。在其他三部影片中，对于冲突的诠释在某些方面都有些不可信，而在《完美的圆圈》中却是非常优秀的。

《无主之地》

南斯拉夫战争题材的影片中，国际影响力最大的要数这部影片由丹尼斯·塔诺维奇（Danis Tanović）导演的作品《无主之地》（*No Man's Land*）戛纳电影节和奥斯卡电影节（最佳外语片）都曾经大获成功。本质上，这是一部黑色情景喜剧——情景是波斯尼亚部队和在波斯尼亚的塞尔维亚士兵被围困在无主之地的一个战壕中，受伤的波斯尼亚穆斯林士兵塞拉（Cera，由菲利普-索瓦戈维奇［Filip Šovagović］扮演）被一个狡诈的塞尔维亚士兵（在一场交火中被布兰科·德加力奇Branko Djurić饰演的另一个穆斯林西基［Čiki］干掉）放在释压式地雷上面，无法移动，因为一旦他的身体从地雷上移开就会引爆地雷；紧接着的是一场联合国军队尝试解救的闹剧但最终解救失败；当联合国军战士佯装一切已经处理完毕，穆斯林士兵却仍被留在了地雷上面。西基和塞尔维亚人尼诺（Nino）（勒内·比托瑞杰克Rene Bitorajac 饰）被从战壕中护送出来后，前者在直播的电视镜头前面射杀了后者。

战壕中对冲突的描述和表现都被加入了幽默元素，尤其体现在西基和尼诺之间幼稚的对话。这个特点从影片的首个场景就已经出现，场景中搞笑和讽刺性的对话有助于表现波斯尼亚军队的救援部队在大雾中迷路的闹剧。当清晨明亮的阳光照亮前方的路，他们发现部队身处塞尔维亚军队的战地指挥所脚下，一时间这种幽默成了一种黑色幽默。很显然他们被敌方发现了，接着塞尔维亚部队开始朝他们开火。这个场景用快速的运动镜头表现塞尔维亚士兵的视线目标——穆斯林士兵的逃跑、卧倒、背对着塞军，之后一个闪切镜头表现出穆斯林士兵背部中弹。这也是对塞尔维亚人战争手法残酷性的一个小小描绘。交战的结果是西基被炸飞到无主之地的战壕中，重伤、孤独——但是之后他发现受伤的塞拉也在那里，此前两个塞尔维亚士兵误以为塞拉已经死亡，于是把他放在释压式地雷上面。这两个塞尔维亚士兵是被指挥官派遣去侦查战壕的。双方开始都不明情况，以为战壕里没有其他人。当这两个塞尔维亚人到达战壕，侦查完毕，把他们认为的尸体（塞拉）放在地雷上，却惊讶地发现波斯尼亚士兵西基的存在。西基在之后的交火中射杀了年龄较大的那个士兵，也打伤了尼诺，此后西基和尼诺都处于战壕之中（当然，还有塞拉）。尼诺是一个新兵，他与西基幼稚地争论起哪方先挑起战争的问题，当西基一口气说出一系列总体和个案的指控时，尼诺在枪口的威胁下被迫承认是塞尔维亚人先挑起的战争。而后，当尼诺抢到来复枪，用枪口对着西基时，则轮到西基承认波斯尼亚人是挑起战争的一方。

当然，双方的妥协都是在枪口的威胁下做出的，都是无效的。但是这两个人的交流为塞拉提供了一个机会来表明对于电影中心事件的诠释：隐喻着波斯尼亚的塞拉说他已经受够了战争，根本就不在乎到底是哪方先挑起的。被放置了地雷在身下的塞拉，其作为波斯尼亚象征的形象是不明确的，但却是致命的。影片的最后，联保部队（联合国保卫部队——在各国执行联合国任务）的地雷专家明确表示他无法处理地雷时，这一形象又混合了多重意味。

西基自然而然地成为厌战的波斯尼亚的象征，无法被联合国军队救助——暴力行为虽然被抑制但是其他一切仍然保持现状，无法产生实际变化或者无法实施行为不作为。在武装战争结束后，波斯尼亚签订了《代顿和平协定》（Dayton Peace Accords），协定中除了双方约定的和平之外，还拟定了意在阻止积极政府行动的法律框架，除非双方同意，否则政府将不会采取积极行动。[118]

影片除了对于战争的总体诠释之外，还有两大反映战争外世界的关键主题：由国际社会部署派遣到波斯尼亚的联合国部队和国际广播电视新媒体。首先关于联保部队（UNPROFOR），联合国武装部队以保障实施人道援助为首要任务，为被围困群体带去和平与安全。联保部队拥有使用武装部队的正式授权，如果需要可以协助完成当地武装任务，同时在保护联合国安理会认定的六大"安全区域"的行动中发挥更大的作用。但是，从这一部署的本质和相关政策来看，联合国武装部队很难发挥实际。影片中除了战壕里明显的复杂情况之外，军事行为并没有表现出所谓的复杂性。从联保部队人员口中的"很复杂"多少能嗅出其中的讽刺意味。影片对于联保部队的理解更多是从波斯尼亚人的角度出发的。

这表现在对联保部队的处理手法上。比如坐落于克罗地亚首都萨格勒布的联保部队总部在片中以一个美好的、宫殿式的、豪华的视觉形象呈现，而实际上，他们在萨格勒布的总部沿用了旧时的军营，远称不上辉煌。除了缺乏对于联保部队的真实理解之外，一些人物身份也存在真实性的问题，比如影片中主管军事任务的是索芙特（Soft）上校，而在现实中，萨格勒布和萨拉热窝的指挥官都是将军级别的。

索芙特上校总是穿着一件修身的旧棉服，他由西蒙·卡洛（Simon Callow）扮演，原型人物是1994年在波斯尼亚指挥联保部队的英国人迈克尔·罗斯（Sir Michael Rose）将军，而本片也是以这个年份作为时间背景的。片中他是一位很有影响力的人物，但同时也是狡猾的，这表现在他不愿采取行动去救助被困在地雷上的波斯尼亚士兵以及在行动失败后掩饰失败的行为。比如说前者，片中索芙特解释说没有联合国大会的决议无法采取行动去解救战壕中的士兵（这是反映了波斯尼亚人看待事件和世界角度的另一个实例，在现实中，是联合国安理会而不是联合国大会授权联保部队在波斯尼亚的任务。类似这样的情况实际发生过）。索芙特掩饰行动失败的行为表现在影片最后，当西基和尼诺都已死去，被困在地雷上的士兵仍无法获救，但索芙特依然对外宣称士兵已被成功解救，发布了撤兵的命令；之后他让副官欺骗两方的部队，说联保部队得到消息对方会在夜里采取占领战壕的行动。这暗示着当晚对战双方都会对战壕进行轰炸，从而销毁波斯尼亚士兵被遗留下来的证据，掩饰地雷自身的爆炸。这一场景反映了波斯尼亚人认为英国人用不道德的方法来处理战争冲突的观点，类似观点还有对英国政策和国际政策的批评，虽然其中多少有些不太公正地被用来攻击保守主义的阴谋论。[119]

虽然在波斯尼亚人眼中英国人是不公的，但影片中法国人马尔尚（Marchand）中士（他指出面对大屠杀无动于衷就意味着和杀人犯是一伙的）却表现出想要采取主动和有所作为的"接地气"之感，在南斯拉夫的西方部队中也有着和法国人马尔尚类似态度的士兵，其中包括一些英国人、瑞典人、丹麦人等，这些人都投入了精力争取突破军令所限，能够有所作为。如果士兵面对战地事件所表现出的荣誉感和责任心符合现实的话（面对政治领导的懦弱和犹豫时的受挫感），那么带有不同民族性格的各个国家部队之间的差异感便同样如此（比如，法国人对于德国地雷专家"准点到达"的调侃）。就无法拆卸地雷这一事件而言，现实就是，这不可能起什么作用，也许更确切地说，不作任何改变也无妨。

想要尝试改变的还有体现了影片各国视角的国际电视记者们，比如来自虚构的全球新闻公司的虚构通讯员简·利文斯通（Jane Livingstone）。想要改变的渴望体现在与联合国的关注之中，无论是远程还是在波斯尼亚当地的报道。利文斯通告诉马尔尚中士她一直在收听联合国的通讯，知道他想要尝试改变。谈话有效地鼓励了马尔尚中士，激发了他的双重使命感，让他觉得他有机会能够带去改变。马尔尚和利文斯通都对联合国军施加了一定压力，他们告诉指挥所，利文斯通会对这一事件进行半个小时的报道。这引起了那个颇具讽刺意味的驻守在萨格勒布的指挥官索芙特上校的注意，在这一场景中，当法国部队在战壕里尝试救援时，他却在一架直升机上。因此，地面上的部队，以马尔尚中士为代表，能够利用媒体施加压力。但是，新闻媒体同样也能单独对他形成压力。

军队和媒体的动机各不相同。媒体的目的表现在利文斯通的态度上，她极富竞争性地尝试在其他国际记者之前抢到新闻，想要得到能够进行直播报道的材料。媒体的目的还表现在利文斯通的后方编导的态度上，他一再催促她去采访战壕里的人。虽然之前战壕里的对战双方以不同方式但同样粗鲁的态度拒绝了她的采访尝试。因此，她用"联保部队出于安全考虑不让人接近战壕，但仍会尽力进行报道"来回应编导的压力。采访的目的其实就是在屏幕上展现战争影像和新奇性——尽管它们是转瞬即逝的。

这种对于新奇性和影像的贪求——实际上是出于人类内心的动力驱使和本能的情感——当影片的最后，西基作为报复射杀了想用匕首刺杀自己的尼诺，而联保部队的士兵为了保护尼诺又将西基击毙，人类的这种贪求得到了满足。这一精心策划的悲剧不仅被电影制作者拍摄下来，同时也被利文斯通在对战双方士兵被联保部队救出战壕的报道中用电视直播的方式进行了影像呈现。即便是全球新闻公司在后方工作室的编导看了这一场景，也震惊到哑口无言。对于影像的渴求被极大地满足了。但是，观众能够看到影片中的讽刺之处：虽然满足了对影像及其记录的戏剧性的渴求，但因为索芙特上校的操控，地雷上的士兵仍然在战壕中未被营救，只能等待着身下的爆炸，这一事实却没有被报道。讽刺性强烈地体现在当利文斯通的摄像师问她是否需要拍摄一下战壕的画面，她却以每个战壕都一样为由拒绝了这个请求。因此，影像是部分缺失的，她和整个世界错失了真正的故事。而电影制作者和电影观众们却是知晓整个故事的。

缺失的影像恰恰证实了影像的至关重要性，它的呈现方式证实了在影视媒体中视觉这本（visual texture）的意义。包括其他在本章中讨论的电影在内，这些影片中类似电视或视频的重复出现和相互影响反映了一个主题：这既是对当代战争中电视新闻与视觉影像媒体的出现和重要性的注解，也许更加显著地，也是对剧情片和纪实性动态影像之间的重合以及共享视觉结构这一不断增长趋势的反应。越来越多的剧情片使用纪实报道的形式让导论更加真实，而纪实作品则越来越多地借鉴剧情片更加戏剧化的方式来刺激和吸引收视（第二章和第四章均有讨论）。无论是虚构类还是纪实类，其动态影像叙事的本质，从一开始就设定了作品的边界和要求。基础性的要求是要有人情味和影像的动力，比如在影片《无主之地》中，全球新闻公司渴望采访战壕中士兵的原因是他们的经历会满足人情味的要求，这些采访和影像都采用人物头部特写的方式呈现。因此，影片中的诠释和对整部影片的诠释都因经历和影像之间的重合得必展现。

影片《无主之地》在结尾时，随着摄像机的旋转上升和逐渐远离，地雷上士兵的形象成为一种主要诠释，比喻着：无法逃离，无论是从暗藏的战争冲突和国际社会所支持的和平进程的影响中，还是从这个国家的民族团体和军队间纠缠不清的命运中。正如电影片名中的暗喻，对战双方的封锁方式，同在无主之地中被困，尼诺和西基对"谁先挑起战争"的争论方式，以及塞拉面对一切所显示出的疲倦，都在告诉观众：波斯尼亚是一方"无主之地"，它不能专属于任何一个国家。

《高加索俘虏》

虽然车臣地区武装冲突是车臣人的内部立冲突，但它确实也成为俄罗斯的一个重要政治背景。这正是弗拉基米尔·普京（Vladimir Putin）政府所追求的——保证合法性不被挑战。本书第四章曾详细讨论，和俄罗斯前总统鲍里斯·叶利钦（Boris Yeltsin）采取的限制性安全行动（limited security operation）并逐步广泛渗透不同的是，普京认为问题的解决方案是宣称车臣是一个封闭的区域，阻止所有关于车臣的媒体报道和独立性报道并在第二次车臣战争期间付诸实施。普京需要使得车臣成为一个背景性问题，因为他宣称车臣战争早已经"结束"，虽然实际情况是在本书写作期间战争还在继续，而且被认为会持续多年。在这一背景下，人们对车臣问题的聚焦被一个贴着"北高加索"标签的更广阔范围内的冲突问题所模糊，这一标签的事实表现的比如北奥塞梯的别斯兰事件和达司吉坦的纳尔奇克事件。但是，这些地区的恐怖活动和这种聚焦的模糊仅仅表明在这一区域内的战争是值得被提及的，更是证实了离问题的解决还有很长一段路要走。尽管普京宣称冲突已经结束，尽管他制造了一个封闭的区域，尽管冲突的标签使人视线模糊，但车臣战争仍然是俄罗斯的敏感问题。

对于车臣和它的邻邦来说，俄罗斯在高加索山脉的存在就像是一个"俘虏"，这一比喻在历史上一直延续下来，从列夫·托尔斯泰（Lev Telstou）的作品到20世纪晚期电影艺术上的探索（包括本书第四章中提到的纪实电影）。这部分我们讨论两部电影，其中来自谢尔盖·波德罗夫（Serqei Bodrov）的电影正是对托尔斯泰原著的回音。阿历克塞·巴拉巴诺夫（Aleksei Balabanov）执导的影片《战争》（Voina）也是一种补充，它用具象化的方式例证了广义的当代冲突和具体的车臣冲突。下文的分析仍将体现对诠释、经历和形象的关注。

在谢尔盖·波德罗夫的影片《高加索俘虏》中，观众会听到驻军指挥官宣称"这不是战争"。无论观众是否认同这一观点，不可否认的是在剧情片（和相似的纪实电影）中，"被劫持"这一经历往往是重要的特色表现，经常能见到劫持者威胁割喉的场景。冲突的这些独特性（标志着从常规来看的不可理喻性）被时空距离所抵消。《高加索俘虏》和阿历克塞·巴拉巴诺夫的《战争》这两部影片中对于劫持经历的关注要么是用来表明驻军指挥官是正确的——这不是战争——要么更有可能的是为了准确地指出一种和冲突显著相关的高度紧张的经历。以割喉和斩首为表现的劫持成为车臣战争的标识和冲突本质的符号——实际上，也许，也是全球范围内冲突的一个趋势。

《高加索俘虏》这部影片于20世纪90年代中期问世，其受到托尔斯泰作品《高加索俘虏》的启发，并以其中的形象作为原型。[120]片名不仅仅表明了影片中那些可怜的个体，尤其是片中主角——作为俘虏和人质的伊凡（Ivan）的处境，同时也是对用了整整两个世纪甚至更长的时间征服车臣的俄罗斯，以及无法逃离土地，也无法逃离命运的车臣和其人民处境的清晰表述。所有的人和事，无论以何种方式存在都是这些山峦的俘虏。这个名字暗示着俄罗斯的命运是被高加索捆绑的，无法逃脱，甚至可能因为其无法逃脱，所以永远不会获胜。因此，尽管小说这一体裁本身具有模糊性，但波德罗夫影片的片名却质疑了俄罗斯在此地区承担义务的合法性。

影片以伊凡面对镜头的采访这一最为朴素的方式展示了对俄罗斯在车臣地区"身份"的疑问。伊凡正对镜头也是正对观影者，在这两重关系中，他诠释了俘虏的身份。片中，伊凡对看守的女儿迪娜（Dina）产生了好感。正是迪娜的父亲阿布杜（Abdul）跟随车臣突袭队，化妆成公路上的农民伏击了伊凡部队所在的装甲车，射杀了除了新手伊凡和自信老手萨沙（Sasha）之外的所有人。阿布杜的目的是劫持一名俄罗斯人质以交换他被俄罗斯驻军俘虏的儿子。因为伊凡和萨沙看起来都活不长了，所以当地士兵允许阿布杜留下这两个活口。但之后两人都恢复了过来并被安置在对于俘虏来说相对舒适的环境里，他们被枷锁束缚着在谷堆里用稻草掩体而憩。这与之后伊凡被关押的坑洞形成了强烈的对比，类似场景在电影《战争》和其他影片中有更加恐怖的表现（见下文）。当两人被允许外出做工或活动时，看守他们的是配着一把来复枪的哈桑（Hasan）。虽然哈桑的舌头当年被俄军看守残忍割下，但他与两名俘虏之间的关系还算友好甚至有些轻松幽默，直到后来哈桑阻止两人的逃跑，他们在峭壁旁重击哈桑，尽管尝试救助但最终未能挽回他的生命。他们的身份是俘虏和看守，却形成了一种正常的人类关系——让观众感觉到在冰冷的战术布置背后任何一个被俘者都有可能产生显著的"人类"的亲近性。虽然萨沙知道，不管他们之间的关系有多好，一旦逃了出去就不可能再回来，但是伊凡却相信终有一天他会回到这里。从人类的角度来说，尽管在战争中不同阵营相互仇视与憎恨，甚至表现出人类性格中残忍、丑恶的一面，但他们依然是彼此间可以相处的人。然而，片名的另一层含义是他们都是时势的俘虏。

影片的结尾明确表达了伊凡对那些他已熟知的人们的情感，当他在表述自己对那些人的爱时，屏幕上出现了不同面孔的特技叠加，俄罗斯人和车臣人，很像。但无论是死去的萨沙、哈森还是可能活着的其他人，伊凡都知道自己再也无法和他们相见。电影艺术用优美的、诗意的方式去突出伊凡因群山、因车臣文化而愈发强烈的回忆与情感。在伊凡明确表达他对人们和那片土地的情感之前，观众已经通过迪娜的分享感受到伊凡对她的好感。这表现在影片中当迪娜被当地的孩子嘲笑她没有钱置办嫁妆所以她永远不会有求婚者时，伊凡却说他会娶她。当然，迪娜知道这一切是不可能的。但这一举动加深了两人之间的情感，最终成为伊凡成功获救的关键性因素。影片用唯美的影像表现了人物关系和车臣群山文化的浪漫性，制造了文本的模糊性，使观众对俄罗斯在战争中的地位以及战争本身的合理性和必要性产生了一定的疑问。

最终，伊凡获救了，他面对镜头讲述故事发表评论，但萨沙却没有这般幸运。他们俩在逃亡的路上，碰到了一个带着羊群的牧羊人，手持来复枪背靠大树坐着。萨沙一开始用交谈友好地接近这个牧羊人，之后却蹲下拼命地刺杀他以抢获那把来复枪。这在一瞬间发生，却是一个关键性的瞬间。首先，它表明了在战争中"我们"的身份是用以对抗"他们"的。萨沙被俘的时候一直保持清醒，敌对双方的冰释是无法真正实现的——包括他告诉伊凡，敌人们会残忍地割断他们的喉咙，阉割伊凡的下体，如果他们成功逃出去是永不可能再回来的。萨沙，作为一名有经验的战士，他清楚地知道为了存活下来嗜血杀戮在战争中的必要性，所以即便牧羊人对他们来说是无害的，也是无辜的，他仍然冷血地下了杀手。这是一个致命的时刻，另一方面也是一个关键性事件，伊凡和萨沙的逃亡经此进入转折，来复枪和杀害牧羊人正是导致他们毁灭性结果的关键因素。那把老古董来复枪，只有一颗子弹，尽管萨沙让伊凡不要握着枪，但伊凡却仍然意外地擦枪走火。枪声在山谷里的回音引起了附近追捕逃亡者的车臣士兵的注意。经过一阵追逃，两人还是被捕了，萨沙承认杀害了牧羊人。于是，伊凡被遣返回阿卜杜手里，关押在坑洞中作为交换他被俄军俘虏的儿子的人质。而萨沙则被带向相反的方向，这也是体现刺杀牧羊人事件重要性的第三方面：不仅暗示伊凡从此与萨沙分离，同时也暗示日后萨沙将被处以割喉极刑。

割喉是车臣战争神话的一部分，是描述冲突的一种主要手法。考虑到在波德罗夫的电影中俄罗斯人和车臣人之间建立人性关系的可能性、战争冲突的徒劳性等诸多论据，影片中的强制割喉和一般意义上的有着细微差别，也许不能简单地被认定是一种专制的行为。萨沙给了车臣人理由去执行这一残忍刑罚，它被赋予了一种必然的合理感，于是保证了这部电影的合法性——车臣电影倘若没有表现割喉便无法称之为车臣电影。但这一场景是主要是以中景拍摄的，采用了一种较为缓和的表现方式，放弃了将视觉元素最大化的尝试。波德罗夫拍摄萨沙的头颅被拽发后仰，刀尖从脖颈划过，以一道血迹表明割喉已执行。再没有更多特写，观众在中等距离外看到萨沙的尸体倒在树下的一块空地上，而执行死刑的士兵则步行离开。考虑到媒介的本质——寻求最大视觉奇观的倾向，这种描述与电视新闻中的执导方针（guideline）和自我审查的限制是一致的，因为真实的恐怖被认为是观众难以接受的。

波德罗夫并未更详细地描述这一事件以获得视觉刺激，这验证了电影的严肃性。割喉是必须展示的——它是关于车臣电影期望诠释的重要部分。而这种朴素的、限制性的视觉表现手法恰恰显示出影像的重要性，就像强化的、以屏幕血腥表现死亡这些更为直接的表现手法一样。视觉表现本身便是影像重要性的强化，也是影片所揭示的人性体验（human experience）的视觉补充。

《高加索俘虏》并不是唯一一部有意识弱化割喉场景视觉表现的车臣电影。阿历克塞·巴拉巴诺夫导演的影片《战争》，[121]便充斥着大量割喉和斩首的场景。虽然这些场景可以因为不同程度的展现产生令人震惊和令人作呕的效果，但影片仍然选择非常克制的描写方式。这种描写和其他与人质主题相关的内容一起，通过影片中视频的跨结构/文本使用以展现其真实性。总体上来说，它与表现当代战争的剧情片的发展趋势一致，为影片增加了一种视觉文本元素，不仅如此，它也捕捉到了越来越多地制作恐怖行为动态影像的恐怖主义者和暴乱分子的手法。

电影开头混合着虚构影像和纪实影像的剪辑，把场景设置在车臣人民以及满脸胡子茬的民兵当中，同时也展现了被破坏的城市和乡村的环境。当影片的片名仍在屏幕上时，后景叠加的画面是一个车臣组织的营地上，两名俘虏正在锯木头，其中一个便是伊凡。他将成为主要的叙事者，因为在之后的影片中他会间或出现面对质疑，在一个近乎监狱的采访室里对着镜头讲述他的经历以及对于人和事的反思；在导演巴拉巴诺夫个性化的视觉讲述方式中伊凡是主要的叙事载体（一种第三层面的叙事会在下文中提到）。随着片名淡出屏幕，两个俄罗斯新兵和两个英国人质一起被卡车带到营地，他们站在空地上，周围都是车臣士兵。两个受到惊吓畏缩着的英国人质是约翰（John）和玛格丽特（Margaret），他们是在格鲁吉亚参加莎士比亚戏剧巡展时被绑架的。这个场景主要是以中景镜头进行。第一个俄罗斯士兵承认曾杀害了车臣组织首领阿斯兰（Aslan Gugayev）的兄弟，于是站立着被执行了割喉；而另一个士兵则跪倒在地，乞求怜悯，却被跪着执行了割喉，之后阿斯兰举起士兵被砍下的首级欢呼。这一过程被车臣填用手持摄像机完整地拍摄了下来，在电影片头摄制人员字幕结束出片名的时候，镜头上出现的是阿斯兰用电视重播部分拍摄内容的特写。当电影屏幕上表现以小荧屏的电视来近距离观看时，这些开篇之处的掠影，包括不断出现的猛力拉锯，割喉以及配合的死亡音乐、汩汩声（gurgles）和尖叫声，嵌入形成屏幕上的一种文本结构层（textural layer），营造出更近距离的恐怖感并进行视觉化展现。小荧屏电视在物理性、象征意义和语言意义上是与网络并置的。阿斯兰和伊凡一起观看录像带，中间放着伊凡使用的电脑；伊凡是专门受过培训的电脑专家，所以被安排操作电脑为车臣首领与外界进行网络连通（作为回报他得到了略好一些的对待），在之后伊凡面对镜头的采访中，他说这些视频将会被上传到网络上。

这部手持摄像机以及与之相关的事件在整部电影中以四种方式呈现。第一种呈现是有关利用媒介组织信息，制造恐怖影像。恐怖和暴乱分子习惯将录制暴行作为一种向外传递的信息，在这部影片中，车臣武装分子也是这么做的，阿斯兰让伊凡把录像带交给英国人质约翰，表面上释放并允许约翰回到英国，但实际上是逼迫他回国筹集赎金解救仍然困于坑洞的未婚妻玛格丽特。虽然人些由车臣"嗜血摄像"组织拍摄的录像再未重复播放，但观众早已在影片中目睹了录像所记录的内容——比如，一个和他们一起因禁于坑洞，名叫谢苗（Semyon）的犹太人被砍掉了手指。在这个桥段里，镜头在坑洞和采访两个场景之间切换，阿斯兰念着一本伊斯兰法的文书，说到伊斯兰法允许从犹太人那里抢夺钱财以供武装斗争之用（这使得因犹太人未交赎金而砍去其手指的行为显得有些合理），伊凡解释砍断手指的目的是英国人约翰的救赎金。但约翰并没有弄明白发生了什么，只是对伊凡说阿斯兰不喜欢犹太人。但是伊凡是明白的，他作为一个坦率的、坚定也是普通的俄罗斯人，他告诉观众阿斯兰的这种去数字化的表现和半专业的记录（包含了灯光的使用）实际就是为了得到约翰筹集的救赎金。阿斯兰允许约翰回英国为救赎玛格丽特筹钱，这部并没有在观众面前播放的录像带已然成为来自阿斯兰威胁的一种视觉证明。

第二种呈现是通过事件与电视新闻之间的联系展示给观众的。当伊凡和约翰被军用飞机运离战争区域，他们在飞机上接受了采访。[122]被访者——也包括了伊凡劈木柴的同伴——分享了部分经历，也有观点的表达。但这些并没有产生很大意义，因为当电视新闻以激动的庆祝和对当事人经历的侵入式挖掘这两大内容组成报道时，似乎人质的自由就已经实现了，只要这种侵入式挖掘能够以言语和细节的方式呈现。而诸如车臣武装分子是一帮匪徒、普通士兵没有交换价值的观点加深或培养了观众的潜在偏见。同时，电视新闻的报道还导致了一种名人效应，当伊凡回到西伯利亚托博尔斯克的老家看望他住院的父亲时，医院的医生因为曾在电视上看过关于伊凡的若干报道，所以相比对他或他父亲病情的关心，显然亲眼见到伊凡本人更令医生感到有趣和兴奋。电视新闻的无处不在还体现在媒体对于约翰抵达伦敦西斯罗机场和召开新闻发布会公开信息的相关报道上。新闻发布会的场景暗示了一种情节发展，给予摄像机的记录一个契机，形成附加叙事。

在新闻发布会结束的时候，一个来自英国第四频道的媒体代表找到约翰，希望能够提供小额数量的赎金以换取约翰返回车臣解救他未婚妻的全程拍摄记录，并给予第四频道独家。和电视媒体之间的联系形成了影片中摄像机运用的第三种呈现方式。诚然，因为这个媒体代表来自为第四频道制作影片的独立制作公司，并不可能以此类方式提供酬金，所以他与约翰这次的碰头显得不太现实；但采用这个叙事策略（device）的目的是追求一定程度的戏剧性。于是，在戏剧性的叙事策略（dramatic device）的驱使下，影片设置了如下情节：约翰回到俄罗斯去寻找玛格丽特，他手持摄像机自拍，记录下向英国驻莫斯科大使馆以及俄罗斯外交部和国防部求助无果的经历，最终却在去车臣的路上与伊凡重逢。约翰的拍摄行为成为一种第三层叙事和附加的视觉文本。作为除了巴拉巴诺夫的全景式展现和伊凡面对镜头采访之外的附加叙事，观众能够看到和听到约翰边自拍边说话，讲述他所经历的，以视觉日记的方式记录下他们每天的进展。同时，约翰的部分自我的和部分面对镜头的分享产生了高一层级的视觉文本，伴随着声音信息，取景器中显示的明亮黑白影像与巴拉巴诺夫首层（top-level）文本的清晰用色形成了对比。

最后，当约翰、伊凡和他们俘虏的看守鲁斯兰（Ruslan）（因为与阿斯兰家族之间的世仇，所以他加入约翰和伊凡）骗过车臣首领承诺两天之后提交赎金却在当天准备发动对车臣基地的攻击营救玛格丽特时,这个英国人把摄像机固定在头盔上,就像是矿工安全帽上的探照灯一样。因为这次攻击被完整记录下来,所以在这一阶段摄像机明确地成了武器的一部分,同时也开拓了一种"战争真人秀"的形式。在关键性的时刻,巴拉巴诺夫选择将视觉文本转换到黑白的记录影像,在情节进入高潮时增强了紧张感,同时也制造了一定的距离感。当三人进入到阿斯兰的营地,呈现在画面上的是取景器中的影像——即便约翰高声呼喊玛格丽特的名字,她仍没有任何反应地躺在坑洞里,一旁的是梅德韦杰夫(Medvedev)上尉。当约翰转过头,摄像机拍摄下爆破的场景,人形塑像应声倒下。约翰找到玛格丽特这一场景中蕴含的紧张感和距离感相互交织着复现,因为玛格丽特被找到的时候是全裸的,约翰对伊凡说"他们强暴了她",所以这让约翰近乎疯狂。而在坑洞以上,观众以监视器模式感受着画面的晃动,镜头里背着手的阿斯兰眼神中充满了恐惧,他尝试逃跑却被约翰击毙。因此,这一最紧张的时刻是通过约翰的摄像机镜头表现的,在增强紧张感的同时也产生了距离感,手持摄像的方式让观众感觉更加"真实",因为相比于巴拉巴诺夫和他的摄影师所拍摄的精致影像,手持摄像更贴近于观众自己眼中的世界。但它也是不太"真实"的,因为画面是黑白的,是在巴拉巴诺夫的作品中对于"自然"世界的一种另类文本诠释。

  意在表现影片主题、同时作为视觉调节的最后一种呈现是伊凡面对镜头,和镜头外隐藏的采访者进行对话,从镜头角度看,观众就像身处采访者身边(但影片的原意并不是如此,因为伊凡的眼神注视着镜头后的假想形象,和真正的采访一样,使用的是采访者的过肩镜头)。因为伊凡在监狱中受访,所以开始的时候观众可能误以为与他面对面的是警察或者是律师,但当伊凡讲述他与约翰一起坐火车回俄罗斯南部,约翰在火车狭小的洗手间里高举摄像机拍摄视频日记的经历时,便表明了对方的记者身份。虽然对于伊凡的采访没有处理成单独的视觉文本,仍然作为正片的一部分,但其设置的目的不仅仅是对伊凡经历的直接叙述,也是对影片摄制和战争中行为的道德意义的一种评论,其中一些能够反观巴拉巴诺夫的电影本身。

  伊凡在狱中面对隐藏记者的采访以及约翰自我为中心的拍摄和视频日记都是一种对俄罗斯文化、西方文化,包括对影片摄制与拍摄对象之间对立性的道德评论。约翰手持拍摄所形成的双重视觉文本表明这类特征:约翰的西方自我(Western ego)是被包含在他自己的拍摄当中的,当伊凡在做正事(get on with business)时,约翰却在拍摄甚至用伊凡不能理解的话语进行"解说",虽然他"不认为"约翰真的是在拍摄电影。当重要时刻到来时,伊凡拒绝被拍并提醒约翰不要把任何帮助过他们的人拍摄下来。伊凡在后来接受采访时说,他觉得"他们已经要杀他的女人了,而他却在拍摄电影",这点很"奇怪"。他好奇地思考英语中"shoot"这个词的双重含义,拍电影和开枪这两个动词都是它。这个诚恳的俄罗斯人和他自大而又有距离感的西方同伴形成了反差。

简单直接的俄罗斯人和他的西方同伴之间的区别是通过很多行为上的差异表现出来的,虽然这种区别并没有好坏之分。约翰杀阿斯兰的时候显得那么游刃有余,没有任何犹豫,这与之前他们与敌人交火,约翰首次面对杀戮所产生的良心不安形成了鲜明对比。在那一次的交火之后,当约翰面对着血迹斑斑的尸体掩面而泣时,反而是伊凡的态度更加坚定,他对约翰说这是他们俩都要经历的"战争"并不只是伊凡一个人的,"战争就意味着鲜血"。除此之外,诚实的俄罗斯人伊凡通过采访表达了他对俄罗斯政治腐败以及战争合理性问题的看法,当然这或者也是导演的一种表现手法。他说他拜访了梅德韦杰夫上尉的家,虽然这个"正直"的俄罗斯人并不愿接受,但伊凡仍然将他和约翰冒险得到的一笔钱赠予上尉的家人。通过伊凡的表达,观众能够感受到他比上尉更加了解人民的真实生活。伊凡还提及上尉的夫人回信写到在被军队和国家背弃的情况下,这笔钱能够帮助支付上尉必要但昂贵的医疗救助费用。和伊凡的谦逊相比,英国人约翰却因为他拍摄的影片(虽然伊凡没有看过这部影片,但用他最后的话来说,收看"将会是一件很有趣的事儿")和出版的一本随笔而出名,成为成功人士。最终他并没有和玛格丽特结婚,其中的原因电影没有具体说明,但给人的印象是在解救玛格丽特以及进行拍摄的过程中,与人性的忠诚以及面对经历劫持和强暴双重创伤的玛格丽特需要付出的时间、付出的关心相比,约翰的虚荣、职业身份和成功似乎显得更为重要。而在伊凡被关押以及受审期间,虽然约翰在伦敦提供了证据,但并没有亲自回到莫斯科参加审讯,与之形成对比的,也是伊凡在采访中提到的上尉是唯一一个挺身而出为他辩护的人。

这个高尚而普通的俄罗斯士兵的命运是被困牢狱,面临着谋杀罪的指控。因为在他和约翰回到车臣实施他们的"准军事"行动时他只是平民身份,也就是说他们造成的死亡并不像军事行动具有合法性,因此是一种犯罪。而伊凡对看守鲁斯兰实施的行为也成为一项指控，鲁斯兰上报的内容包括伊凡如何折磨他、如何杀害了车臣的妇女和儿童，但鲁斯兰自己却得到了伊凡付给他参与行动的酬劳、将阿斯兰的头骨占为己有并最终和他在俄罗斯上大学的儿子一起平静地生活。在弗拉基米尔·普京所设置的俄罗斯政治与正义的框架下，伊凡说他不相信自己会被判刑，当然，这又一次涉及电视媒介（televisual mediation）的决定性作用，结果取决于普京针对司法改革会发表什么样的电视评论，因此，没有人能够确定伊凡最终的审判结果。

在影片的最后，当一个关于劫持人质的故事讲完，伊凡自己实际上也已经被当时的政治氛围所劫持，形成这种氛围的原因不仅是司法改革，也同样涉及车臣地区的冲突。有关这一点，两部电影带给观众的深刻印象（在第四章我们会看到，纪实电影也使得这一印象加强）是俄罗斯投入了大量的精力在确保车臣这个叛乱的共和国及其犹豫的子民不脱离俄罗斯联邦这件事上，这其实对俄罗斯来说也是一种精神劫持。波德罗夫的电影有意识地寻求俄罗斯人民与车臣人民之间存在的人性关系，但最终却展现了两者之间本质上的抵触，让观众了解到现实版的罗密欧与朱丽叶的故事是不可能发生的。巴拉巴诺夫的电影则更加残酷，他并没有给予伟大的人性任何实际的希望，他认为通过车臣的实际取景能够在一定程度上将人性进行屏幕呈现，并产生更大的真实性。

"当然，这会产生不一样的感观，感受到不一样的能量。我丝毫不怀疑一个地方、一种风景、一些人和态度所产生的能量是可以用影像永远地保存下来的。否则，电影也不会存在了"。[123]

尽管每部电影风格各异，但因为同样以"劫持"为主题，所以往往有着共性背景，无论"劫持"是作为表现主体还是仅仅作为一种比喻。在《高加索俘虏》这部影片的最后，即便以更为沉默的方式让观众感受到永恒的不可调和性，但仍然存有一种无可逃避的命定感。车臣冲突的本质与"劫持"紧密相关，而"劫持"这类经历也帮助动态影像发掘出多文本（multi—textured）的视觉现象（visual phenomenon）来表现当代战争。

《锅盖头》

《锅盖头》是由导演山姆·门德斯（Sam Mendes）执导，杰克·吉伦哈尔（Jake Gyllenhaal）主演，以美国水兵托尼·斯沃福德（Tony Swofford）在1990年至1991年由美国主导、联合国授权发动的海湾战争期间的真实经历改编的一部自传体电影。[124]英国导演门德斯1999年曾执导影片《美国丽人》（*American Beauty*）并取得巨大成功，这部电影也帮助他实现了从创新派舞台剧导演到大屏幕电影导演的华丽转身。当他读完这部真实记录军队生活的书，便似乎已经决定以最写实的方式去展现海军的生活和经历。同时，导演尝试捕捉一些包括等待（这在电影中是不多见的，通常有动作的场景才会着重表现）、挫败感[125]以及海军受训期间的行为在内的"真实"经历，使得这部影片更加有趣和异于寻常。[126]门德斯采用了忠于原著的表达方式，比如略显突兀的等待场景等，以探求男性参与战争的动机，或者用他自己的话来说，"为什么男人会奔赴战场"。[127]从电影的主题层面来看，它强调了那些被征入伍、了解战争便意味着杀戮却无法融入战争行为的士兵们的挫折感。和大卫·拉塞尔（David O. Russell）执导的电影《夺金三王》（*Three Kings*）一样，影片的主题都包含了射与杀的欲望，错失行动后的沮丧以及行动成功的可能性。只不过两部电影采用了截然不同的处理方式，门德斯尝试接受这种沮丧而拉塞尔则把它当作是一种刺激去消解沮丧。

片名"锅盖头"源于美国海军中习惯性的一种昵称，表面上显现出海军发型与锅盖之间的相似性，言下之意也表明这是一种外表坚硬但实则可以被填满的空容器——影射海军无法为他们自身考虑只能接受和服从指令。这层含义在影片的开始阶段便被突显出来，场景描述了托尼·斯沃福德到达新入职的部门，伴随着讲述式的画外音，他和海军上士之间的互动表现出空容器和一切听指挥的观点。但因为门德斯带给观众的是具有颗粒感的真实呈现，所以很明显这里蕴含着更多的意义。

和史蒂芬·斯皮尔伯格（Steven Spielberg）导演的《拯救大兵瑞恩》（*Saving Private Ryan*）一样，显然，导演门德斯的目的在于表现战争经历的真实性，影片不时地使用高度风格化的电影技术尽可能追求原始的、沙砾感的效果，他用沙漠刺眼的阳光和暗淡无序的景色来构成苍白的、水洗感的画面。[128]门德斯也没有忘记可以部分使用数字特效，通过表现潜意识高效地传达荒谬感，在他的另一部作品《美国丽人》中关于玫瑰花瓣幻想的桥段便使用了这一手法。影片《锅盖头》用数字化的方式表现了斯沃福德被干扰的梦境。梦境从他半夜起床去洗手间这一表象现实开始，以向水槽里呕吐沙子结束，在他醒来之前，他还被想象中的沙子呛了一口，而一旁他的海军同僚们都清醒着处于警戒状态，其中一位还对斯沃福德睡梦中发出的奇怪声音发表着看法。

主要通过三种方法来影片捕捉战争的真实感。第一种方法有关雾与恐惧、死亡与毁灭，这在海军将士们所经历的一次历时四天半的战斗任务中表现得尤为明显。在这期间，战争的迷雾被赋予了象征意义，指代那些只考虑战术层面的实地作战的人们并不能对战争本身产生整体性认识，这场迷雾吞没了他们。他们不可能有全局意识。（除此之外，显然对于更高级别，职能在于统筹全局的后方部队来说，将多次实地作战的具体信息进行组合达到整体上的理解也不是容易的事情。）

战斗中的迷雾，以及伴随而来的恐惧和失控通过影片中一个战火纷飞的场景表现出来，谁也不知道下一颗炮弹将落向何方、将击中谁。这一场景借鉴了斯皮尔伯格的影片《拯救大兵瑞恩》的创作风格，用屏幕的晃动来表现混乱，画面颗粒感十足地表现了快速移动的身躯，被四散各处的物品，以及人们对无法判断源头的不断来袭的炮火的恐惧。有时，战争的迷雾也用来指代友军的误射炮火，比如一些海军士兵就曾经被美国A-10地面攻击机的炮弹击中，再比如在被友军炮火误伤，不得不进行医疗撤离的士兵中，有人发现了沙漠中的游牧族人等等。但这是在更广义的范围下探讨战争的迷雾。

在《锅盖头》这部影片中，导演用一大片厚重的、令人不悦的云层对战斗迷雾进行视觉呈现。这片云层带来了污染严重的石油雨，也折射出太阳的昏黄色和撤退的伊拉克军队所点燃的油田的土黄色。一小队海军士兵在沙漠中离奇走失，原本写实的场景却呈现出超现实的视觉色彩，士兵们发现自己被满是石油的雨点淋湿，那雨点就像低浅云层释放的沉重雨坠抑或是清晨的薄雾中酝酿的露水。[129]士兵们支起帐篷，然后在浓雾中像幽魂一样闲逛，雾的浓烈程度可以适用于任何一部恐怖片。接着，他们意外地闯入了布满烧焦车辆和尸体的"死亡公路"。这是一条通往巴士拉的公路，在1991年美国主导的海湾战争的最后阶段，这条道路承载着平民和军队逃亡的希望，然而，路上的所有人都遭遇到伏击并最终燃烧殆尽。海军士兵们在战车的残骸间行走，惊骇于眼前的所有景象。然后，他们看到了被烧焦的尸体，无论是留在车里的，还是散布在路上的，身体的姿势仍然停留在被大火焚烧致死之前的那个最后瞬间。

结束了在这条墓塚似的道路上的游荡，海军士兵们开始挖地洞制作"天然"床铺度过黑夜。当这个小分队做准备工作的时候，影片的关注点逐渐转移到斯沃福德身上，他显然被刚刚直面的死亡和毁灭惊吓到了，甚至有些晃神，他走向不远处的一个山丘，似乎是想自己一个人进行心理调适。在山丘附近，他发现了一个形似军车的大家伙，还有一具被烧焦却仍然保持着坐姿的遗体。斯沃福德也在遗体的旁边坐下，注视着这位"新朋友"。但他很快便吐了，这是心理混乱在生理上的一种反应。之后，他回到同僚们身边，告诉队长他已经没事了，但他并没有透露自己在山丘那边看到的一切。然而，比斯沃福德的呕吐更让人不适的是，另一个士兵竟然产生了一种完全不同的反应。

斯沃福德的同僚决定带着一具烧焦的尸体去到山的另一边，既作为他的睡伴同时也是战利品。这是一具伊拉克人的尸体，所以他决定对外宣称这个伊拉克人是他杀死的。这种有些病态的表现却更加凸显出海军士兵们不断滋生的挫败感，因为他们没有机会施展作战技能向对手开火并杀掉他们。赤裸裸的事实是这些士兵都是年轻人，他们不仅受训如何杀戮，也渴望一切杀戮的机会。虽然影片采用一种高度风格化的表现方式，但这种风格有助于写实地表达，因此，战斗的过程仍然被直白地表现出来。

强调战争真实性的第二种方法是对不同类型视觉文本的使用，在动态影像创作过程中插入其他类型的动态影像。这部影片利用丰富的视觉文本来诠释和表达。首先，作为20世纪90年代战争电影中几乎必须出现的，或者说惯用的手法，电视类的视觉素材被用在影片中，产生其他类型的视觉文本（正如上文已经讨论过的南斯拉夫战争电影，如影片《欢迎来到萨拉热窝》）。影片中海军士兵们正是通过美国哥伦比亚电视台（CBS）的《丹·拉瑟主持晚间新闻》（*Evening News with Dan Rather*）节目了解战争情况以及他们行将奔赴中东的作战职责。当时仍然年轻模样的丹·拉瑟郑重宣布萨达姆·侯赛因（Saddam Hussein）发动了伊拉克入侵科威特的战争并宣称科威特成为伊拉克的第19个省，由此引发了一场国际性的危机而美国必须采取应对立场。和其他相似案例一样，影片通过电视这一维度加强了整体上的真实性，真实的丹·拉瑟、真实的CBS晚间新闻要比在

《欢迎来到萨拉热窝》和《无主之地》中创造出来的虚构电视报道更为真实。同时，电视素材也用以明确海军士兵与决定他们人生走向的政治世界（这在当士兵们进入沙漠发表关于殖民的评论时得到强化）以及代表观众的外部世界之间的距离。这些正常的、非军事化的观众既是丹·拉瑟面对的潜在观众，也组成了影片《锅盖头》的主要观众群，他们能够通过观看影片进入海军士兵们的世界之中。

其次，第二层级视觉文本是电影《现代启示录》（*Apocalypse Now*）的部分画面的穿插使用。在由影片中一大批海军士兵组成的观众面前，科波拉（Coppola）用他的超级视觉哲学展现了战争的本质。科波拉为自己的影片预设的具有反思性的观众显然并不包含这些年轻的海军士兵们，因为他们收看电影的状态更像是在扎堆欣赏一场足球比赛。当他们看到影片中基尔戈（Kilgore）上校空军部队的地面作战直升机飞越大海，划过海岸去袭击一个越南村庄时，他们开始齐声高唱瓦格纳的赞歌。影片里中被采用。[130]歌剧《女武神》浓烈的旋律被反复吟唱着，却又不时被大声而刺耳的欢呼声打断，当屏幕上出现直升机时，当飞机向视野的下的村庄投掷炸弹时，海军士兵们兴奋地跳上跳下，向空中用力地挥拳。审视战争特性，这一批观众并不是探求型的观众，他们是被训练成将战争理解成非"我"即"他"的自我拯救的观众，就像是足球比赛一样，海军士兵为他们的球队而加油欢呼，虽然这个比喻略显孩子气。对电影《现代启示录》部分画面的使用让这一桥段的表现力超越了原著小说，更具视觉冲击力，同时配合屏幕上表现欢呼雀跃的海军士兵以形成的叙事，提供给影片《锅盖头》的观众一种完全不同的视觉文本。这种双重视觉文本，既肯定了电影（动态影像）的影像本质，又通过重要视听语言的复合效果，将海军士兵们不安的性格和招纳入伍随时战备的经历显露无遗。

这些海军士兵都是些完全理解战争意味着什么、已经明确战争立场的人。不仅如此，他们也沉浸在对敌手采取毁灭性行动的狂欢中。这种表现暗示着他们将齐心协力，投入到对敌方的杀戮中去——这在影片之后的情节中有更为明晰的描述。这是他们必须做的工作，也是他们受训去做的工作。斯沃福德和他的同僚们想要的，正是受训得到足够的知识和技能去完美地完成任务，成为在战场上能够进行杀戮或者形成杀戮体质的"锅盖头"。然而，事与愿违，他们在现实中遭受的却是一连串的挫折。

影片中成功强化战争真实性的第三种方法是描写海军士兵的漫长等待以及因等

待和无法作为而带来的挫折感。这是《锅盖头》区别于其他战争电影的特色之一，影片用了大量的篇幅来表现营帐中的生活，而旁白也暴露了海军士兵们用以消磨时光的方法，有时是受训做生化攻击，有时是玩占星术式的赌博或踢足球，有时是面对电视镜头挤出笑容，有时甚至是自慰。另外，屏幕底部也不断出现特殊的天数、小时数和分钟数用作字幕以表现时间的流逝。这是战争部署的数字体现——超过6个月的时间消耗在沙漠中，而真正在战场上的时间却只有4天半。[131]

影片的高潮部分再一次强调了挫折感的主题。斯沃福德和他的同僚终于接到一项杀敌的任务：作为受过训练的侦查狙击手，他们受命射杀两名在高塔中被密切监控的伊拉克将军。正当他们锁定目标准备开火时，一个上级军官突然控制场面，下令让他们继续观察。随后便发布了对整座高塔进行空袭的指令，从而撤销了此前仅仅射杀伊拉克将军的任务。这时，斯沃福德的同僚艾伦·特洛伊（Allen Troy，由彼得·萨斯加德Peter Sarsgaard扮演）难掩愤怒，质疑长官并强烈要求能够让他们开火，无论是对什么，对谁，在任何情况、对任何一人都可以，只要让他们开火。除了在影片的前半部分艾伦显示出想要得到杀敌机会的个人倾向之外，这次爆发象征着斯沃福德以及所有海军士兵们的挫折感，因为当代战争的本质而带来的挫折感。当代战争中，美国强调使用包括空中袭击武器、先进大炮等在内的高科技手段，这使深入战地的军队士兵几乎显得多余。前期受训实施军事行动，在战役中与敌军搏斗，后期却被部署在沙特阿拉伯的沙漠中超过半年的时间，当他们终于有4天半的时间可以在战地实施军事行动时，却始终无法得到向敌军开火的机会。除了因为无法在作战中开火那泄愤的几枪之外，唯一一次真正的开火射击是射向天空，用来庆祝战争胜利的（这一行为在美国主导的2003年的伊拉克战争以及之后的军事行动中被禁止）。影片的结尾提出了一个疑问，既是海军士兵们对自身的疑问，也是对影片观众的疑问：如果无法开火，那么成为海军士兵的意义又在哪里？

相似的真实感也出现在大卫·拉塞尔突破传统的电影《夺金三王》对于1990年至1991年间美军地面部队远征伊拉克这段经历的描写中。在《锅盖头》问世之前，《夺金三王》是唯一一部将海湾战争作为背景或情境的主流电影。尽管主题相似，但《夺金三王》的故事发生在战争结束之后（影片第一场开始之前，字幕标题便表明战争刚刚结束），而不是在"沙漠风暴"行动开始的时候。因此，影片中只有很少一部分对于地面部队军事行动的说明。在《锅盖头》中，有一种看不见战役的巨大的挫折感，作战部队甚至都没有经历过来自友军的误射炮火或者伊拉克方面的炮击。而在处理相同的挫败感和对作战的渴望感时，拉塞尔的这部优秀影片远远超越了对战争中等待现象的描绘和解释。战争中的等待包括：首先，挫折感；其次，暴力和战争电影——甚至动作电影对暴力的处理方式；第三，与电视新闻媒体的关系和关联；最后，伦理、道德和责任感的问题，以上内容都将在本章节进行讨论。表面上看，《夺金三王》是一部讲述四个士兵在美国开始对伊拉克采取地面行动后承担夺金任务的战争动作片，但实际上这部影片真正关涉的是消息、观念和阐释。

错失行动机会的挫折感在影片开篇场景中便有所体现。"三王"之一，刚刚成为父亲的预备役军人特洛伊·巴罗（Troy Barlow，由马克·沃尔伯格［Mark Wahlberg］扮演）的武器装备随着他的奔跑咔嗒作响，画面上白色沙漠的美景被从屏幕底部出现的头盔破坏，然后他停下、站住、询问敌方是否仍在开火，在没有得到任何确切答复时，便举枪射击数百米开外的一个站在地堡上、似乎扬起来复枪的伊拉克士兵。特洛伊和他的小分队的其他士兵向那个应声倒下的伊拉克士兵跑去，第一个赶到的特洛伊发现伊拉克士兵脖子上的伤口在不停地往外喷血，随后赶到的同僚带着兴奋和嫉妒的复杂情绪大声喊道"特洛伊赢得了一个'布包头'"，接着特洛伊自己更加直白地表达他"从来没想到会在战场看到一个真正被射伤的人"。当然，从影片之后的场景中以仿真卡通图片介绍如何投降来判断，那个伊拉克士兵很有可能是准备投降却不知如何投降，于是成了众矢之的。这更加强了特洛伊因亲见自己开火的直接后果而产生的短暂的厌恶感和不适感。当然，这种厌恶感和他年轻的同僚康莱德·维格（Conrad Vig，由斯派克·琼斯［Spike Jonze］扮演）表现出的不成熟的热情以及另一个士兵想要给濒死的伊拉克士兵拍照留念的行为形成了对比。

影片塑造维格这一典型的人物形象来表现士兵们的挫折感。维格的挫折感行为表现为几种。他喜欢白天带着夜视仪，因为他看不到真正的军事行动，所以从来没有机会用到它。当用清洗液清洗镜头时，夜视仪便能创造出夜晚的视觉效果。观众通过夜视仪看到了另一个主要人物，前美国三角洲部队少校阿尔奇·盖茨（Archie Gates，由乔治·克鲁尼［George Clooney］扮演）正在接近（应该由维格看守的）帐篷，虽然夜视仪呈现的液态绿胶似的视觉效果导致观看不是很清晰，但维格被推倒这一动作，还是通过夜视仪的主观视角中盖茨的消失得以表现。维格尝试阻止盖茨,但他显然无法通过夜视仪测量出和这位意志坚定的军官之间正确的空间关系。挫折感早已通过盖茨和他上级军官之间进行的紧张交涉表现出来,盖茨质疑为什么他们被派驻到这里,虽然每天他实实在在地经历战争,但根本不理解战争的意义是什么,他的这种表达并不是因为他缺乏理解,而是因为在此情境之中产生了挫折感。这种压抑感和挫折感通过好似迷失方向(disorienting)的电影镜头进行视觉上的强化——有一小段场景表现交涉到最后,上级军官的直升机扬尘起飞,画面用每分钟6格拍摄却用36格放映,产生了慢镜、甩尾的视觉效果。这让阿尔奇的不满情绪有了更加戏剧化的视觉表达。同样的困惑还来自影片中的另一个主要人物——电视新闻记者阿德里亚纳·克鲁兹(Adriana Cruz,由诺拉·邓恩[Nora Dunn]扮演),对军队的报道"成就"了她,她从新闻的角度表达了军队所经历的,"战争都已经结束了,我却不知道它到底是为了什么?"

这种因缺乏军事行动而产生的挫折感同样在影片里四个主要的军人角色(特洛伊、阿尔奇、奇夫·埃尔金(由埃斯·库伯Ice Cube扮演)这三个王和潜在的第四个王、后来被伊拉克狙击手在沙漠中射杀的康莱德)乘坐吉普穿越沙漠的过程中表现出来。四个人到了战地的一个转换点,穿上了深色的防化学武器的装备,虽然只是预防而非为了真正的军事行动。这在1990到1991年的海湾战争的准备阶段是很常见的。阿尔奇是小分队中的长官,他同意让曾经是橄榄球四分卫优秀选手的奇夫把球踢向空中,其他人以球为目标进行几轮射击。但是,早已厌倦了在伊拉克"无战"生活的康莱德却想在橄榄球的一侧缠上一枚炸药,这意味着特洛伊把球踢上天时炸药也会随之爆炸。当阿尔奇提前阻止了这一切的发生并质疑他的下属行将实施的犯罪时,康莱德却抱怨地回应,"长官,目前我们没有看到任何的军事行动。"这一回应作为影片中一个重要场景的导火索——既是视觉上的也是哲学意义上的——阿尔奇这个战争知识和经验丰富的特种部队老兵开始训练他下属的预备役士兵们。同时,它也是另一番更炫目的景象的导火索。

阿尔奇带着士兵们去看了沙漠中几近焚毁的伊拉克军人的焦炭状遗骸。他趁势质问他们是否真的想要经历军事行动,因为这些已经石化了的遗骸就是因军事行动中的大火所致。盖茨也借此向其他人解释了被子弹打中是一种什么样的感受。沙漠中这些像鬼魂一样的尸体让道路显出高亮度、强烈的色彩。这是使用卓越数字技术的重新创造,入木三分。非数字特效拍摄的被炸飞的牛和沙漠里一具烧焦石化的尸体（就像是火山熔岩埋葬的庞贝古城的塑像）放大了由电脑生成的可怕图像的视觉效果，成为对影片中角色同时也是对电影观众关于战争武器使用后果的一种教育，同样的教育还体现在之后当镜头进入特洛伊的胸膛，以内部视角审视他肺上伤口的时候。这种描写基于严肃的医学意义，是拉塞尔在纽约编写电影剧本时做出的决定。他在孤独的编剧生活之余，把创作的故事与身边的朋友分享。其中一个急诊医生朋友和他谈起了由子弹造成的创伤，介绍给他一篇探讨子弹伤口在形成破洞之后人类机体如何作用的医学期刊文章，里面讲到肌肉会产生一种肉眼看不见的规律性的不可控震颤（导演并没有能够完整呈现）。[132]这激发了导演以细节方式处理此场景的灵感，同时也表现出导演通过展现毁灭性暴力是为何物来产生责任感的渴望。这一场景成为导演眼中战争电影或者战斗电影的表现手法之一，观众把注意力集中在单个或者少数子弹的细节上，能够"感受到每一颗子弹的冲击力"而非成百上千颗子弹形成的集中效果。村庄里伊拉克军队捕杀什叶派反对派的枪战便使用慢动作和提高了的声音去表现，从而捕捉到每一轮激战的细节和影像。这是动作剧情片中对暴力和战争造成的物理伤害的一种评论。阿尔奇的专业性体现在对战争的解释以及之后为特洛伊的伤口进行治疗的过程中，从而让所有人对影视媒体描绘的战争暴力和实际的战争与暴力进行反思。

场景中大胆的用色和用光与影片前段部分着意为之的苍白暗淡的视觉效果形成鲜明对比。门德斯在影片《锅盖头》中的用色也受此影响，试图极尽用色以反衬士兵们的"道德空白"。电影的前半部分使用了一种冒险而昂贵的技术——不漂除银影（bleach bypassing），而正常胶片的显影都是需要漂除银影的。唯一一处例外是特洛伊在用手机打电话回家时，他帽子上婴儿的形象。在导演拉塞尔看来，这是和舒适的家的仅有连接，而作为美国人的存在感和被安于沙漠执行任务之间几乎是没有连接的。以强烈的色彩展现婴儿和家的场景意味着只有这些才是真正有价值和意义的。此举导演有意为之，而后当剧情发展到三人抵达村庄开始命运转折时，采用的埃克塔克罗姆胶片（彩色反转片）也同样体现了导演的意图。胶片的替换改变了视觉基调和成片的质量，使得沙漠呈现出荒凉、惊悚而又充满生气的色彩。胶片和影像的变化反映出影片中人物角色的变化，有人物性格的变化发展，也有故事本身的变化。

《夺金三王》并没有采用表现三个淘金者充满物质欲望的故事来形成一部悬疑

片，而是通过在伊拉克战地展现的责任感和道德挑战结构影片。导演认为在伊拉克实施的军事行动是"未经检验的、奇怪的、道德上复杂的、道德妥协的"。随着故事的发展和阿尔奇与伙伴们的成长，影片的色彩和涉及范围也呈现含义。他们为遇到的伊拉克人的命运承担责任，从一开始的躲避到后来的支持——其中大部分伊拉克人最终成功逃脱了萨达姆政权的惩罚，原因是"三王"给他们每人一根金条让其他同伴破例同意他们逃亡伊朗；但同时也有一些虽然得到了黄金和支持，仍然不可避免地成了什叶派反抗萨达姆政权的荣誉殉道者。[133]

因为电视新闻这一媒体的参与，三王得以将他们内心的感悟付诸现实。在《夺金三王》的末尾处，某媒体的著名女记者阿德里亚纳·克鲁兹对着镜头向全世界宣告美军有效地对遭到萨达姆暴徒屠杀的伊拉克什叶派反对派和平民进行救助。当阿尔奇·盖茨求救时，他说一定要带一个记者来，而这个记者便是克鲁兹。电视新闻媒体的出现是必需的，它保证了三王行动在道德上的合法性。正因为这则报道，观众了解到无论是从一开始偷窃金条块还是后来打破规则帮助什叶派反对派和平民，都是因为三王想要改变现状，虽然他们并没有被授权这么做。而这一目的也确保了他们能够体面地退伍而不是因未授权的行为面临军事法庭的审判。很明显，美国采取了一种有失道德（morally bankrupt）的方法将伊拉克军队驱逐出科威特，虽然有一个令人鼓舞的开始，但后期却无法支撑。

影片中克鲁兹这个人物的原型也许是在1990年至1991年美国对伊拉克军事行动中名声大噪的CNN记者克里斯汀·阿曼普（Christiane Amanpour）。显然，导演创作的基础包括《洛杉矶时报》记者吉尔思·佩雷斯（Gilles Perez）的图片新闻和CNN的新闻报道，而后者更是以"移动和缩放"（panning and zooming）的方式给予一种"挣脱束缚的真实感觉"。而来自NBS的竞争者诺拉（Nora）出现的场景也是现代战争尤其是参战方涉及西方国家的现代战争中新闻媒体存在的真实状况。在影片前面的场景中照顾克鲁兹的阿尔奇被长官训斥没有做好"让她开心然后报道我们想要的故事"的任务，而是对她置之不理却在"搞另一个记者"。这反映了在当代的军事行动中媒体之间的紧张关系，除此之外，现实的情况是很多军队人员都与新闻界的伙伴保持着良好关系，即便这些伙伴并不了解军事，和他们从来不是一路人。这是军队和媒体议程之间博弈的不可避免的结果。

影片的后半部分，科鲁兹在沙漠中追寻阿尔奇和他的同僚，此过程中她对她的军队司机敞开心扉："战争结束了，但我根本不知道这到底是为了什么。战争的意义是什么？我只是被军队操控的傀儡。""我也是。"一脸天真无邪的司机略带讽刺地回应。当科鲁兹说她追求的是"基于事实而不是风格的报道"，司机却一直傻傻地称赞她的个性。这一场景表现了媒体的挫折感以及军队与媒体之间的误解。之后司机开始赞美克鲁兹的外表，由此克鲁兹发表了一番关于性别与美国电视新闻本质的评论：

> 干我们这行的就是色情政治，只关乎外表、性和风格，很多主播都找过我，但我不为所动。我不需要，我从来不为五斗米出卖色相，我之所以到这里来是因为别人都没种来！

影片将科鲁兹塑造成盖茨和他的同僚们的道义卫士，可能是因为导演拉塞尔想要展现电视新闻媒体及其记者们富于同情心的、真实的一面。虽然导演也展现了战地记者的多面性，比如有一场戏是表现另一位记者诺拉和盖茨偷情时电视上正播放她报道的新闻，还有一幕是伊拉克人评价这些战地记者比电视上看到的要矮很多（一种影视形象常见的误解），但对科鲁兹的表现却是严肃和真实的，没有展现出任何的轻浮和龌龊，她在影片中极具责任感，全心全意地站在士兵们一边。尽管她对职业上的压力和色情政治颇有怨言，（但如果没有她），"三王"作为救赎者行动的胜利和合法性是不能保证，甚至根本无法取得的。

这是理解动态影像媒体尤其是纪实类材料与当代战争之间关系的关键：合法性是通往"成功"的主因——在影片《夺金三王》中，即便对于"成功"的质疑在于这个承担了上司没有承担的责任，为美国挽回了一点颜面的小团队是临时组合、带有一半犯罪性质的；但电视影像的确在保证阿尔奇·盖茨和他的团队所作所为的合法性中起到决定性作用。《夺金三王》实际上是关于承担责任问题的探讨，这场战争导演和许多军事研究人员（通过影片进行分析研究）认为这场战争是美国在道德上的失败，可能在18个省当中有16个省的伊拉克反对派遭受到来自首府巴格达残酷镇压时美国却在庆祝胜利，因为和美国在同一阵营的人们会发现，不去支持反对派实际上就是一种失败。当然，实际情况的道德判断有时更加复杂，因为联合国当局和联合部队将伊拉克驱赶出科威特的政策意味着遵循授权和政治现实的限制。

而颇具讽刺意味的是，针对萨达姆的打击并未完成（未被打倒），而反伊政府起义的反对派被出卖，由此得出的必然结论是一种建立在残酷暴力和胜利基础之上的战争观。或许正是这种战争观支持了2003年以美国为首的旨在更换伊拉克政权的军事行动。同时美国，主张要强化联合国安理会的权威（以确保伊拉克既服从联合国安理会的强制条款，又服从1991年业已达成的停战协议）。很难相信，导演拉塞尔是2003年伊拉克战争的支持者。人们似乎更愿意相信，因为《夺金三王》和门德斯导演的《锅盖头》之间的共同点，拉塞尔会在后者中读出反对2003年伊拉克战争的意味来。总之，影片《夺金三王》深刻展现了影像和合法性之间的关系，通过在影片叙事中重要的诠释方法质疑了道德上的合法性。表面上，《锅盖头》表现的是同一场战争，重点描述的也是美国一方，而且无论是主题还是视觉风格都从前辈导演那里得到很多启发，但影片在忠于原著和战争现实的基础上却暗含着对于2003年伊拉克战争的及时观点。两部影片的关键因素都是影像、经历和合法性之间的动态关系（dynamic）。

《黑鹰坠落》

如果要问在冷战结束后的几年里最集中关注影像和合法性之间关系的地方在哪里，那么答案一定是索马里。在索马里，当被武装车拖拽的两具美国游骑兵的赤裸尸体出现时，美国参与行动的合法性被极大地破坏了，甚至逐步促使华盛顿当局做出撤兵的决定。以上这一画面存在的环境构成了记者马克·鲍顿（Mark Bowden）创作小说《黑鹰坠落》的基础。这本畅销书详细描写了1993年10月3日发生在索马里首都摩加迪沙的军事行动，雷德利·斯科特（Ridley Scott）将此小说改编成同名电影《黑鹰坠落》。作为奥斯卡最佳导演执导、最终斩获两项奥斯卡大奖的影片，《黑鹰坠落》是有史以来最成功的商业性战争电影之一，它关注了20世纪90年代初期美国在索马里的军事行动，是当代战争片中的代表作，也是通过动态影像表现战争的经典之作。影片为研究虚构类和非虚构类模式之间的相互作用——更确切地说是融合作用以及武装冲突中动态影像与合法性之间存在何种显著相关性的问题，提供了强大的文本。

电影《黑鹰坠落》用144分钟的时间（包括快速高效的背景和主要人物介绍）描绘了一场历史上长达18小时的战役，其详尽程度是前所未有的。片名来自于美国游骑兵在索马里首都摩加迪沙执行逮捕军阀穆罕默德·法拉·艾迪德（Mohammed Farrah Aidid）和他的高层领导团队的任务时被击落的两架代号为"黑鹰"的直升机。这一任务因为情报错误而遭遇到惨痛的损失，19名美国军人因此丧生，美军的名声也极大受损。虽然艾迪德在几个月之后被击毙，但此次任务仍然被认为是失败的。令人迷惑之处在于美国军队执行任务和联合国维和部队的行动是分开的（美国作为单独的先头部队），这一点导致了更多的困惑和愤恨，体现在影片中巴基斯坦的指挥部队帮助营救被艾迪德的军队困在摩加迪沙市中心的美国军人这一事件上（虽然美国军事行动的目标是帮助被艾迪德包围和屠杀的巴基斯坦军队）。这次行动失败的直接效果是将第一批美军早前在摩加迪沙地区实施维和行动的功绩一笔勾销，从预期的更大成功变为令人沮丧的失败。美国对索马里军事行动的合法性遭到破坏，世界上其他国家包括美国自己在内都会形成一种观点：美国士兵可能会在一些时候遭遇到来自任何人的杀戮。

如果对影片《黑鹰坠落》描绘的情景做一个快速总结，那便是：美军突击部队试图抓捕军阀，情报错误，部队被困，一场戏剧性的拯救行动就此开始——随后实际战役中的迷雾与种种摩擦使得拯救行动愈发复杂。影片的前面部分展现了美国特种作战部队中不同力量之间的小摩擦——比如当美国游骑兵长官以命令的语气告诉傲慢的三角洲部队士官长胡特（Hoot，由艾瑞克·巴纳［Eric Bana］扮演）上前线后三角洲部队会需要游骑兵支援时，虚荣和敏感便在三角洲部队与美国游骑兵同处的这一顶混乱的营帐下被表现出来。当然，这些军事力量仍然属于同一阵营，最后正是胡特和他的三角洲部队反过来拯救了游骑兵部队。如前文所述，虽然肩并肩地站在同一个战场里进行作战指挥，表面上是合作伙伴关系，但巴基斯坦主导的联合国部队和美军突击部队之间也存在着明显的摩擦，这体现在军事行动的沟通和政策方面，也体现在管辖权和交战规则等方面（在影片的开始部分，联合国实施粮食发放，艾迪德的军队对接受救济的平民进行扫射，一架黑鹰直升机申请军事干预却被禁止便是基于这些因素）。战役中的迷雾与摩擦在最后一分钟替换的桥段中也有所体现，比如刚开始在军队中担任文职接待员布莱克本（Blackburn，由奥兰多·布鲁姆［Orlando Bloom］扮演）接待新来的格里姆斯（由伊万·迈克格雷格

Ewan MacGregor扮演）。格里姆斯自嘲地说自己找到了一种可以避开战争的方式，他抱怨作为军队中接待员和咖啡工的不满，说他是相信征兵广告的那种人，"尽忠报国"，最终却只能在美国对伊拉克和巴拿马的军事行动中给人冲咖啡。但当同僚、有着丰富作战经验的赛兹莫尔（Sizemore）告知他即将作为自己的替补到前线执行任务时，格里姆斯面对赛兹莫尔展现出的对战争的热情已明显不在。格里姆斯的"Hey Yeah"从麦格雷戈（MacGregor）嘴中被喊出来，却表达得吞吞吐吐，没有信心。因为最后一分钟替换，事情发生了变化：格里姆斯表现出色，但也暗示着如果"首发团队"能够全员成行，结果也许会有所不同。

影片关注军事行动本身，捕捉行动中几乎与外界隔绝的真实的军事环境，事实上这一环境对外部世界也毫无感知和联系。而对索马里人的一些不同的描写方式也展现了军队以外其他人的生存状态——影片的开头表现了因内战和国际势力参与而带来的饥荒让索马里尸横遍野，到处都是忍饥挨饿脆弱的灾民；牧羊的男孩把手机暴露在空中和飞向摩加迪沙的黑鹰直升机和其他几架小型直升机（Little Bird）所发出的噪音中，手机进而把这些声音传给艾迪德——这个在摩加迪沙的大权在握的暴徒、其凶残的武士和支持者；在巴基斯坦——联合国基地门口，欢呼的索马里人就像是在奥林匹克马拉松比赛为即将进入体育场完成最后一段比赛的运动员们欢呼一样。混乱的营帐中军队不同势力之间的讨论反映了士兵们对于战地外部世界的看法和彼此之间的不同观点，比如影片的主要人物埃利斯曼中士（Sgt. Eversmann，由乔许·哈奈特［Josh Hartnett］扮演）便透露出真实的人性，想要去帮助那些被美军轻蔑地称为"皮包骨"的索马里人，但其他同僚却看不到这些索马里人作为人的存在意义。影片对于战地外部的世界多以掠影的方式呈现：作战出发前给家人的最后一个未接通的电话、飞行员被艾迪德手下暴徒拖拽出直升机毒打时手中紧紧握住的照片、最后不幸成为现实的瑞兹（Ruiz）写给家人的遗书等。影片中只有一处提及广播电视新闻媒体，这在当代战争影片中是比较少见的——这唯一一次提及出现在埃利斯曼关于到底要不要帮助索马里人的讨论中，他对其他同僚说："我们可以提供帮助，否则只能通过CNN眼睁睁地看着这个国家自我毁灭。"这些小碎片式的和战地之外世界的联系强化了影片本身对于军队、军队文化、军队内部世界和军队经历的关注。

作战军队的内部世界反映在埃利斯曼与胡特之间的讨论里。对于战争和战争损失的关注通过影片最后两人的交流得到强化，与开篇时食堂场景中两人之间的摩擦和傲慢态度相比，同样是食堂场景，最后两人却更加的谦逊。胡特态度诚恳地谈起战争和他所经历的一切。尽管雷德利·斯科特和其他导演不懈努力地用影视手段去表现战争，但事实上只有那些亲身经历过战争的人才能真正懂得什么是战争。胡特说那些没有经历过战争的人会说他是一个"战争迷"，但他不会向任何人解释："他们不会明白，我们是为了同胞兄弟拼命，就这么简单，很简单。"实际战役中，士兵们是为了战友而战，并不是为了政治领袖们，或是为了达到政治目的，甚至不是为了国家。然而，尽管表达了对战友们的忠诚，胡特仍然保持心中的个人主义，略具讽刺意味的是，最后他拒绝了埃利斯曼和他一起出发搜寻美军失踪人员的提议。"想都别想，"他说，"我习惯单枪匹马。"

关于战争的交流以及这不太完美的"兄弟连"情感让两人走到一起。埃利斯曼断言胡特认为军队留在索马里是错误的决定，而胡特的回应则将埃利斯曼言论中暗含的政治性和目的性去掉，他说士兵应该完成士兵的职责，在一场战役中原始的政治目的是不用考虑的。"我想什么并不重要，"胡特告诉他的同伴，"一旦子弹穿透你的脑袋，政治和其他破玩意儿就都见鬼去吧。"这反映出一种直到21世纪的今天美国军队看待战争与政治之间关系的主流观点，也反映出19世纪的赫尔曼·冯·毛奇（Herman von Molkte）和他所在的普鲁士总参谋部对卡尔·冯·克劳塞维茨观点（Carl Von Clausewitz）的反叛，而后者作为资深的战争实践和理论家，其天才观点包括认识到战争是常态政治的一种延续——作为追求政治目的的一种特殊手段，从本质来说是政治的一部分。理论的关键点是军队只是因为政治目标才存在意义。而胡特表达的这种无关性确实是毋庸置疑的：一旦进入战争，某场战役便成为一个独立的部分，总体任务所要达到的政治目的被具体战术操作层面的内容所掩盖。具体的战争经历让政治性变得模糊。但这并不意味着后者是没有价值的。我们将在本书最后一章中看到，保持政治性与具体行动紧密相连对当代战争来说至关重要。

总之，斯科特的电影在描写战争和战乱方面是非常出色的。正如一篇影评所说，因为导演精确执导形成明晰的摄影操作和方向才能呈现出如此真实的战乱。[134]艺术创作过程中对于视觉真实感的创造往往需要超越现实的处理。换句话说，现实在屏幕上反而显得不那么"真实"。人造现实是电影制作者的创造性成果。当然，这也是斯考特做这部电影的目的。他想要尽可能真实地去描写现代战争。实际上，导演采用准戏剧式纪录片的制作方法，虽然启用了好莱坞的知名演员，以及为了戏剧性效果虚构了故事中的部分人物和事件（比如，真实历史中没有格雷姆斯这个人物，胡特也是根据三角洲部队中若干真实人物的形象创造出来的），但坚持尊重鲍顿的原著小说和真实历史。数字效果和3D图像的使用也是为了让重要场景显得"真实"，因为真人实景呈现的效果并不足够真实。必须让影片更加逼真。

用导演自己的话来说，这部电影是充满"紧张感"的，因为它描写了艰难而冷酷的战争现实——死亡、破坏与毁灭。比如某场景是一个游骑兵在战场拾起一只还带着表的被炸断的残手放在袋子里，履行美军的精神信条"不落下一个人"。另一个触目惊心的场景是某游骑兵的整个下身已被炸飞，却仍然意识清醒，忍受着痛苦由同伴将其上身拖离战地：当穿着制服的上半身、头盔下仍然扮着鬼脸的头与已然成为肉尸的下半身分离着并列出现时，画面是怪异的却极具现实主义色彩。战争带来的可怕身体伤害在影片中也有描写，比如对瑞兹的动脉伤口血淋淋的呈现，他断裂的（股）动脉已经缩回到盆腔，只有立刻进行简单粗暴的战地手术救治才能把（股）动脉拉回原位。在这一紧急时刻，医生用力拉拽士兵体内血管的坚固、有弹力的灰色物质，画面呈现的是真实的人体盆腔，和《夺金三王》中超现实主义的表现方式形成了强烈的对比。后者是通过过程的展现与分析带给观众冲击，而前者则完全是通过血淋淋的场景展现"发自内心"的冲击。

但是，影片用特效对描写动脉伤口的强烈视觉呈现进行弱化处理，从而使其更加贴近现实。影片中逼真的尘土也是电脑生成图像（CGI），比如在行动开始时，游骑兵沿着直升机里抛出的绳子下滑，螺旋桨卷起巨大的沙尘，这里的沙尘便是电脑制作。在实际拍摄过程中，直升机不能扬起很大的尘土，因为需要协调表演和拍摄等多方面的要素，而后期数字技术合成的尘土则能够增加影片的真实感。[135]同样地，当拍摄小型直升机扫射满是艾迪德武装，同时也是救援目标所在的大楼屋顶的画面时，虽然现实中直升机飞过扫射的是空白地区，但这种真实的开火却无法表现"真实"。部分原因在报道现代战争的电视新闻中经常出现的弹道可以发亮的曳光弹无法在电影拍摄中运用，它们会对屋顶上扮演索马里武装的演员们的安全造成一定风险。随着演员们的开火，拍摄小型直升机和空白地区的连续镜头被判定为太"温顺"。[136]因为真实炮火的冲击力无法在屏幕上充分地展现，就像在屏幕上展现

"真实"降雨的用水量要比现实中的雨量多三倍一样。因此，空中炮火的冲击是避开演员单独拍摄的。电影制作者发明了一种电脑程式去完成扫射的效果，同时找出炮火的轨迹，任意地划过地面上的武器装备（之后用特效组制作出来的被毁物体的影像叠加在炮火落点之上）。当小型直升机一分钟完成4000轮扫射，电影拍摄就无法现场完成了，而且即便现场拍摄在视觉效果上也并不震撼。因此，机炮轨迹和其他效果使用电脑生成图像（CGI）让"现实"更加"逼真"。还原真实战争，尤其是战争危险性的挑战，需要大量的后期工作，反倒是真正的现实在屏幕上却显得不真实。

凸显影片真实性的最大挑战来自于片名中的黑鹰直升机的"坠落"，这也是影片的中心事件。虽然制片人手中拥有花费六百万美金租得的四架正版黑鹰直升机和另外四架小型直升机，同时得到了来自美国军方的支持，但是影片拍摄时不允许真实撞毁其中任何一架飞机。然而基于片名和真实历史事件的原因，从电影的角度看肯定得有一架直升机被击中，因此屏幕上必须展现黑鹰坠落。因为真正坠机不可能，于是制片方制作出一个带背景的实物模型和一个微型比例模型。之后电脑生成图像（CGI）帮助形成旋转和滑翔的效果，也就是表现被击中的黑鹰直升机在空中失去控制，因动量作用顺势而下撞向地面的场景。虚拟的直升机需要能够与真实的地面相互作用。真实、模拟和微型这三种直升机的有效结合使得观众根本无法看出片尾处除了一架真实的黑鹰直升机之外，还有一架电脑合成图像（CGI）的黑鹰直升机。理解特效的强大能力有助于掌握视觉在影视媒体中的显著性作用。导演雷德利·斯科特是非常清楚这一点的，这有赖于他的艺术背景，他细心地设想场景，甚至用故事梗概图片（故事板）的方式呈现几乎每一帧细节：[137]斯考特的视觉敏感和绘画专业背景，加之对电影行业规律的熟悉掌握，造就了影片《黑鹰坠落》丰富的视觉效果，整体效果突出并充满现实感。当然，这种表面上的真实，是通过特写、脸部镜头以及夸张的后期特效实现的，实际上，和真正的现实相差甚远（参见第四章关于道奇·比林斯利Dodge Billingsley的纪实电影《维珍士兵》Virgin Soldiers的探讨）。视觉展现力的强大决定了影片的调度和呈现方式，决定了影视媒体创作如何取得成功。

前文提及的在摩加迪沙美国游骑兵的尸体被武装车拖拽游街的场景，曾因电视新闻报道为全球观众所知，虽然在《黑鹰坠落》中只是寥寥几笔去表现，却反映了美国此次行动在战略上的失败，产生了合法性缺陷。虽然这部影片以此方式来强调合法性的重要，但（不可忽略的是）关于这一问题的探讨还有两个深层维度。第一，无论是原著小说还是电影都没有将关注的重点放在抢夺行动的失败以及造成的整体影响上，而是放在期间美军展现的英雄主义和相对成功的营救任务上。因此，虽然影片不能完全消除摩加迪沙失败产生的影响，但至少能够展现更加正面和乐观的美军形象——淹没在失败的氛围中，但仍然有些事情值得骄傲。第二，也是关键性的一点，是对于当天军事行动中美军的表现进行更加正面地描写。影片赶在2001年的最后一个月之前完成后期制作，那是美国刚遭受"9·11"恐怖袭击不久。因为"9·11"事件，一开始导演想让电影延期（那时拍摄工作已经全部完成），[138]但很快便改变主意加速制作进程并尽快成上映。影片对抗灾难的积极基调也许正适合那时的美国市场——在美国，市场因素才是商业片需要考虑的关键所在。不出意料《黑鹰坠落》获得了很好的票房成绩，而且赶在奥斯卡12月截止日期之前放映超过三场，影片得到当年奥斯卡金像奖的参评资格，入围最佳导演、最佳影片、最佳剪辑和最佳音响四个奖项，最终斩获最佳剪辑和最佳音响两项大奖。影片在美国本土得到了正面的反馈，但是在世界范围内得到的评价却褒贬不一，尤其在导演称之为"窘迫不堪的……囚笼"的欧洲，它被看作是带有侵略性倾向的美国电影，好像就是为"9·11"事件量身定制，根本不像是英国导演的作品。在《黑鹰坠落》的最后，虽然没有重点表现，但（值得关注的是）影片采用了较为模糊的立场，一方面肯定了美国对"9·11"恐怖袭击所作反应的合法性，另一方面又勇敢地表达了其总体上的失败和合法性缺陷。

  本章对描述当代战争的剧情片进行阐释，可以总结出贯穿其中的几大主题。首先，挫折感和无力感是当代冲突表现中最显著的特性。有时，在"人民当中"的战争的情境下，或者在演员外在表现中，它与作为当代战争标志之一的"暴行"形成一种对照；第二，就像开头提到的，战争的经历，以个人的角度结构叙事，对艺术表现起到关键性的作用。影片塑造人物，描写他们的情感和心理，往小处说，这是表现战争的一种方法，往大处说也是影片叙事的核心所在。

  第三，顾名思义，影像是媒介的中心。叙事是主导性但非唯一性的影像形成的结果。影像会因为其独特性，获得各自专属的地位。无论是将视频档案资料和仿造真实的镜头结合使用从而引起争议的库斯图里卡的《地下》，还是在影片末尾留有悬念的《无主之地》，或是以割喉象征车臣战争的《高加索俘虏》，抑或是以高科技手段细致描写城市战役的《黑鹰坠落》，无一例外。而最后一个案例《黑鹰坠落》以精良的制作和丰富的视觉效果，强调了影像对于媒介来说是至关重要的，有时为了达到更加真实的效果需要采用完全不真实的手法。而追求影像真实性的这种努力同样也说明了影像的重要作用。如果没有合适的影像，媒介就无法正确呈现，如果没有影像更无所谓媒介。了解这点是了解媒介结构的开始。这其中包含理解如何让动态影像或者动态影像环境中的影像成为现代战争的武器。

第四，影像的重要性还体现在剧情片中纪实方法、纪实影像与虚构内容之间的相互关系，以及纪实影像与现代战争之间的关系上。在几乎每一个案例中电视新闻都会以某种方式出现，有时是电影的中心事件，有时是次要事件甚至作为背景出现。《黑鹰坠落》便是以后面一种方式呈现的，即便如此，影片用虚构方法表现真实事件让其形成纪录剧情片（docu-drama）的风格，生成了一种剧情片和纪实动态影像的融合形式。这有助于理解在影视媒体中构成叙事的动力元素，即便是对于传统意义上不涉及叙事的体裁。最后一点，无论是车臣案例中的含蓄表达，还是波斯尼亚和伊拉克案例中的明确表达都彰显出动态影像的潜在能力，能够成为一种确立合法性的武器。

第四章 纪录片与时事

虽然从广义上来说，有时观众容易简单地将纪录电影（documentary film）理解为"文献"或者基于"文献"的创作，理由是两者在一定程度上都尝试以科学客观的角度表达"真实"，但正如本书第一章所探讨的，实际情况并非如此。然而，无论是观众的偏见还是学术观点，无论是时事还是纪录片，是单集还是系列，纪实形态的作品，尽管与虚构类作品有显著区别，但仍是一种同影像与经历相关的诠释方式。迄今为止，电影确实在细节和事件的表达与分析方面有着强势的表现，这种影响力不仅仅局限在虚构类作品的范畴。而纪实电影，无论是单集还是系列，虽比不上大众娱乐业能够聚集起庞大数量的观众，但在此方面却至关重要。从表面上看，它强调报道"事实"，但在实际影片中以影像与经历混合的方式来诠释是必需的。本章将通过与战争相关的多种类型的纪实电影来阐述这一观点。涉及的影片从南斯拉夫战争的纪录片系列开始（粗略地按战争发生时间的先后顺序进行排列）到车臣战争再到北奥塞梯和其他邻邦——特别是别斯兰事件。之后的部分探讨"9·11"事件和它的余波，包括极具争议性的作品——迈克尔·摩尔（Michael Moore）的《华氏9·11》（*Fahrenheit 9/11*）以及与之形成对比的诺德兄弟（Jules and Gédéon Naudet）的虔诚之作《9/11》。最后一部分回顾了2003年确立"嵌入式"报道策略的伊拉克战争期间出现的纪录片作品。这确认了影像、经历与阐释之间三位一体的关系——参考对在第三章中剧情片的论证；同时，电影中各种各样的形式与风格，或张扬或质朴，或常规或反常，参考在上一章中对及传统的动态影像文本的评价。

《米洛舍维奇的倒台》：最终的《南斯拉夫之死》？

伴随着即将打响的伊拉克战争，2003年1月，英国BBC电视台播出了三集系列纪录片《米洛舍维奇的倒台》（*The fall of Milošević*）。[139]该片由布赖恩·拉平公司（Brian Lapping Associates）制作，以每集1个半小时的篇幅描绘了南斯拉夫战争的最后阶段，讲述了被（舆论）视为战争总策划师的斯洛博丹·米洛舍维奇（Slobodan Milošević）是如何自掘坟墓成为首个被海牙国际法庭审判的前国家领导人的。影片涉及的历史事件是1997年至1999年间不断发酵的科索沃冲突及其余波——米洛舍维奇的倒台，该纪录片以其卓越的视觉文本不断传达出强烈的历史文献感。制片人诺尔玛·帕西（Norma Percy）和布赖恩·拉平在他们此前的作品《雷克雅未克》（*Reykjavic*）、《第二次俄国革命》（*The Second Russian Revolution*）、《水门》（*Watergate*）和自1995年秋天首映以来便获奖无数（包括两项英国电影与电视艺术学院奖BAFTA）的著名纪录片《南斯拉夫之死》（The Death of Yugoslavia）中便用过相同的方法：主要以事件参与者的可靠消息来源形成叙事，交叉剪辑事件中各主要人物的屏幕采访片段，不同人物采访的声音交替出现。这种有趣的方法配合相关历史的真实画面引发了一系列对于这部纪录片的本质和定位，尤其是作为其标志性特征的（对历史还原的）完整性和权威性方面的质疑。

在这一系列纪录片获得巨大成就的同时，如果（研究者）对其完整性和权威性进行深度考量，也许会得出不一样的结论，这点会在接下来的内容中讨论。从这一角度考虑，《南斯拉夫之死》和《米洛舍维奇的倒台》这两部纪录片之间的关系非常值得探讨，因为除了导演不同、纪录片系列本身的结构不同之外，它们由同一公司出品，使用了相同的技术手段，关注同一场战争的前段和后段，某种程度上来说后者是前者的延续。《米洛舍维奇的倒台》是否可以看作是《南斯拉夫之死》的续集、两者之间如何进行比较也都是值得探讨的话题。我们将探讨，虽然《米洛舍维奇的倒台》在某些方面毋庸置疑是《南斯拉夫之死》的延续，但是后者除了重要的和关键性的信息来源以及人物的切入点之外，从视觉调节和文本层面、材料来源和真实细节层面以及整体影响力层面与前者都是不同的。

《米洛舍维奇的倒台》是以《南斯拉夫之死》的结尾为其开端的。最初的想法是以《米洛舍维奇的倒台》来完结《南斯拉夫之死》开启（显然也已结束）的故事。但《南斯拉夫之死》本身就有两个不同的结尾，较早的一个是影片第五部分的结尾，但当波斯尼亚战争结束，各方在（美国）俄亥俄州的代顿市进行和平会谈并形成协议之后，制片方又很快重新剪辑添加了一个新的结尾在英国国内播出。在波斯尼亚频发的武装斗争的结束意味着需要增加一部分内容才能使这一纪录片系列完整。影片第五部分讲述的是美国在波斯尼亚东部设计的"安全区"失去作用，从而引发了北约主导的国际行动。因此，需要补充不在原计划内（需要额外的资金支持）的第六部分来让波斯尼亚的故事完整。"美式和平"（Pax Americana）发挥作用并最终促成了代顿和平协议。于是这部当时已经获奖的系列纪录片加上了第六部分重新播出。故事似乎已经有了最终结尾。但其实不然，在1999年产生了更多对事件后续发展的审视。这些审视也成为拉平做一部关注代顿和平协议之后科索沃局势纪录片的初衷。

在主题方面，《米洛舍维奇的倒台》（后文简称《倒台》）是《南斯拉夫之死》（后文简称《之死》）的延续，体现在重要且相互交错的三重意义上。首先，两部系列纪录片共同完成了对斯洛博丹·米洛舍维奇作为塞尔维亚政治首领大起大落的职业生涯的记录。其次，两部系列纪录片记录了"斯洛博"（slobo）作为总策划师的南斯拉夫战争的全过程（虽然它们都表明不能简单地把战争责任全部归咎于他）。最后，《倒台》系列这三集纪录片的关注点是科索沃，从一个更广的角度来看，它们和《之死》系列的第一部分描写20世纪90年代科索沃局势以及之后米洛舍维奇的上台形成了一个循环。

《之死》系列的第一部分之后，科索沃便成为被遗忘的角落。这反映出根据主要事件和国际关注来判断，这一地区在20世纪90年代最早和中间几年里的地位仅是背景性的：焦点在于斯洛文尼亚、克罗地亚和波斯尼亚的交战地带——因为武装冲突并没有在科索沃爆发，因此在时间、空间和信息来源的压力下影片关注点并没有重新回到科索沃的必要。然而，关于科索沃的局势和米洛舍维奇的上台这些早期的素材在两部纪录片当中都是很重要、很引人注目的。总体上来说，前一系列中最让人印象深刻的部分是影片开头对南斯拉夫解体过程的记录。对科索沃和米洛舍维奇的描写增强了影片效果。在拉平的这部作品中比较出彩的部分是描写米洛舍维奇的统治是"建立在一个谎言之上"。影片通过对科索沃的塞尔维亚政治家米洛斯拉夫·舍列维奇（Miroslav šolević）和时任塞尔维亚电视新闻台台长的杜尚·米特维奇（Dušan Mitević）的屏幕采访，配合新闻视频档案资料，表明在1988年4月的同一周内米洛舍维奇曾经两次出访这一局势动荡的地区（科索沃）。该内容对于理解后续事件甚至这位塞尔维亚领导人统治的本质起到了关键性的作用。

米洛舍维奇的故事开始于他对一群科索沃的塞尔维亚结队民众制造的压力的自然反应，他们抱怨在科索沃的遭遇，尤其是科索沃警方为了寻求对他们的控制而实施的打击行为。这位塞尔维亚领导人直接的自然反应——"没有人能够再打击你们"——成为经典。这一言论当天晚上在塞尔维亚电视新闻中播出，为米洛舍维奇赢得了极大声誉，同时他的民粹主义-民族主义者的权力形象也日益深入人心。但是，这一为大众普遍认知的，成为一切后续事件根源的故事版本，和历史上的真实事件并不相符。米洛舍维奇，作为当时塞尔维亚共产主义联盟的副主席被指派去调节科索沃地区不断升级的冲突压力。他受命于他的导师，塞尔维亚党首领伊凡·史丹姆波里奇（Ivan Stambolić）（后者认为有反应是必需的，但产生积极的结果却不太可能）。[140]《之死》系列的成功之处在于找到了米洛舍维奇在同一周的周一出访科索沃的影像资料，同时也找到了周五那次更为著名的出访。周一当天，米洛舍维奇完全以一个共产党人的方式去履行他的职责，用枯燥乏味、形式主义的南斯拉夫共产主义的语言吟诵兄弟情义和内部团结。当米洛舍维奇面临被要求采取行动并返回科索沃时，他显然感受到压力，表现出受到惊吓甚至有些害怕的样子，他的回应是问对方周五是否可以。对方表示赞同，米洛舍维奇当下摆脱了困境，于是一个新的政治时代就此孕育。

当米洛舍维奇在那个周五再次出访时，一切都已准备就绪。准备工作包括让科索沃的塞尔维亚积极分子和塞尔维亚安全局煽动科索沃警方对他们采取行动。舍列维奇在采访中说道，满载石块的卡车被集中停放在角落，这些石块专门用来投掷科索沃警方，目的是激怒对方。警方适时地用警棍做出了回应。当米洛舍维奇结束会议出来"恰好"碰上了这群愤怒的群众，而在刚刚的会议上，与会代表正是因为科索沃警方对群众的打击提出了陈词激烈的请愿。米特维奇的新闻团队在当天晚上的塞尔维亚电视新闻中报道了米洛舍维奇的反应（没有提供其他背景画面）：米洛舍维奇对结队群众说没有人能够再打击他们——他说话的时候显然和周一的状态完全不同。这次，米洛舍维奇显得很自信也很有说服力，完全放弃了政党式措辞，而采用了坦率、直接和亲民的表达。因为电视转播了米洛舍维奇表达他对塞尔维亚民族事业真心和忠诚的时刻，所以也就从此注定了他日后能够走向权力制高点的政治命运。但实际上这一场景是经过精心策划的，并不像表面上看到的那样自发而为。即便在《之死》系列纪录片已经公开了一手证据之后，它的影响力依然没有减弱，人们还是相信这个故事。

《之死》系列开头部分强大的揭秘能力还表现在另一部分的内容中，比如1988年亚内兹·扬沙（Janez Janša）的被捕（他当时是斯洛文尼亚的一名记者，后来成为国防部长）和1991年3月南斯拉夫社会主义联邦共和国国内就是否需要宣告国家进入紧急状态进行的大讨论。不可思议的是，纪录片讲述这些部分时展示了来自南斯拉夫军情部门的揭秘影像。前者是通过对时任南斯拉夫人民军（JNA）反间谍组织（KOS）的上校（后任上将）亚历山大·瓦西里耶维奇（Aleksandar Vasiljević）的采访进行呈现。虽然采访内容本身并没有给扬沙的故事添加多少实质性内容，但采访桥段能够极大地丰富视觉文本，也让影片所呈现的证据令人更加印象深刻。当画面以角落里摄像机（camera-in-the-corner）所记录的影像来营造氛围，画面音客观地叙述了这段视频的来源是南斯拉夫军情部门。言下之意是此片不同于传统意义上的电视新闻或者一些独立制作的电视纪录片，因为它们只是很少量地使用"新的"或者"揭秘性"的证据（这种类型的影片中大多是镜头俯仰的调试过程）。留心的观众会对影片中包含来自南斯拉夫反间谍组织的影像资料感到好奇，思考该系列纪录片制作者们采用此资料的壮举。[141]虽然这些资料并没有增添任何直接和实质性的内容，但是它们（和表现方式）增强了影片整体和相关部分的可信度。

在《之死》系列的第二部分中，来自反间谍组织影像资料的使用则更可圈可点。这一部分内容是关于1991年3月南斯拉夫人民军首领促成协议宣告南斯拉夫社会主义联邦共和国（SFRY）进入紧急状态。影片讲述了在那次气氛紧张的会议上，南斯拉夫人民军总司令，同时任国防部长的韦利科·卡迪耶维奇（Veljko Kadijević）警告大家要抵制分裂南斯拉夫社会主义联邦共和国和引发内战的阴谋；在此情况下，能够采取的唯一措施就是宣告国家进入紧急状态。马其顿的代表瓦希尔·图伯克沃斯基（Vasil Tuporkovski）在采访中讲述了该会议由南斯拉夫国务院（又叫作南斯拉夫联邦主席团）的塞尔维亚代表博里萨夫·约维奇（Borisav Jović）提前24小时通知召开，当时的维奇轮值主席团主席，其他成员是通过电视得知开会消息的。画面中，在一间寒冷的屋子里，局势紧张，约维奇围着参会的八位代表踱步，要求他们投票。值得注意的是，科索沃的代表犹豫不决迟迟不能决定（约维奇不耐心地咆哮道他会把这些不着边际的回应当作是对紧急状态的"赞成"态度），而波斯尼亚的代表博季奇·博基切维奇（Bogić Bogićević）则陷入沉思。博基切维奇是来自波斯尼亚的塞尔维亚人，作为塞尔维亚的同盟，他理应默认同意促成国家紧急状态的决议。但是，博基切维奇却斟酌再三，脸上写着挫败感的约维奇最后大声催促他的波斯尼亚盟友投票——"投赞成票或者投反对票，反正赶紧投票！"最终，他投了"反对"票作为对冷漠、令人厌恶的约维奇的回应。画面展现这一段落时，解说词说到这次投票的结果是平局。作为一种叙事手法，影片直接进入到充满戏剧性的结论部分，观众在目睹这个影像制造的令人印象深刻的历史时刻之后，已经准备好进入故事接下来的部分。这是一流的戏剧性手法和影片制作手法。

但正是针对这段故事的高潮部分大家需要思考一些有关新闻性和学术性的问题。虽然观众看到的是真实发生的、没有经过重构或者戏剧化处理的事件，就此意义而言影片是真实的，但实际上在戏剧性的呈现方面却有着理解上的谬误。一般观众不太可能认为影片表现的内容是错误的、伪造的或者歪曲的。但如果是比较有经验的观众仔细观察就会发现所谓的"谬误"在哪里：影片中呈现的3月12日的那次会议实际上是两次不同的会议（拼凑而成）。

实际情况是这两次会议在隔天召开，主要的线索在关于参会人员和最终4比4投票结果的配合画面的解说词当中。因为解说词讲到斯洛文尼亚的代表担心被捕而缺席此次会议，因此不可能出现4比4的投票结果——如果斯洛文尼亚不在投票成员国当中，总数不会超过7票。对于那些认识斯洛文尼亚的代表雅内茨·德尔诺夫舍克（Janez Drnovšek，后来成为国家总理并最终当选斯洛文尼亚总统）的人来说，视觉上可以挑错的地方是观看投票的场景时可以确定参会人员的身份。解说词并没有错，但影片给观众造成的整体印象并不是完全忠于事实的。实际上，这两次会议分别在两天召开。斯洛文尼亚的代表较为谨慎，所以并没有参加第一天的会议。但经过第一天的会议讨论，出于事件的重要性和可能给斯洛文尼亚造成的损失，他冒着风险参加了第二天的会议。因此，画面呈现出的在一天内的一次会议这个假象，是运用视觉语言的手法去实现的。

这在一定程度上违背了纪录片不同于学术或者传统新闻的观点。细节上存在非真实性——将两次会议删减成一次会议。不过作为一种让故事顺承发展和保持戏剧性的方法（同时也符合因纪录片结构而形成的时间上的限制），删减是合理的。但是，影片未能表明实际是两次会议，给整体的可信度留下了一点阴影。因为存在这点疑问，所以擅长质疑的观众不免会想要知道纪录片的其他部分是否也存在相似问题——从而破坏了影片的真实性。虽然这一系列纪录片主要运用文献资料，以采访和视觉素材为主，将画外音的叙事和语言上的说明减到最少，但将两次会议删减成一次会议，在一定程度上成为这部影片无法作为"文献"的一处警示。[142]

而在《倒台》系列中则没有此类视觉素材。虽然影片质量较高，但并没有出现类似秘密会议或扬沙被捕或米洛舍维奇出访科索沃这些真实的历史画面。虽然也有呈现一些不为人知的故事——比如尼什（Niš）市政厅的工作人员帮助偷取伪造的选票，再如拖拉机手和他的同伴从塞尔维亚赶来，一路上避开了各种路障和阻碍，迫使米洛舍维奇免职并与佐兰·金吉奇（Zoran Djindjić）（后成为塞尔维亚共和国总理，米洛舍维奇政权垮台后，他于2003年3月遇刺身亡）会面，但这些故事的揭秘性都不足以与《之死》系列相比。即便《倒台》系列中有一些"新的"故事揭露了更多细节，但大都是通过采访而非丰富的视觉素材或者整体叙事的方式展现。从这一层面来说，《倒台》系列并没有达到《之死》系列的高度。

总的来说，《倒台》系列纪录片的视觉文本要比《之死》系列薄弱。《之死》系列可能是纪录片历史上拥有最丰富视觉文本的作品，《倒台》系列则相形见绌。在《之死》系列的第二部分中，镜头透过对克里姆林宫墙的水平摇摄配合画外音叙事简要地讲述了卡迪耶维奇（Kadijević）将军走访莫斯科的历史事件。虽然这不是在此系列纪录片中唯一一处用摇摄镜头进行的视觉表达，但它却足够珍贵，凸显出整部纪录片通过主要人物的采访以及比采访更多的丰富多样的影像进行叙事的特点，而所谓丰富多样的视觉影像是指素材中涉及家庭录影、旅游广告、动画片、电视新闻等多种内容形式。《倒台》系列虽然也运用了多种影像和影像来源，同时也有不少人物采访，但这些素材给观众的感觉更多是经过过滤的，这一点明显体现在大量解说词的使用上：解说词在《之死》系列中用的很少，而在《倒台》系列中则占据重要地位。[143]

　　《倒台》系列的缺憾在于没有能够采访到米洛舍维奇本人，因此制作方尝试用一些大胆的做法来掩盖这一缺憾。但考虑到影片的着力点和文本架构建立在通过采访让主要人物自己讲述故事的基础之上，这一缺憾是无法忽略的。一部讲述米洛舍维奇倒台的影片，如果只有相关人物却没有中心人物的证词，显然是存在劣势的。有时候，如果无法联系到一个或一些主要人物，涉及的事件有可能去不提，但是最主要的人物是无法忽略的——因为他是所有事件的中心，几乎不可能略去任何一个与之相关核心事件。根据该影片的制作理念"采访方方面面的关键人物，以交叉剪辑进行叙事"，对米洛舍维奇采访的缺失成为这一系列纪录片的败笔。制作团队使用三类素材尝试弥补这一缺憾：自持的旧的采访片段；1999年科索沃战争中一位德克萨斯学者所做的采访；档案素材：内容是其作为塞尔维亚领导者时发表的声明（似乎主要是源自塞尔维亚电视台）。这些素材的作用是，相关叙事需要时米洛舍维奇的影像和他的话语能够适时出现。但没有任何一种方法能够替代采访米洛舍维奇本人，并使其正面回应在对其他人的采访中涉及的内容。

　　相比而言，《之死》系列则充满了许多有价值又不乏幽默的米洛舍维奇采访素材。虽然即便没有这些采访也是可行的，但影片正是因为这些采访而加分不少。事实上，在影片第一部分即将进行最后一版剪辑，很快便要播出的最后关头，这位塞尔维亚的铁腕人物才同意接受采访，条件是必须将采访完整地呈现在播出的影片中。这个条件明显给已经处于影片收尾阶段的导演和制作人带来极大的困难，因为如果要将整段采访放在纪录片中，那么便意味着必须去掉许多原本的内容，这种做法很有可能给影片造成破坏。然而，制片人诺尔玛·帕西却和米洛舍维奇玩起了文字游戏，他同意将采访完整呈现并不意味着把整段采访直接用在纪录片中。他经过BBC的允许，将整段采访作为相关的补充内容在周日凌晨2点的BBC2套播出。因为没有做预告，所以只有那些对此话题感兴趣的忠实电视观众才有可能关注这部《米洛舍维奇访谈》，而且节目也没有做出其他任何形式的说明。诺尔玛·帕西的做法是机智的，他的确实现了之前的承诺，完整使用了采访素材，同时也没有让这位塞尔维亚领导人破坏纪录片的计策得逞。

　　而《之死》系列却因为能够将米洛舍维奇的采访与斯洛文尼亚领导人米兰·库昌（Milan Kucan）的采访进行交叉剪辑获益良多。通过这种方法影片得以表明米洛舍维奇曾经表示如果斯洛文尼亚同意对1974年宪法的关键条款进行重新解读，他便支持其脱离南斯拉夫社会主义联邦共和国。但是库昌并没有同意，这似乎证实了两件事情：第一，斯洛文尼亚领导人明白他和他的国家不需要与塞尔维亚决裂并正面对抗，因为米洛舍维奇的兴趣时显在别处；第二，在宣告独立之前，两个国家和国家领导人之间就存在着某种共识，发动战争会使得斯洛文尼亚的（独立）道路更加通畅，同时使克罗地亚和波斯尼亚在塞尔维亚的野心面前显得更加脆弱。这再一次显示出该纪录片的手法，《之死》系列的独特价值就在于对被封存的真实的政治进行揭露。

　　故事中某个部分的存在或者缺失不仅能够对故事的理解起到关键性作用，同时也决定了整个故事在多大程度上被完整讲述出来。如果一方的声音无法传达，那么完成整个话题的讲述就会非常困难甚至无法实现。典型的例子是影片有意略去在1993年对波斯尼亚产生重要影响的万斯欧文和平计划（VOPP）和"撤销与打击"（'lift and strike'）大讨论。它们共同作用成为战争中的重大事件，而《之死》系列的第四部分中对此却只用画外音轻描淡写地解说，一笔带过，但是由此带来的续发事件却占据了整部影片三分之一的篇幅。1992年4月波斯尼亚国内的武装军事行动开始时，总统阿利雅·伊泽特贝戈维奇（Alija Izetbegović）在萨拉热窝机场被南斯拉夫人民军（JNA）绑架。影片对于这一事件的过度强调破坏了整体性，虽然它很有戏剧性但却只是一个很小的瞬间，而在波斯尼亚战场里作为最主要讨论内容的双生事件（万斯欧文和平计划和"撤销与打击"大讨论）却或多或少是被忽略的。

　　原因是作为素材的电视采访和当时的视频片段是《之死》的制作者可以做获得的。伊泽特贝戈维奇的绑架事件由萨拉热窝电视台播出，因此留下了真实记录的视频片段。事件画面配合采访，形成了有关这一戏剧性事件的丰富素材。影片的处理方式已经是尽量淡化事件的戏剧性，虽然绑架事件中相关人物的经历仍然保留了一定价值（详见以下内容）。绑架事件是这两部对描写南斯拉夫灭亡有着重大意义和贡献的纪录片中最无效的内容之一。

　　另一个视觉素材以可获得性的影响制作的案例是奥特波（Otpor）摇滚音乐会——一场文化抵抗活动。原因是制作团队已经预先录好了采访，并拍摄鼓手彩排营造热烈气氛的画面直到午夜，可就在演唱会即将开始时，突然有人开始朗读因为抵抗运动而被政权杀害或者伤害的人员名单。之后震惊的观众们陷入了漆黑的沉默，演唱会便再也没有进行。这一事件本身并不是影片最为突出的事情之一，也并没有比其他事件更为重要。但是，因为这个故事视觉素材丰富且在结尾处记录了一个小的戏剧性时刻，便产生了剪入影片的合理性。

《倒台》系列关注了一个有趣且具有娱乐性的"挖掘工"（'digger man'），他认为米洛舍维奇事业的失败应归因于他的政权。对这位"挖掘工"的关注源自背景是直接导致米洛舍维奇下台的贝尔格莱德奥特波抗议游行（Otpor March）。为什么会关注他？因为他是受人喜爱的，影片制作者甚至采取了画面结合采访的方式来表现他。这是一种影像驱动，人为元素。挖掘机和"挖掘工"可能并不值得如此关注。但是挖掘机在国会的影像，具体来说，在抗议者涌入国会大楼的影像中是非常重要的——挖掘工用挖掘机举起第一批抗议者放到二楼上——这只是事件当中的一个小细节。主要的影像表现是涌入国会或坐在台阶上（抗议）的人潮，大楼内的窗帘被烧，不断有火苗蹿出窗户。

表面上，大量关注如劫绑架泽特贝戈维奇这类相对较小的事件，而忽略1993年到1995年间紧张的国际大讨论似乎表现出一种判断力的缺乏。但是，出于影片制作层面的考虑，这些选择是受视觉素材可用性（可获得性）的驱动。万斯欧文和平计划确实能够更为有效地讲述令人心酸的内幕故事，但因为无法展现采访，所以在影片中几乎没有涉及。虽然制作者联系到美国政府要员进行关于那次战争的采访调研，但他们却无法得到可以用于屏幕表现的访谈。[144]因此，根据他们自己的理念，他们无法触及的部分：如果两方，或者方方面面都无法亲口讲述故事，那么该故事就不会被提及。通过交叉剪辑，对主要人物（画面）的主观性使用会破坏影片的客观性视角，会让故事看起来只是一家之言。一个部分的不客观处理可能导致整个系列纪录片的可信度受损。以制作者自己的规则来看，这段内容的略去是合理的。但从《之死》系列整体的表现手法来看，用画外音来补缺是有很大瑕疵的。从该系列纪录片想要建立的可信度和高质量来看，有见识的观众虽然多少能够理解，但还是会注意到这个瑕疵。第四部分是这部系列纪录片的软肋所在。

有时候被采访者的缺失是能够以一些方法进行补偿的。比如，虽然前期进行了联系，但是最终仍然无法采访到卡迪耶维奇将军，导致的结果是可能无法完整地讲述故事。因此，《之死》系列第一部分和第二部分中相关部分的文本就比能够呈现对将军的采访来的薄弱。好在在需要为卡迪耶维奇将军的行为进行解释的关键时刻，对他的导师海军上将布兰科·马穆拉（Branko Mamula）的采访起了作用。后者认为卡迪耶维奇将军与塞尔维亚政治首领一同策划的军事政变未能完成的原因是良心的谴责。虽然这并非通过卡迪耶维奇自己的嘴说出，因此他的真实动机仍然有理由猜测，但这一解释显然是可信的。同时，用人声去完成故事的讲述让影片效果更好。

同样，《倒台》系列三部曲中米洛舍维奇采访的缺失也造成了一个（需要填平的）鸿沟。正如前文所述，填平鸿沟的方法是在必要的地方使用米洛舍维奇早前为《之死》系列做的采访。还有一些重要素材是他接受德克萨斯一个学者的视频采访，虽然这个采访在电视领域不甚出名。这是制作者在创作《倒台》系列时能够想到的最接近采访米洛舍维奇的方法。但即便素材是有效的，仍然不能完全替代为影片专门对其进行的采访。理由有二：一是这些采访显然是站在米洛舍维奇的角度进行的政治宣传行为。二是影片的制作者无法将其和其他运用正常方法的采访交叉引用。比如在《倒台》系列的第一部分中，采访被用于介绍1999年北约（NATO）对科索沃采取军事行动之后不久，米洛舍维奇在法国兰布莱会谈上的观点，他说会谈形成协议的目的实际上就是科索沃的独立。如果再次进行采访，他的观点很有可能保持一致。但是，这一立场（position）本可以由其他人的话语进行检验，而采访的缺失自然造成了不确定性。另一个后果是无法透过米洛舍维奇本人的嘴，听到他对整个过程中其他人所作所为的看法。但是，缺失的采访并没有阻碍影片的制作，因为制作的必要条件是：主要参与者讲述相关的事件，外加可以丰富文本的视觉素材。最后，一部纪录片，比如《倒台》系列，可能被审视其可信度与质量，但在制作公司看来，让影片可行的更为重要的元素是声音和脸庞，是它们使得以交叉剪辑的方式来讲述故事变为可能。如果没有脸庞去加强视觉效果，叙事是不可能实现的——因此会被忽视。《倒台》最终还是失败了，原因是《之死》实在太优秀。

车臣和媒体控制：高加索俘虏

俄罗斯总统弗拉基米尔·普京曾经宣告车臣战争已经顺利结束。因此，当军事行动依旧、地区冲突并未如他所言那样结束时，此题材的新闻报道或者相关纪录片的制作是不被允许的,当然也鲜有人敢于尝试,因为即便制作出节目也无法播出。只有2004年在格罗兹尼纪念二战胜利的"5月9日"游行上发生的爆炸事件才为对车臣的报道打开了一个缺口——或者说其实情况才浮上台面(包括普京在莫斯科宣告(车臣)总统已经死亡,而之前的地方报道则说仅有几处枪伤)。从一定意义上来说,这些虚拟民主[145]的操纵者确认了某个受访者曾透露的事实,在普京统治的俄罗斯拍摄车臣影片是不可能的——"一旦成为契卡,终生便是契卡。"[146]这意味着领导者(普京)仍然保留着表面文明(surface-modernised)的苏联统治者的部分特征,因此进行车臣报道的条件以及俄罗斯的媒体标准总的来说比苏联时期提高了。

在这一部分,我们以两种方法来审视纪录片对于车臣战争的表现形式。一是通过与之前章节曾讨论过的谢尔盖·波德洛夫的剧情片进行类比,审视一部同名纪录片对托尔斯泰笔下俄罗斯"高加索俘房"形象的描绘方式。二是探讨战争冲突类的影片可能受到来自官方审查和"自我"审查的影响,造成制作或者播出上的困难,同时也探讨相关背景下涉及的个人承诺、责任和主观性的问题。

《高加索俘房》(*Prisoner of the Caucasus*)由尤里·哈谢瓦特斯基(Yuri Khashchavatski)执导(德国/波兰 2002),作为一部小众影片却以文学和历史为背景,其意义超越了仅对后苏联时代车臣战争的具体事件进行的描述。作为导演观点表达的说辞通常在电视屏幕上只是经过编辑的部分呈现,这可能是因为时间限制、影像部分的自我审查或者外部(官方)审查。

影片中的婚礼场景也许会使得观众想起在迈克尔·西米诺(Michael Cimino)的影片《猎鹿人》(*The Deer Hunter*)中婚礼和送别的场景,尤其两个桥段都是在以工业化著称的(美国)宾夕法尼亚州的一个乌克兰移民社区取景。欢庆的气氛是相似的。正如伊恩·克里斯蒂(Ian Christie)所说,将婚礼场景作为影片的结尾表明了《高加索俘房》具有强烈的"作者电影"的风格。影片无论是内容还是风格、结构还是人物设置都非常文学化。影片有典型的苏俄纪录片传统,导演控制全局,表达方式也多是强烈和直接的。虽然结构不同,但目的甚至基调都和早期的苏联纪录片一样,是对革命事件的再创造,比如梅德韦德金(Medvedkin)或者爱森斯坦(Eizenshtein)的作品。[147]克里斯蒂观察到影片制作者的声音被明确地表达出来——一种以解说词的语言非常文学化的表达。[148]

影片开头场景中火的影像是极具风格的,它无疑象征着影片制作人眼中的景象。镜头透过观众视角呈现——在画面中,各种各样的战争破坏(甚至它的审美)被包裹在一起进行展现。影片拍摄了1991年格罗兹尼市场上美味多汁的西红柿和其他水果蔬菜,配合解说词表现出在武装冲突开始之前当地明亮的颜色。有一个画面是一个小姑娘站在坦克上。她显然很开心地玩耍着。小姑娘的无邪和渴望与她母亲的忧虑明显形成了对比,后者深知危险所在,劝说她并最终强行把她从坦克上拽下来。母亲的焦虑和女孩的快乐有着鲜明的区别。这反映出现实意识与天真的冒险精神之间的不同。

另一个让人印象深刻的画面是一个妇女用(被描述成)晨衣(dressing-gown)藏着一把AK47突击步枪。这给观众的感觉是车臣的反抗是整个民族的反抗,所有人都在其中。解说词强调了当地人民已经知道并盼望1991年的战争,但是之后的其他一些画外音却在暗示没有人会期望战争的发生。解说词配合着武装人员车辆的画面,重述着托尔斯泰的话:大众总是需要一小场战争的胜利。

车臣人民看着坦克下面被烧焦的士兵遗体满是哭嚎,这一场景被处理成黑白效果,虽然原始素材是彩色的。解说词强调这是"令人压抑的影像",因此"我"——影片制作者没法用彩色画面展示。但是,即便采用了黑白效果,导演仍然没有能够缓解这一可怕场景对观众的影响。反而,单色视角增强了尸体的碳色程度,加深了视觉效果。

解说词说到除了报道战争之外,摄像师一旦有时间便拍摄一些自己想要记录的画面。比如有镜头拍摄下了树上的麻雀。其中一只嘴里叼着超大片的食物——明显吃不完,但又舍不得扔掉。这只鸟被赋予了象征意义,观众可以自行揣度。其是否象征着俄罗斯无法吞并车臣但又肯不放手?或者象征着摄像师想要捕捉下不被关注的画面?解说词给出了解释:这类影像不会在电视新闻中出现,因为后者没有兴趣进行讽刺,也没有时间表现与暴力和战争相对立的其他,甚至没有任何罪证含义。

"没有人喜欢盯着一个受伤的士兵看,因此我让他被抬去急救站。"列夫·托尔斯泰的这句语录被用于处理受伤士兵的影像——虽然一开始是托尔斯泰原创的评论,但在之后的100年里对他作品的引用却加强了历史的无力感和不断重复的必然性。同时,它也预示着战争的图像表现。记录下多管火箭发射系统(MLRS)、坦克加农炮、武装直升机火箭弹开火的影像,大多表明打击对象的军事力量弱小、实力不对等。我们看到大厦顶楼窗口的狙击手被坦克加农炮发射的炮弹击中,窗口处发生爆炸。我们也看到之前用作军火商店的一层小楼完全被破坏，不断有流弹飞出，噼啪作响，看上去和听上去都像是腾空燃放的烟花。在一个充满了痛苦的割喉、砍头的场景中时不时地出现略微延迟的淡入淡出和微小而沉闷的声音。它们不断打破恐怖影像却又不可避免地加强了恐怖感。该场景的结构和一定的延迟效果让观众的视线无法离开。它在确保信息传递的同时弱化了传递的效果。解说词同样也尝试通过指出观众应该再次观看和仔细观看来加强厌恶感：并不是野蛮的车臣反叛者对可怜的俄罗斯士兵实施暴行，而是俄罗斯士兵用刀在车臣人的身体上割出一道又一道伤痕，虽然受害者大声惨叫他们不想死，但之后仍然被实施了割喉。最后，虽然画面没有呈现，但我们被告知头颅已被割下。

该类型的影片并没有规定禁止使用这些割肉和屠杀的影像。而现代电子传播手段使得这类数字影像可以通过视频附件、电子邮件进行传播，也可以传到互联网上。表面上，这些影像的传播可以引起人们对于暴行的关注，但是也带来了误传的风险。在一个影像制造讯息的时代，这样的影像能够提供有力的证据。但基于先前已知的语言或者文字背景，大多数潜在观众都无法辨认受害者到底是俄罗斯人还是车臣人。哈谢瓦特斯基表明行凶的是俄罗斯人、受害者是车臣人的解说可以反驳那些认为人物身份被对换的臆断或者预断，更可以反驳人们认为罗斯是受害者的固有偏见。这部影片的作者在质疑其他影像诠释时尤其强化了责任感这一观点，同时也强调了不同影像和诠释之间的竞争。即便我们倾向于将导演的说法当作是权威，但仍有可能他的说法只是对我们心与智的又一次欺骗而已。[149]

艾迪科·扎法莫夫（Edik Dzhafarmov）是一名自由记者，也是特约记者、摄影师，他拍摄的影像被用在影片中，是唯一署名的人。据说他花了超过十年的时间拍摄各种战场。他的名字在影片较早部分便出现了，因为在一个被标为"肥皂和水"的最激动人心的场景中，他成了影片的一部分。肥皂是指作为人道救援发放给失望的受助者的肥皂，那些受助者对着镜头说他们已经等了一整夜，希望得到一些食物。之后解说词说到如果艾迪科没有移步到商店（用作人道救援的发放点）外面拍摄人群的全景，可能他已经遇难了。画面记录下商店的爆炸，同时波及周围的人群。导演哈谢瓦特斯基承认他使用"后期制作"技术添加了爆炸影像，因为原版视屏片段是在爆炸发生之后才开机拍摄的，人群已经混乱无序，一些人倒在地上，其他没有受伤的惊吓不止。这些表现爆炸余波的图像表明了一个事实，破坏事件比如武装冲突的影像只有极少数能够在发生时被记录下来，因此只能以虚构的方式呈现。比如导演哈谢瓦特斯基对真实的视频片段进行改编就是为了（更好地）呈现破坏的真相，同时使用反身性的解说词来强调真实与真相、戏剧与记录影像之间的特殊关系。[150]当然，也有一种可能导演是在和观众玩一出双重欺骗（double-bluff）的游戏，用公开影片虚构手段的方法塑造他的可靠性和权威性，从而为他讲述的内容赢得权威性。

贯穿影片始终的是火车车厢里对一位陆军中尉的采访，他分享了战争中的失去——士兵们失踪或被埋葬，以及死亡和毁灭对人产生的影响。当影片进入尾声，他谈到那些尸体和被烧焦的、已经残缺不全的遗体，评论道："只有他们才能理解战争是什么。"画面则呈现棺木被抬上飞机运回遇难者的家乡。这一幕作为影片最后场景的开启，将关注点置于失去与死亡。之后的场景令人震惊，几乎呈现漫画式的效果，士兵们尝试将其中一个主要的棺木搬运到小房间，却撞到了门框上，他们只好像搬过大的沙发或者衣柜那样握住木箱边缘倾斜着通过门框。但这里没有笑声，因为就像感受到棺木中的女人在哭泣一样。

在导演哈谢瓦特斯基带观众回到遇难者的家乡之前，他讲述了一个带着机枪在边防关卡工作的车臣少年的故事。这个小男孩，已经一年没有去上学了，他有着甜美的笑容和一双迷人的眼睛。他带着蓝色的班丹纳花绸头巾，他说这条头巾象征着他已经做好为祖国牺牲的准备。即便采用这种刚柔并济的表现方式去展示男孩的反抗，影像所呈现的仍然是他无邪笑容下的一种不确定性。

这个温和却有些可怕，且内心恐惧的孩子的故事结束之后，观众被带到了A.A.沃尔科夫（A.A. Volkov）士兵的家，他的棺木被运回家乡。父亲读着儿子寄给他们的最后一封信，其他家人包括他的妻子看着婚礼的录像。父亲读信和录像中播放的快乐场景之间的对比是强烈的，让人为之动容。这是一个着力渲染的时刻，简单直接却展示了不同层级的影像，影片中电视屏幕上播放的录像是一个文本，家庭相聚又是一个文本。其中任一文本自身都能表达情感，但是当录像以一种不同的视觉构造呈现，两个文本被同时放置在一起时，便表达出令人恐惧的情感。

纪录片影像对俄罗斯在车臣实施的行动产生的潜在破坏，可以体现在政府对其直接或间接的审查制度上。直接的审查制度是指车臣领土是一块封闭的区域，官方明令禁止记者和其他报道者进入区域内部。这意味着那些想要进行报道或者拍摄的人必须能够成功地潜入车臣内部。当然，官方的禁令意味着即便能够成功潜入，想要在俄罗斯国内播出作品也是不可能的，因为国家控制或者主要的广播电视台无法播出来自车臣地区的视频素材。但是，这种对于新闻和拍摄的直接控制，不管是否变动，都产生了更为广泛的间接影响。一条有效的禁令，不仅针对在车臣区域内的拍摄，甚至也涉及与车臣冲突有关话题的报道和任何形式的纪录电影的策划。

《高加索俘房》是一部小众的、哀悼式的纪录片，注定只有相对少数的观众能够看到。更加直接（反映车臣题材）的纪录片在普京统治时期的俄罗斯是不容易看到的，因此所有此类素材都有可能减弱俄罗斯采取的军事行动的合法性。事实上，在这样的政治环境中几乎不可能播放关于车臣的报道或者影片，尤其包含侵犯人权和武装冲突的内容，电影播放的场合仅限于电影节或者人权活动节。其中，后者得到如赫尔辛基国际联合会（International Helsinki Federation）等机构支持。[151]但是，这只能接触到有限的观众，而且通常这些观众已经意识到了问题的存在，因此并不需要去说服。但是，这些倡导人权的非政府组织（NGOs）能够尝试以有限的力量去颠覆从革命早期开始的列宁主义的宣传或教育。这意味着可以使用家用录音带（VHS）将此内容在俄罗斯境内传播。赫尔辛基国际联合会人权部门、国际特赦组织（Amnesty International）和法德艺术文化广播电视台（ARTE）曾经联合制作过一个合辑，精选并收录了五部在"车臣"国际节上公开播放的纪录电影。[152]合辑中包括一部在被政府限定独立权限之前由国家电视台（NTV）拍摄的纪录片，另外四部都是在俄罗斯境外制作的。

合辑中的一部影片是妮诺·基尔塔泽（Nino Kirtadze）导演的作品《车臣挽歌》（*Il était une fois la Tchétchénie*）。[153]影片开始的部分使用了早期苏联的视频文献资料。从视觉上来说它给了影片一个令人印象深刻的开头，同时也给车臣问题构建了一个历史性框架。画面中的人物形象看似有些滑稽，在（视频文献资料）截取的带有字幕的片段中，他们正在敬拜阿拉，嘴里不断叫喊他们真主的名字，这或者许连俄罗斯人也只是一知半解。他们的身上带着丑陋的伤疤，是因为肺结核之类让身体虚弱的疾病留下的。画面暗含的意思是这些原住民可以被斯大林的苏联拯救。但是此时却给观众呈现出一种难以平息、不能逾越的永恒的距离感。这些震撼的老旧影像作为序言，开启了一部风格强烈的影片，影片采用的素材包括个人的经历，也包括三个冒险进入封闭区域内进行拍摄和实地报道的记者所记录的内容，影片将两者混合使用。三位记者中的第一位记者是BBC的自由记者罗伯特·帕森斯（Robert Parsons），他分享了自己记录下的视频片段和面对镜头的观点表达。第二位是知名的俄罗斯记者安德烈·巴毕茨基（Andrei Babitsky），虽然他把自己当作是车臣人，但仍然因为其俄罗斯身份而被关押，经过一段时间的抗议，他最终被释放。第三位是佩特拉·佩罗哈斯科娃（Petra Prokhatskova），她记录下车臣那些悲惨的影像和故事，探讨了关于和战地人民一起工作同时专业地捕捉影像的道德准则，这样做不仅突出了影像的本质和重要性，也突出了专业性和个人特色。

当这个由三部分组成的图片新闻的最后一部分开始时，画面上佩罗哈斯科娃正在和她家乡的地方报纸《切斯克报》（Chersk Gazette）的编辑电话连成进行报道。她现在住在车臣的首都格罗兹尼，买了一栋房子改造成孤儿院。她在当地买房的行为体现了个人的转变和一种责任感。她了解格罗兹尼在毁灭性的战争来临之前、在还没有任何关于所谓的"自治共和国"的禁入令之前，她仍能够自由地旅行。佩罗哈斯科娃根据导演基尔塔泽的要求面对镜头报道（她眼中的格罗兹尼），她说显然格罗兹尼存在公共设施的供应问题，但尽管如此她住在那里还是能感觉到一种"团结"，这是来去匆匆的记者无法感受到的。她承认从1994年开始自己经历的战争，有一种感受是越来越多的鲜血，越来越多的尸体。基尔塔泽大量使用了佩罗哈斯科娃个人记录的视频档案，包括掘尸后拍摄的尸体原始影像。"很可怕"，她不用多做解释，但她说也许还有更可怕的事情，那就是"如今甚至已经没有人去找寻他们了"。当基尔塔泽的影片使用佩罗哈斯科娃拍摄的视频片段去探查人体的毁灭，图解佩罗哈斯科娃反身性的解说时，屏幕上展示的是骸骨一侧遗留下的靴子。肉体已无存，然而靴子还在那里，这一场景在个人的解说中被赋予了深刻的象征意义。物质的存在意味着对人类存在的支持，双脚着地，挣扎着从精神的失去和肉体的瓦解中存活下来。但这幅画的具有一定的讽刺意味，因为剩下的只有靴子。

接着，作为一种自我审视，佩罗哈斯科娃说她在当时并不会为那些人感到难过。她表明了一个合理的观点："我质疑任何一个说感到难过的记者，你拍摄，你写报道，也许之后你会感到难过。我当时就是这样。"而那些常常帮助她拍照和拍摄的当地人则多少有一点困惑，询问拍摄的目的，或许他们有点不信会有人对"欧洲的那片地方"或者说对可怕的人类残体和被毁坏的物理环境有足够的兴趣。这些关于当地人提供帮助却缺乏理解的评论突出了这位女摄影师专业主义的自我坦白，同时也突出了个人的转变和责任感的形成。

真正让佩罗哈斯科娃发生转变的，接受基尔塔泽采访的一年之前在是她在达吉斯坦的经历。当时她随俄罗斯军队采访，军队所在的装甲输送车碰到了地雷。从专业上来说这是一个很好的机会，因为事情发生的时候，摄像机正在拍摄。当然，这只是意味着镜头捕捉下爆炸的声音和岩石、尘土爆裂的画面，并不是经过精心设计的。但因为这次爆炸，一个士兵受了致命伤。她回忆着当时的情景，当这个士兵在爆炸后从车里被拽出来，他已经失去了双腿。在她拍摄的画面中我们看到士兵躺在地上，他的呼吸被佩罗哈斯科娃描述成"一种可怕的声音，就像是拖拽一条鱼"。经由她的解释，观众知道那是他的最后一口呼吸。爆炸和濒死的士兵是极少数发生当下能够用画面记录的事件。以专业层面来说，这是珍贵的时刻，这从她随即打电话给她的编辑就能看出，但是以个人层面来说，这个时刻确实是令人不适和排斥的。

这样的画面确实会让专业人士激动不已。她与编辑之间的对话就像是拓刻在她的记忆里，令她难以忘记，也促使她的改变。当编辑知道她所在的车碰到了地雷，而摄像机还在拍摄，画面被捕捉下来，出于专业判断，编辑说："太棒了！"这一反应表明了关键性的活动影像的中心地位。但对于一个随军采访的女人来说，人性的意义同样重要。她以为编辑会询问自己是否无恙，还有没有其他人受伤，但他的关注点却只是影像。这明显触动了她，让她放弃了那种战争前线的专业主义，因为她意识到再专业的人士面对眼前的死亡都会感到难过，但是"脑中理性的声音会告诉他们，'他总会死的，他现在死在这里，死在我的镜头前是一件好事'"。她接着说道："这就是你知道自己该停下来的时刻。"是专业主义带她来到这里，但也是这里让她改变了原有观点。

佩罗哈斯科娃开始从自己的角度审视战争：她意识到自己是一个有责任感的人。用她的话来说，她已经不再是"一个旁观者、记录者，而是一个参与者"。工作只是把她带到那里，这些年她在当地已经建立了许多人际关系，但即便如此，她还是不知道她认识的某些人去了哪里，发生了什么。拍摄当地苦难生活的影像让她越发困惑，但也逐渐引导她找到在格罗兹尼可以为人们做的事情。于是她买下了房产，开始运营一间孤儿院。她认为这只是一个很小的贡献，但"为那50个孩子做些事情总比告诉世界有战争发生要更好"。改写一句伏尔泰（Voltaire）的名言，培育我们的花园比为世界捕捉下那些毁灭、破坏和死亡的影像更有责任感。她曾经有过错觉，她相信自己很重要，她能够把信息和影像传递给人们，告诉人们这是一场"残酷和不公平的战争"。但当她的镜头记录下穿着靴子的尸体，记录下死亡本身，当她的编辑冷酷无情、没有人性地做出专业的回应，她的错觉消失了。基尔塔泽很有效地使用了佩罗哈斯科娃的经历和拍摄的素材，影片有意识地将两者进行了强化。具体来说，两者是紧密交织在一起的。一个影片制作者拍摄下重要的影像，不仅显示出影像本身的重要性，也涉及专业主义、道德准则和社会责任的问题。她的经历同样还反映出从个体和人类层面对战争的深刻见解，让人们进一步了解战争，即便战争的全貌无法被记录下来，对于动态影像和现代战争来说，经历是战争的关键部分，比军事战略和行动更为重要。在倡导人权的纪录片作品合辑中包含基尔塔泽的影片反映出影像的意义，或者它们受到的控制和压制。俄罗斯拥有最广大的领土范围，覆盖了地球上六分之一的地域，是它的政体性质帮助它实现了这些控制和压制。

从俘虏到人质：车臣恐怖主义和别斯兰围困

影片《车臣挽歌》明确表达了一种自我承诺，事实上，置身事外毫无立场是不可能的。而车臣的背景带来了更多关于专业主义和自我承诺的问题。道奇·比林斯利（Dodge Billingsley）的作品《不朽的堡垒》（*Immortal Fortress*）在第一次车臣战争和第二次车臣战争之间完成制作，突出了在当代战争冲突题材的纪录电影中出现的影像、入径和客观性的实质问题。是战争就一定有立场。单方面来说，找到入径，捕捉影像意味着和当地人共事并了解他们，影片制作者可能要用一些方法让他们相信摄像师不是他们敌人的同伴。伪造身份在某种意义上是无法取得入径的。就像佩罗哈斯科娃在当地的个人关系，能够让她取得在格罗兹尼的入径，虽然这些个人关系也最终导致她拒绝用专业的画面向世界传递信息（当然，这并不意味着她不再用影像记录下格罗兹尼的困境），而比林斯利无法同时接近车臣军阀头领沙米尔·巴萨耶夫（Shamil Basayev）和俄罗斯这两大对立方，因为和一方联系就意味着放弃了另外一方（比如巴毕茨基（Babitsky）被俄罗斯人拘禁，后作为车臣人的俘虏被释放）。

影片最后公开地表达出对车臣方面更多的同情，包括在展示双方的第一次冲突中有时车臣的战术成功骗过俄军强大的军队力量。导演接触并拍摄下巴萨耶夫的影像，让这个狡猾的"军阀"头领得以以真实人类的方式出现在画面上。诚然，影片在第一次车臣战争结束后的过渡期进行拍摄是意义重大的。对巴萨耶夫这种感性的表现方式（部分因为拍摄到了他的脸）和对俄罗斯的表现方式是不同的，总体说来，巴萨耶夫的形象不仅仅是一个为极端主义行为负责的独立主义的叛乱分子，也是奥萨马·本·拉登（Usama bin Ladin）和他人所筹划的激进伊斯兰发展计划的代理人。在战争的这段过渡期当中，巴萨耶夫明显受到了暴力的伊斯兰人的影响，他和他的车臣兄弟被当作了（恐怖主义）国际行动的先锋。比林斯利在影片《车臣：分离主义还是圣战？》（Chechnya：Separatism or Jihad？）中表现了巴萨耶夫的转变，这部影片作为战争电影与研究中心"跨越边界"（Beyond the Border）纪录片系列当中的一部，由美国公共广播电视公司（PBS）联合杨百翰大学拍摄用作国际事务类的大学教育，所以总体来说相较于《不朽的堡垒》，精彩程度略逊一筹。但这部影片更为客观，以信息作为导向，采用了画外音进行解说。比林斯利有意识地避开了更为个人的观点，采用专家的采访和参与者的叙述，以一种更为传统的方式制作该纪录片，讲述巴萨耶夫和其他一些车臣"军阀"在21世纪的故事，用真实的素材去支持俄罗斯方面认为他们是伊斯兰恐怖分子的指控。正如影片所展示的，巴萨耶夫需要为在俄罗斯南部北高加索地区的一系列恐怖事件负责，其中包括2000年医院袭击和人质劫持事件、2002年的围困莫斯科大剧院事件以及2005年在达吉斯坦的纳什克市（Nalchik）的人质事件。这些事件都是由巴萨耶夫安排自杀式袭击小分队针对平民人质实施的劫持，最终的结果都是俄罗斯方面出动安全部队有效地实施解救。其中最臭名昭著的是2004年9月1日到3日发生在北奥塞梯别斯兰第一中学的人质劫持事件，事发时间是新学期开学第一天，超过1200名人质被劫持，其中70%是学生，[154]他们被控制在枪口之下，周围布满了制造恐慌的饵雷炸弹，劫持事件最终造成350人死亡，其中超过半数都是学校的孩子。《车臣：分离主义还是圣战？》概括叙述了这一恐怖事件，而另一部影片则以一种不同的方式捕捉下"恐怖"本身。这便是凯文·西姆（Kevin Sim）导演的作品《别斯兰：围困第一中学》（Beslan：Siege of School No. 1）。影片于2005年7月在美国公共广播电视公司

（PBS）的《广角》（Word Angle）节目中播出，在那之前英国第四频道的《通讯》（*Dispatches*）节目曾得到授权首播，片名简称为《别斯兰》。[155]

《别斯兰：围困第一中学》的导演形容它是一部"令人震惊的影片"。[156]他在制作这一题材的影片时曾陷入困境，因为他知道那些劫持了学生、家长和老师的武装分子会出来做个标记（make a mark），更确切地说他们会想要吸引电视新闻和纪录片制作者的注意，这些人明显已经做好了实施更大的暴行从而得到相关人士注意的准备："如果我们按照他们的思路来，恐怖分子一定会愈发想要吸引新闻编辑和纪录片制作者的注意。"因此在这种情况（也包括其他下面讨论的情况）下，影片对影视制作的道德准则是有很高要求的，必须明确区分对与错，既要降低因一些不可避免的公开播放让恐怖分子受益的可能性，又要告诉外界发生了什么，真诚地面对受害者，让他们的故事为人所知。从这层意义上说，西姆很好地完成了任务。

《别斯兰》有效地使用了两种特殊来源的素材，将经历与影像结合在一起形成一部可圈可点的影片。第一种是挟持者在学校里，主要是在安放人质的体育馆内部自行拍摄的画面。第二种是对幸存者的采访，尤其是那些当时与拉里萨·库迪艾娃（Larisa Kudzieva）和扎丽娜·达姆帕艾娃（Zarina Dzampaeva）在一起的人。影片还得益于其他素材，比如前一年开学时学校庆典的画面和事件发生40天之后为纪念逝去灵魂而进行的宗教活动的视频素材，这两类素材在结构上相辅相成，前者起到场景设置的作用，而后者在影片结尾处配合受害者和其他人的采访形成强烈效果。除此之外，还有一些从学校外部拍摄的新闻视频片段，画面包括突围成功后，从学校里逃出来的赤裸的或者接近赤裸的女孩，也包括俄军实施突袭时混乱的状况。据说当时军队得到的指令是按兵不动，但地方的义务警员却因为恐慌而开火，使得安全部队不得不行动。[157]不过影片最突出的两大视觉元素仍是对人质的采访和恐怖分子自行拍摄的画面。

影片对于亲历者的采访是非常出色的，他们在讲述自身经历时表达了充沛的情感。尤其是库迪艾娃这个突出的形象。（别斯兰）事件一段时间之后，她在病榻上接受了采访，她以一种令人惊讶的冷静面对镜头回忆当时发生的一切。她右侧的脸颊被着意修饰过了，因为她的颧骨曾经完全被抽离出来。伤痛和尊严让她的形象更有魅力，这是她所经历的情感上和肉体上的痛苦折磨带给她的。在回忆时，她被损毁的脸庞和温柔而困惑的双眼看上去那么有吸引力：一个男人眼睁睁地在她眼前流血而死，她被血水浸湿的裙子让她感受到鲜血的不能承受之重；其中一个恐怖分子向她提出一个交易，如果她穿上自杀式爆炸背心，她的孩子和她想释放的人可以获得自由，但她拒绝了；一个恐怖分子把脚踩在压力弹上还哼着歌，他解释这种低吟是在表达他的灵魂，明显他很想把脚移开却不能这么做，他把首领和俄罗斯当局谈判的失败当作一种宿命，暗示着他们最终都将完蛋。库迪艾畦回忆的这些都是非常震撼的、能够打动人心的素材。另一个女人，纳蒂亚·托提艾（Nadia Totiev）失去了她的儿子和女儿，直到她看到女儿双眼中带血的泪水才确认她已经死去了。最让人动容的讲述来自于形象有点类似维梅尔（Vermeer）的女人达姆帕艾娃，在劫持事件里，她唯一的儿子突发心脏病死在她面前。她动也不动，没有任何感伤的表达，最终却吐露出了所有父母的心声。为什么是他们的孩子？他们做了什么以致命运会如此安排？此时镜头推近，画面重重地停在这位刚刚经历丧子之痛的母亲脸上，传递着这些反问句和在母亲心灵上庄严的空无（dignified emptiness），她失去了她的"阳光"，失去了她活着的意义。影片中令人动容和震撼的采访以影像的方式去表现更加丰富的内涵，而不仅仅是用一般的采访去填补视觉效果更强的影像的空缺或者给予语言信息以有限的视觉支持。它将经历与肖像的影像表现恰当结合，融入整体叙事当中。

影片主要的影像和经历的来源是恐怖分子在学校里自行拍摄的视频片段，这也是让《别斯兰》成为一部伟大作品的重要原因。这些视频片段令人震惊，同时也从另一个角度证实有人有意识地将影像用作武器，比如恐怖分子。他们拍自己和他们的俘虏，他们开心地对着镜头露脸，拍摄下布置好的爆炸性绊网（network of explosive tripwires）、身体上绑满炸弹的女性自杀式袭击者"黑寡妇"（据说，其中一个"黑寡妇"对人质说她和她的伙伴到学校的目的就是去死）和像圣诞装饰一样的炸弹装置，还有那个把脚踩在压力弹上的恐怖分子，大胆地对着镜头指着脚说这个画面不能错过，几乎像是卡通风格，虽然这种风格一点都不幽默。

2002年围困莫斯科大剧院事件当中由劫持者拍摄的类似视频素材在另一部佳片——导演唐·瑞德（Dan Reed）的《莫斯科恐怖活动》（Terror in Moscow）中也起到了决定性的作用。虽然拍摄的事件和《别斯兰》中使用的视频素材有着相似的特征，比如在镜头里都出现了女性自杀式袭击者"黑寡妇"、人体钽雷炸弹、大楼里疲倦而受惊的人质以及恐怖分子的一些类似节日自拍一个恐怖分子拍摄，其他恐怖分子或笑或冲着镜头摆姿势，但是《别斯兰》中的画面更加引人注目，原因是孩子。恐怖分子自制的影片拍摄内容广泛，除了对炸弹恋物式的描写外，还有对小孩子人质的表现。在学校拍摄的这些独特而真实的画面让整部纪录片与众不同。虽然不太适合称之为"意外发现"，但难得有这样的机会恐怖分子不仅出于宣传目的去拍摄影像，还从内部视角记录下灾难性事件本身。这样的视频片段是罕见的，但是一旦得到并恰当使用就会成就一部极具吸引力的影片。同样类型的真实视频片段让"9·11"这一无法复制的事件通过一部纪录片《9/11》得以最直接的复现，片中的视频片段由年轻的法国电影制作人朱尔斯·内德（Jules Naudet）和基甸·内德（Gédéon Naudet）两兄弟拍摄。以下的部分会对该影片进行讨论，与之比较的是同样表现"9·11"事件的另一部纪录片麦可·摩尔（Michael Moore）的《华氏9·11》（Fahrenheit 9/11）。

加温：消防队员和《华氏9·11》

《9/11》和《华氏9·11》是两部都被广泛传播风格却截然不同的纪实电影。"9·11"当天商用客机变成巡航导弹击中了纽约和华盛顿，美国的应急服务中心收到"无数"的电话访问。两部影片都依赖于偶然捕捉到的可怕影像和因事件而形成的经历，都通过各自的方式和美国打击恐怖主义的全球战争的合法性产生联系，后者有意为之，而前者更多是偶然得之。[158]

内德兄弟（Naudet Brothers）原本准备拍摄一个关于"实习生"的故事，一部通过实习消防队员来反映纽约消防部门在下曼哈顿区杜安大道第七消防分队第一支队的日常工作的纪录片，却最终转变成一部在大楼被破坏的现场，在尘雾里以画面记录"9·11"事件经历的纪录片。影片中两兄弟完成了对消防队员的承诺，他们只是想做一部"用不变的初心去完成"的影片。[159]其中，有一幅画面让两兄弟和他们的作品记入史册：只有他们记录下了第一架飞机撞入北塔的画面，唯一的画面。当时朱尔斯·内德正跟随消防队长在距离世贸中心14条街区远的某个街角拍摄消防队的日常活动，突然飞机呼啸而过，他抬头看并记录下了美国航空11号班机留在世上的最后几秒钟。这个画面也决定了两兄弟的命运。

难以置信地记录下这一难以置信的历史时刻之后,两兄弟和消防部队的不同部门合作,深入风暴中心继续拍摄。朱尔斯记录下,也是唯一一个记录下首架飞机的影像,而基甸在灾难现场拍摄到很多独家的戏剧性画面,在和得到紧急指令的新手消防员及同伴一起出发进入现场之后,他又拍摄到了第二架飞机的撞击,之后现场拍摄到倒塌大楼的内部情况。除此之外,他们的影片中还记录着消防队员和其他身陷事件中的人物形象,记录着那些在曾是世界最高建筑(世贸中心大楼)的崩塌事件中死里逃生的人们。其中一部分影像是在第一个塔楼的地下进行拍摄的,突然一声巨响,他们头顶上的大楼轰然崩塌,兄弟俩和他们的摄影师赶紧爬上通向安全地带的扶梯。一名消防队员紧紧地将兄弟中的一人保护在身下,这一幕刚开始看上去像是他受到别人身体的撞击而濒临死亡。随后当崩塌的塔楼着地,摄像镜头被石块击穿,画面一下全黑。之后通过电视新闻,他们才意识到另一个塔楼之前已经崩塌。这些都是从崩塌的世贸中心现场记录的影像和经历。

随后记录下的影像还有被白色尘土覆盖的困惑的人们,他们像幽魂一样穿梭在一片尽毁之地上,整片区域被笼罩在满是尘土、碎片和纸屑的风暴里。但是他们清楚双塔崩塌形成的蘑菇云中不仅有家具、电脑、石头、灰尘,同时也有人体的残肢。这可能是事件经历中最残酷的部分,当消防部队重新集合时,消防队员谈到的也大多与此相关。影片还表现了当兄弟两人失去联系,不知道对方如何时心里的失落感。在一切的不幸中,内德兄弟被命运选中拍摄这部纪录片,为他们所讲述的消防队员的故事留下了一个相对美好的结尾。最后,他们故事的主角——实习生托尼,也是影片中唯一一个不知去向的消防队员,出现在画面中。当他走向消防车库,看到他同队的队员全部到齐,心里满满的。

内德兄弟第一时间在灾难现场捕捉到一手材料,某种程度上来说有点蛮干的味道。当他们把纽约市消防局的证明信拿给一个警察看时,警察让他们带着摄像机和证明信赶紧离开那片区域。建议是合理的,因为在这样的环境中进行拍摄很罕见。但这一时刻,投机主义和责任感之间的矛盾几乎全部消解,它们高度统一:这样的现场和经历必须要被记录下来。当然,影片对"9·11"事件冷静的记录表明两兄弟不仅意识到他们幸存下来,需要承担起记录这部分人类历史的重大责任,同时也意识到他们真实的处境。和消防部门谦逊的英雄们共事,内德兄弟认识到什么才是真正重要的:在面对无法想象的混乱、破坏和死亡时消防队员的勇气,以及他们不论身份或国籍把兄弟俩当作他们队伍的那份坚持成员。

影片的真实性来源于制作者的真实性，更重要的是，来源于消防队员们的经历。影片所表现的面对逆境时的英雄主义让人们明白为什么美国对此次袭击事件的反应如此决绝，并没有受到此后一个月内来自境内和境外对于反击行动合法性的强烈质疑的影响。飞机撞击大楼的影像，证实了基地组织对其目的合法性的解释与实际行为是互相矛盾的，双塔废墟当中拍摄的细节画面没有任何煽情和装饰，急救中心所做的一切一样有着强烈的情感表达。2003年3月，美国哥伦比亚广播公司（CBS）电视台播出了影片的首个电视（剪辑）版本，由罗伯特·德·尼罗（Robert de Niro）做开场引入并解说，但此次播出却引发了争议。[160]包括哥伦比亚广播公司的领导层和（美国）联邦通讯委员会成员在内的一些人认为播出这样的影片为时过早，可能会冒犯到部分观众。[161]好在为了保证品质，影片有意识地避开了过于血腥和悲观的影像，回应了外界的疑虑。用朴素的影像进行直接和真诚的表达，比任何外在的处理都要有效果得多。

在很多方面，《华氏9·11》都无法与《9/11》进行更多的比较，因为导演麦可·摩尔明显有意识地使用"9·11"事件和其他周边或后续事件来抨击小布什（George W. Bush）政府。无疑，对于美国发动的打击全球恐怖主义的战争，尤其是伊拉克战争的合法性，影片表达的观点与所有质疑者是一致的。无论影片是否达到其目的，但它确实给予那些持有反小布什和反伊拉克战争立场的人们力量与帮助。[162]这是一种具有争议性的影片制作方式，和内德兄弟完全忠于真实素材和自身力量的方法截然不同。尽管影片在很多方面受到虚假性和操控性的指责，但摩尔将彼此间并无联系的素材剪辑到一起，使其仍然不失为一部风格独特的、讲述式的影片。《华氏9·11》在基调、目的和传递的信息方面都与《9/11》存在着差异，但它同样也依靠那偶然得之的、用以描写独特战争经历的影像去增强影片的力量。

《华氏9·11》是一部政治影片。纪录片传统的制作方式是追求客观性的学术价值，收集论据进行论证，而这部纪录片却不是。它被贴以"娱乐性纪录片"（'docutainment'）或者"修辞式"（'rhetorical'）纪录片的标签。[163]有些人认为它是一部"污秽"（obscene）的影片，他们把摩尔描述成"操纵之路的奔跑者……用过度的决心去除所有思想的分流……不留给观众任何独立判断的空间"，还有人说这根本就不是电影，只是"用影像来说话"，一部"宣称战争影片可以用于教育、纪念、反思、历史启示"的作品。[164]影片有意识地造成一种政治影响，这和摩尔之前制作的一些事件类影片的目的一样，其中比较著名的有《科伦拜校园事件》（*Bowling for Columbine*）。《科伦拜校园事件》以1999年发生在美国科罗拉多州一所学校的枪击事件为导火索，倡导反对枪支合法化的运动，并谴责美国社会，简单化地把美国谋杀事件和暴力犯罪的频发归结为持有枪支的权利。

  《华氏9·11》的错漏之处与其错误的论证是相匹配的。片中的错误和它的观点吸引了其他一些激进派的批评挑战，有一部和它唱反调的影片叫作《华式骗局9·11》*Fahrenhype 911*（由艾伦·彼得森Alan Peteson导演）。影片以与《华氏9·11》相同的风格进行制作，虽然没有前者知名，但却成功得表达了相反的观点，纠正了摩尔电影中一些细节的错误。《华氏9·11》中错误的论证是很明显的，任何用基础逻辑常识对素材进行做判断的人都能够看出来。摩尔用阴谋论最喜欢使用的三段论逻辑去论证小布什和本·拉登之间有联系，让小布什为本·拉登的行为负责。虽然摩尔的版本并不像以上表达得这么粗糙，但他确实想要给观众造成类似的印象。一个谈不上反对本片的评论者曾提到，摩尔用以讲述布什家族和沙特王室家族以及其他家族之间关系的方法是"基本建立在'影响力对等的双方会形成合作'这样一种不充分的说法上的松散、不具普适性的论证"。[165]他以小布什的父亲老布什总统和沙特王室家族成员之间的商业合作作为论据，尤其详述了老布什和沙特王室班达尔（Bandar）王子的商业合作伙伴包括了本·拉登家族的24名成员，在这么多沙特人中有可能就包括了本·拉登，因此即便在"9·11"事件之后美国关闭领空，拉登依然得到特殊批准，在保护下飞离美国。摩尔注意到一个问题，沙特家族有可能是在美国人的帮助下进入自己的保护区免受千夫所指的。那些离开的沙特家族成员明显依靠金钱和与布什家族的关系成功逃脱，这一点摩尔是正确的，因为几乎不存在其他的可能性。但即使他的观点中有一些是值得认可的，也存在另一些令人怀疑的。[166]不止如此，对于本·拉登家族中其个成员的断言（摩尔不能百分百确定他是否直接参与了凯雷投资集团（Carlyle investment group）在袭击前的会议，[167]相对于强调包括老布什在内的其他参与此次会议的人，涉及本·拉登家族时，他的言语显得较为谨慎）忽视了一个事实，那就是本·拉登和他的家族多年前早已断绝关系，家族成员也许和布什家族一样对他的行为是轻视的。导演将一些与家族关系相关的信息放置在一起，得出一个他们可能想要保护本·拉登的结论，明显是一种误导。此外，他还采用了中级安全官员的以常规调查程序对本·拉登家族进行问询的建议，但这无疑是一种在常规情况下的理想化判断，而实际情况却完全不一样。考虑到他们与美国头号敌人之间的关系，根据判断，美国中情局（CIA）会对本·拉登家族展开调查，尽可能找到所有关于这匹家族的害群之马的情况。因此，常规的警方调查是没有必要的。

影片的关键性画面出现在开头和结尾。小布什作为总统却总是在度假的若干镜头画面以搞笑的方式进行了集中剪辑，以此确定了影片的基调，因此，这种剪辑方式被形容成"廉价的"也不无道理。[168]他明显无法掌握顶层政策的细节（虽然布什显示出一种"和气"的态度，但实际并不总是如此——有的时候影像和现实甚至是冲突的）。影片中一些关键性时刻，比如当恐怖袭击发生时，小布什正在佛罗里达州的一所学校演讲和接受媒体拍照以推行教育政策，这个场景也明显被植入了导演的暗示。

影片中小布什参观校园之前被告知一架飞机撞击了世界贸易中心大楼，怀疑是恐怖分子劫机，镜头里他的反应似乎是不知所措。但另一种具有同等可信度的解读表明这正是总统的魄力所在，他并没有立刻恐慌，而是等待更为详细的汇报，不想要破坏学生们能够见到总统、有总统陪他们读书的经历。值得注意的是，画面中布什在听孩子们读书，在陪伴他们的短暂时光里显得平静和坚强，能够温暖亲善地参与孩子们对问题的讨论。[169]难以想象在这个特殊时刻小布什还能做些别的什么。如果他选择立刻离开，那么会给周围的人发出负面信号，尤其是事件还在等待最终确认的时候。直到他回到车上得到了官方确认第二架飞机又实施了撞击，此时这才正式确定美国进入对抗恐怖袭击的战备状态。尽管布什也有一些不足之处，但他仍然能够在离开之前以庄严的态度对待孩子们，同时对及媒体解释现实状况时表现出耐心和尊重。

摩尔这种全面撒网和剪贴簿拼贴式的制作方式是在每个情节点上尽可能多的让强烈视觉效果的素材之间产生关联性，他将原始视频片段和大量从其他途径"找到"的影片以有效的剪辑手法交织在一起，[170]其中涉及的素材包括老旧的电视标题、军队征兵的影片以及布什和其他政客在正式出场之前的预录影片等。摩尔对这些素材的使用方式是"令人眼花缭乱的叠加"（bewildering accumulation）并以此制造出他这部影片中鲜活的影像呈现，[171]他倾向于一种"大力度剪辑的胜利"

（triumph of sledgehammer editing）。[172]

影片开场导演对小布什参与选举以及等待佛罗里达州选举结果等事件的表现是流畅和优雅的。但是在他处理"9·11"事件时却果敢最强视觉震撼力的影像表现方式。在影片中，摩尔选择黑屏来加强观众对飞机撞击双塔影像的关注，声音从嘈杂的、包括飞机声和爆炸声以及警笛声在内的背景音慢慢变成非常清晰和明确的讲述。黑屏淡入浮现出以俯视角度表现大街上一个女人大喊"上帝！请拯救他们的灵魂"的画面！这些声音似乎都是来自"9·11"事件现场的声音，但实际上也有可能出自配音专家之手（当然，事件发生后，视频素材几乎使用殆尽，观众对相关画面已经非常熟悉，所以这种天才的想法可能是导演无法得到可用素材的无奈之举，因为缺乏资金支持或者素材确实难以得到，素材的稀缺从内德兄弟拍摄第一架飞机撞击大楼的案例中就能看出）。使用声音让观众不得不把注意力集中到黑屏上，这正是影像价值的最好证明。在这里，纪实影像的缺位服务于对其重要性的关注。

尽管有很多不足之处，但是《华氏9·11》作为一部纪录电影和一个具有争议性的舆论话题都是成功的，除了导演的技巧、咄咄逼人的风格和大胆的手法之外，影片出于偶然地表现了一位母亲个人转变的故事，也是其成功的重要原因之一。莱拉·利普科斯姆（Lila Lipscomb）从一个战争支持者颠覆性地转变为一个因为战争失去了儿子的母亲，她的儿子迈克尔·佩德森（Michael Pederson）在伊拉克的卡巴拉丧生。这是影片视觉和情感的关键点。

影片中她刚出场时的身份是美国密歇根州弗林特市（她和导演共同的家乡）征兵部门的行政助理。之后的桥段介绍是美军在伊拉克驻军人数的大量不足以及征兵数量的减少，画面上利普科斯姆讲解着军队生活的优点，以及参军带给贫困率、失业率均居高位的弗林特市的好处；她的家庭成员有从军经历，父亲和一儿一女都是军人，因此她认为自己比一般美国人和"保守的民主党人"（'conservative Democrat'）更加爱国。摩尔有意识地使用"美国最贫穷的地区却提供给军队最多征兵和支持"这一事实进行讽刺，认为这些穷人是为在伊拉克这个"错误地址"发动的、源于小布什政府支持富人和富人利益的战争付出代价。利普科斯姆一开始从社会意义和经济意义的角度为军队摇旗呐喊，她坚决支持军队在像她家乡一样的贫穷地区征兵，支持美国对伊拉克的行动。她的女儿1991年在伊拉克当兵，她的儿子之后又当兵12年之多。

但是，人生无法预知，当她得知失去了最宝贵的儿子后，利普科斯姆经历了一次彻底的转变，内心挣扎，几乎没有人能够联系到她。这是任何一个人都无法避免的情感反应，更何况是为人父母。摩尔得感恩利普科斯姆愿意向他吐露内心的痛苦，甚至同意让他拍摄。如果没有这一部分，影片将失去很多震撼力。影片记录下她在保卫森严的白宫外围逗留，想要得知政府对她儿子以及和她儿子一样在战争中牺牲的孩子们的决定。她还和反战抗议的积极分子们交谈，当抗议者被指控"制造"事件时，她以质疑对方自己儿子的死是不是也是制造出来的为他们辩护。这是一个激动人心的时刻，以此宣告她从一个征兵的支持者转变成一位经历过伤心的母亲，并且努力帮助其他母亲的孩子不会遭遇和她儿子相同的结果。之后，利普科斯姆崩溃，大哭，表达着只有母亲才能体会的痛苦，撕心裂肺地大喊她"需要"她的儿子。摩尔影片的震撼力来自利普科斯姆痛苦经历中的人性关注和情感表达，特别精彩的是导演能够捕捉下她丧子前的画面，通过"前后对比"来营造动态影像强烈的视觉效果，让"动态"（moving）二字具有了双重意味。

"真实的战争电影"和嵌入式报道特别节目

虽然说《9/11》这一类型的影片在本质和真实性上与大量主观介入的说教式的《华氏9·11》形成对比，但它们仍然需要将素材进行结构并形成视觉上的戏剧性和个人情感经历的高潮。与之相比，有另一种表现真实性的方法，以此方法制作的影片叫作"真实性电影"（cinema-verite）或者（可以理解成）现实主义的影片，虽然无法完全地规避对合乎规格的叙事结构的要求，但可以尽量减少人为因素，从而创造一种"真实"战争片的形式，它不使用过多的技巧和手法，尽量不依赖于用传统的（解说词）叙事来强化超越现实的戏剧性。该方法在道奇·比林斯利的影片《维珍士兵》（*Virgin Soldiers*）中得以运用，这将在本章的最后一部分进行讨论。导演在2003年美国主导的伊拉克战争中作为"嵌入式记者"进行该片的拍摄。这部影片和其他一些按季播出的电视节目以及DVD集一起形成一大批的"特别报道"影片，他们都是在主要军事行动结束后出现，是军方安排嵌入后的应急成果。所谓"嵌入"（embed），是指正式入编，数百名记者被编入作战单位，军方允许他们随意进行拍摄。比林斯利并不是唯一一个单纯想拍摄一部纪实电影的人，比如之后我们会讨论到的BBC系列纪录片《作战》（*Fighting the War*）也有着一样的目的，但最终影片的风格却各有不同。

虽然战地记者在过去也曾经随军报道，而且"嵌入"（embedding）概念也不是首次提出，但在2003年的伊拉克，对美国主导的联合军队的"嵌入"确实是一种全新的和独特的方法。尤其是，基于电视新闻的重要性，美军在伊拉克的军事行动需要一种大规模的信息控制。广泛的嵌入式报道解决了这一问题，军队提供出600多个席位给记者和摄像师进入不同的作战单元，随军并在任何他们去到的地方进行"前线"报道。这种安排表面上显示出吸引力：新闻和传播媒体的代表得到完全的入径，可以和他们被分配到的作战单元中的任何一名成员交谈，士兵们也得到指示可以自由交谈。唯一的限制是任何情况下都不能透露具体的地理位置或者作战行动。相对于"非嵌入式"的报道，这种被安排进行的报道缺点在于：如果在战区中的任何未经认可和确认的位置或者通过未经确认的操作员向外界传输电子信号都将被视为敌对行为。从操作层面来说，这是一种合理的预防措施，因为在战争的迷雾中，出于警惕，有可能在未经确认传输者身份和传输内容之前就采取行动了。但是，这也成为一种威胁，意在确保所有新闻媒体的报道都是受控的——或者至少，未经许可的媒体行为会不安全。

因而嵌入式报道的问题是不可避免的。先不用说官方的——也就是政府与军队——对于媒体角色和责任感的看法上的矛盾，在其他方面也存在着对峙。在一些情况下，被嵌入是对新闻职业道德的一种考验。因为有必要遵守约定，所以需要同时考虑伊拉克方面的控制和限制（虽然，在这次战争中，伊拉克方面明白更多的报道对他们有利，因为能更有效地实施他们的战略）。一方面要谨守新闻职业道德和新闻自由，另一方面又得到来自五角大楼的警告：任何记者未经允许使用卫星通信都要审慎，因为任何未经确认的卫星传输（得到确认必须是由官方批准以嵌入的方式进行）都会被视为敌对行为，可能会遭到联合部队的攻击。

这意味着虽然嵌入式报道不会屈从于审查制度和正式控制，但实际上，记者发现他们能够报道的只不过是从战场中某的一个部分获得的来自"一个信箱"的印象（a letter-box impression）。[173]所有报道不过是碎片化的报道。即便有的报道可能是公开和全面的，但也仅仅是从一个小的战术层面进行考虑，并不能形成全景式的报道。结果是，军队能够在军事行动和战略层面上形成（对媒体报道）一定程度的控制，因为媒体所谓的开放报道要么缺乏角度要么过于依赖在多哈的媒体控制中心的简报，因此，媒体想要找到更多报道的角度便只能依赖于在和军队的密切联系。之后，远离战场的新闻编辑或制片人对素材进行选择和补充（根据角度），将嵌入式采访得到的各方面素材组织在一起形成一幅更广阔的图景。可能造成的不足之处是，因为现代战争注重战略战术层面的特征，以及战争影像和信息的重要性，如果其中一个信箱中的内容出错，有可能造成对整体的影响（而不只是局限在某一细部）。然而这种情况涉及多方面因素，包括影像本身，包括新闻制作者和各类观众的诉求，同时作为平衡，也包括军队支持的（报道）安排，正如下文所讨论的内容，其中确实有一些失真的情况存在。

嵌入式安排的总体效果是让新闻媒体觉得这是军队实施的一种策略，媒体对真正能够制作播出的内容是不满意的。除此之外，嵌入式报道应该建立在记者明确知晓或理解自己身处何处、战事如何的基础上，而不是仅仅被告知非常接近某个军事行动，"信箱"视角的挫败感便来源于此。还有一些挫败感来源于在一些情况下，嵌入式报道远远不及深入伊拉克的报道，于是造成了记着个人的不满，就像在下文中对于影片《作战》进行的讨论一样。个人的不满情绪扩大到机构层面。嵌入式安排是那些能够进入嵌入系统的媒体的一个重要承诺，因此涉及人力和技术资源的花费。嵌入式报道是寻求入口的（媒体）不敢冒险拒绝的提议，但同时，也是难以忍受的。

嵌入式报道大量的资金投入意味着需要尽可能多地采集到用于播放的素材。媒体的共识是没有人敢冒着错失关键性故事——重大突发性新闻的风险。屏幕上突发性新闻的标识也许换成"突发性传闻"或"突发性新闻——不用相信，因为很快就会改变"抑或是"突发性新闻——早晚都会发生"更为合适。获得突发性新闻的渴望、不错失任何新闻事实的需求以及大量人力物力投入的合理化都意味着报道需要以一个"突发性新闻"做结，虽然此头条也许很快便需要修正。这对于英美当局来说是不幸的，因为如果新闻报道只能按照联合部队对外宣称的内容来组织，那么便意味着制片人需要牺牲新闻的耸动性。实际上，联合部队发布过警告。"巴士拉可能正在发生某种动乱"的公告变成了一则关于"巴士拉发生暴动"的新闻报道。报道称巴士拉以外的英国部队确认城内发生暴乱即将入城。但实际情况却并不尽然，英军因为无法确定巴士拉城内动乱的具体位置所以谨慎地在城外等待（他们等待了一段时间，直到时机成熟方才进城）。相似的情况还有"军队正在确保乌姆盖斯尔安全"的公告变成了"乌姆盖斯尔在联合部队控制之下"的报道。类似这样的案例引发了大众对于联合部队和政府的批评甚至是嘲笑，报道中某港口被损毁了5次，某暴乱发生了9次。屏幕下方的滚动字幕报道则有更多的传闻被当作"事实"。新闻报道了许多内容，但几乎没有意义。

讽刺的是，对英国在伊拉克南部军事行动最出色的报道来自英国BBC《全景》（*Panarama*）栏目的"非嵌入式"时事报道小组。简·科尔宾（Jane Corbin）的《全景》栏目专题影片《巴士拉之战》（*The Battle for Basra*）形成了持续的影响力，有研究表明三年以后这部影片仍然影响着一些士兵。影片让摄像机的在场形成了一种思考和情感表达而不仅仅是表现困难的战役行动决定。[174]科尔宾的报道从表现英国部队在巴士拉夜里的安全巡逻开始。接近结尾处，影片又回到夜景，就像是开头的引入和最后的结论。结尾处回到开头时同样的场景和景象形成一种平衡式的电影表现。这是一种传统的电影结构，是为了告诉观众故事即将讲完。科尔宾将这种回归演绎成了一段尾声。总体来看，影片的力量有赖于对一个事件的表现：美军与英国地面部队合作的一场空袭。

科尔宾的影片在表现英国部队方面非常出色，同样出色的是对一个家庭所经历恐惧的描写，成为打击目标的复兴党中心（Ba'ath party centre）大楼就在这个家庭房子的旁边，这是伊拉克最为臭名昭著的萨达姆政权的标志。据可靠消息报道，当袭击发生时，被称为"化学阿里"的阿里·哈桑·马吉德（Ali al Majid）和他的复兴党亲信们就在这栋大楼中。此次锁定目标的空中打击让隔壁家庭的三代一共十口人死于非命。虽然复兴党的许多头脑被炸死，但化学阿里却很有可能负伤逃脱——显然他没有在此次打击中死去，因为后来他因种族灭绝罪被捕，和萨达姆·侯赛因一起接受审判。[175]科尔宾的观点是打击发生时，化学阿里也许根本不在那儿。她就此事件和（陆军）准将格雷厄姆·宾斯（Brigadier Graham Binns）进行核实。宾斯很稳妥地处理了这一问题——不便多说。但是，他承认每天仍然收到至少五条关于阿里所在地点的报道，所以他不能排除阿里成功逃脱的可能性，但是相邻的那整个家庭却尽毁无疑。科尔宾的报道很好地兼顾到两方的立场，她表达了对这个家庭的同情，但也没有因此用简单粗暴的、对抗性的方式去挑战宾斯。

科尔宾的影片是在伊拉克战争的主要军事行动结束后出现的大批特别报道中的一个，但不同的是，她和她的团队都没有被"嵌入"。有原因可以解释出现如此之多的嵌入式"特别报道"。上文提及的嵌入式报道的花费是一个非常尖锐的问题，因为主要军事行动结束得相对比较快，其间在嵌入系统里并没有出现重大的或者显著性事件。这导致各路媒体着急制造出不同类型的"特别报道"，目的是让（巨大的）投入有所产出。这些"特别报道"大多是将（记者的）报道和战争经历汇编而成的个人故事转化成时事和纪录片的形式。除此之外，少数一些嵌入式媒体制做出了更长篇幅的纪实电影，就像一些非嵌入式的团队一样。为了能够满足新闻业对新闻持续不断的需求，实际上，媒体在寻找新闻的过程中制造了一系列的"突发性传闻"，这一策略能够让非虚构类的纪录片和时事报道获得巨大的价值。

在英国，BBC资深的新闻记者本·布朗（Ben Brown）率先制作出首个"特别报道"叙述他所在的军队作战单元的战争经历，伊拉克的主要军事行动结束后随即在英国国内最重要的频道BBC1播出。这意味着在行动结束之前，这部快手影片已经准备好了，有意想成为行业第一。制作者有着明显的意图，因为以常规的电视形式而言，这部影片的素材显得相对薄弱，因此如果要制造影响力，就必须以新颖取胜，在同类作品出现之前占得先机。大量出现的"特别报道"包括由美国一些主要的新闻机构基于（嵌入式报道的）承诺制作的DVD合辑，因为他们没能深入报道主要的战斗行动，所以只能让这些作品成为（巨大花费下的）必需的产出。美国有线新闻网CNN2003年推出的影片《CNN出品——伊拉克战争——通向巴格达》（*CNN Presents—War in Iraq—The Road to Baghdad*）形式上借鉴了《CNN致敬——美国会记住——"9·11"事件》（2002年纪念版）（*CNN Tribute—America Remembers—The Events of September 11th*）和美国广播公司ABC2004年推出的由彼得·詹宁斯（Peter Jennings）带队制作的影片《ABC伊拉克战争呈现——来自前线的故事》（*ABC Presents War with Iraq—Stories from the Front*）中均包含了新闻制作者的经历、他们拍摄的视频片段和正片（展示了报道者所经历的和以动态影像表现的战争）。这些是拍摄新闻制作者们自己和自身经历的画面，也包括作为嵌入式报道的记者如何根据自己的价值判断形成令人关注的新闻素材，以及他们的工作流程。但是，从很多方面来看，这些特别报道几乎都没有给予观众对军事行动或者行动背景的洞察。

相较于用大量金钱花费换来的"新闻-转-纪录片",集中力量制作时事和纪录片的制作人们最终交出了一些更为有趣的"动态影像作品"(moving image output)。有两个值得一提的有趣案例,一个是BBC的系列纪录片《作战》(*Fighting the War*),由尼尔·亨特(Neil Hunt)任导演、西蒙·福特(Simon Ford)任执行制片人。另一个是战争电影与研究中心制作的影片《维珍士兵》,由道奇·比林斯利撰稿、制作和执导,影片原来是为英国第四频道(Channel 4)的一个名为《真实战争电影》的季播节目制作,该节目是在市面上有售的。这两部作品都是在伊拉克战争的作战部队的"内部"进行拍摄,前者表现的是英国部队,后者是美国海军。虽然这部描写英国部队的影片《作战》本身是很有吸引力的,但是因为记者被划分到英国军事行动不同作战区域的不同作战单元,所以嵌入式媒体代表在影片中的不断出现几乎和影片的内容同样吸引人。相比而言,《维珍士兵》完全将重点放在表现军队和他们的战争经历上。它对于部队的真实再现和完整还原表现在对于战争迷雾与摩擦的描写上,也表现在(士兵们的)等待和无聊状态的记录中,这是一种勇敢而独特的制作方式,使其成为对战争影片的传统本质的一种解说,无论是虚构类还是纪实类影片。

《作战》通过表现军队战争区域的部署和"所谓意志的联合(coaliton of willing)"以及军事行动本身对伊拉克战争进行宣传。它的成片得益于两方面要素,一是战争拍摄的独特入径,通过嵌入式拍摄得到通讯社无法获得的一些"围栅式"的独家视频画面,因此能够对外声称拥有"未经曝光"的影像。[176]二是和位于诺斯伍德的英国常设联合总部(Permanent Joint Headquarters)(简称PJHQ)以及和伦敦的国防部(Ministry of Defence)之间的联系,使其在描绘对伊拉克的军事行动时能够调动所有指挥控制层面的内容。这显然提供了更多的切入点,甚至有时能够在影片中看到英国国防大臣杰弗里·胡恩(Geoffrey Hoon)呈现不满态度的影像。但是,影片中的主要素材仍然来自制作团队在英国海军和其他部门里的嵌入式拍摄,这些也是关注点所在。

影片的第三部分记录了那些想离开巴士拉的伊拉克平民过检查站和过桥的场景,其中对于反映战争经历的混乱和现场气氛的表现是非常出色的。但整部影片中最为出彩的部分是对"友军误袭"(blue-on-blue)事件的表现。这一名称由BBC嵌入式报道团队提出,用以形容来自友军的乌龙袭击,通常这种事件都会淡化处理或者掩盖事实，因此来访拍摄遭遇到了英国军队的冷面回应，但有一点可以确定的是事件的官方版本受到来自影片制作者记录事实的挑战。影片在之前的部分就已经表现过友军误袭的事件（2003年的伊拉克战争中，被友军误袭致死的英国士兵人数比被敌军袭击致死的更多），有一幕场景是英国常设联合总部（PJHQ）的一名官员正在听取关于友军误袭事件的汇报，之后评论道："一连三天晚上发生这样的事情是无益的。"解说词讲述了伊拉克战地的作战单元被要求禁止拍摄，因为第九分队的两名士兵不会再回来了，他们在美军的空战中丧生。连带的要求还有在确认所有信息、去伪存真以及与相关士兵家属取得联系之前，任何内容不能公开发表——但是，对于电视媒体，即便没有拍摄，传闻仍然没有停止流通，值得注意的是电视新闻和其他媒体新闻已经报道对于事件的推测，对失去亲人的士兵家属产生了一些压力。

影片最重要的时刻是制作者们亲自确认了是此次友军误袭事件，他们通过自己拍摄的影像以及和事件中丧生的克里斯·麦迪逊（Chris Madison）的同僚确认事实，英国皇家海军陆战队第九分队的队员麦迪逊是被来自另一个英国作战单元的导弹击中身亡的。麦迪逊的同僚们显然对他遭遇敌军袭击的记录存疑。影片用很巧妙的方法表现了这一事件，一方面表达了对军队的慰问，另一方面用影像有效地质疑了来自英国国防部（Ministry of Defence, MOD）和特殊调查部门（Sepcial Investigations Branch, SIB）的官方版本。纪录片第四部分的结尾处提出了质疑，影片首轮播出后英国国防部同意配合法医的调查，并最终推翻了官方版本。最初的调查结论是驻扎在三角洲地带ANNA检查站的英国军队不可能发射"米兰"（MILAN）火箭，因为"米兰"的射程是两公里，而据幸存下来的麦德逊的同伴说，他们的船被击中时距离检查站有2.8公里。而影片《作战》中讲到SIB并没有将所有证据考虑在内。影片本身便是一个重要证据，画面记录下的场景是分队队员凯文·琼斯（Kevin Jones）被拉上河岸，三个小土屋的背景清晰可见。目击者和那些对当地地形熟悉的人都可以判断出这个位置距离ANNA检查站只有1.6公里，因此在"米兰"的射程之内。琼斯和小屋的影像标示出河段的具体位置，明确了英国"米兰"火箭对此事件负责的可能性。再配合第九分队所在河段的视觉记录和一张清晰表明位置的三角洲地带的地图以及一些补充图片，以土屋为背景的琼斯被拉上河岸的影像成了重新开启对麦迪逊之死的调查的关键性因素，并最终将原始结论推翻。

《作战》除了取得以表现麦迪逊之死事件为代表的严肃的政治成就之外，也许在不经意之间，也触及到了新闻嵌入式报道这一主题自身。影片的第二部分有一幅场景，英国第四频道新闻部的艾利克斯·汤姆森（Alex Thomson）和其他记者坐在一起，抱怨着在挺进伊拉克的过程中，"嵌入"这一报道形式总让记者与先头分队有一些距离。他和他的同事本·布朗（Ben Brown）想要进入伊拉克境内，却不得不和护卫队待在一起。如果他们能独立行动，说不定已经试着往伊拉克走了。但是在这种安排之下，如果没有得到允许，他们是不能这么做的。[177]汤姆森的抱怨表达了一种（被嵌入的媒体）对总体安排上的不满。比如说，官方承诺（媒体）一次前往乌姆盖斯尔港的直升机飞行却食言。最终，这次飞行在第三天才得以成行，但也是当天很晚的时候，经过两小时的往返飞行最后回到科威特的基地，这次飞行反而让战地记者离前线更远。在影片的第三部分可以看到，用于急救品运输的飞机终于抵达乌姆盖斯尔港。正如专栏作家史蒂夫·考克斯（Steve Cox）所说，这件事情从本质上来看是为媒体设计的一次"宣传"。考克斯带着一个女助理上飞机，他形容军方对待他们像"赶猫"一样，态度很轻蔑。相似的回应比如本·布朗语带傲慢地拒绝把这种行为称为"帮助"，轻蔑地说"这些事都不是我感兴趣的"。这是记者们对嵌入环境明显不满的另一个例子。影片中，在对待嵌入式报道的态度上，几乎没有人对军方表示理解；即便有也只有有限的一些。

《作战》是一部追求刻画英国军队在伊拉克战争的准备阶段和行动阶段真实经历的成熟作品。它的形式、风格和精神都是完全遵循战争电影的传统表现手法的。影片尝试以剧情片的方式来结构，围绕个人故事和经历，追求新奇性和戏剧性（有时会不太自然），创意性地结构和组织影像来吸引观众。当然，从某个角度说，道奇·比林斯利的《维珍士兵》也是一样的，因为任何动态影像的表现形式都依赖于图像——没有影片能离开它们。而且每一部影片在某种程度上都是想要获得一些类型的观众的——这意味着需要吸引人，尤其是那些用于商业目的或者被推荐到市场上在剧院或者电视屏幕上面对大众的影片。但《维珍士兵》确实是一部与众不同的影片，从美国亚利桑那州的29棕榈（29 Palms）镇的军事基地到巴格达的街区，它着意追求将年轻的美国海军士兵的经历进行真实记录。虽然影片中也有一些有戏剧效果的时刻，但是至少已经尝试过写实处理。

《维珍士兵》原本是英国第四频道一部外包制作的影片，用于在季播节目"真实战争电影"中播出。当季节目的最后一集由第四频道新闻主持人乔恩·斯诺（Jon Snow）出品，影片采用影像表现"真实战争"的拼贴的方法展现战争的结果，表现死亡与破坏、鲜血与烧毁。但从属于同一栏目的《维珍士兵》本质上却是一部来自"左翼自由主义"（liberal-left）的传统影片，支持"反战"观点（选择自由，任何人可以持有"支持战争"的观点）。该片沿袭自第一次世界大战以来形成的对战争既定的"伤亡"与"徒劳"印象的影像，以及各类对战争的诠释，比如一战时期诗人威尔弗雷德·欧文（Wilfred Owen）、鲁伯特·布鲁克（Rupert Brooke）和齐格菲·沙逊（Siegfried Sassoon）的作品以及具象化的作品如《仙乐军魂》（*Oh! What a Lovely War*）和《黑爵士上战场》（*Blackadder Goes Forth*）。[178]任何人都没有资格忘记战争带来的损失。但是比林斯利影片呈现的方式却如此不同，它大胆地避开或者弱化"战争电影"的传统，避免任何的多愁善感，将"战争"呈现出无聊和缺乏戏剧性的一面，间或出现紧张、恐惧的时刻，但更多的时间是困惑与沮丧。

比林斯利此前曾以其他作品获得过罗利·佩克奖（Rory Peck Award），影片《维珍士兵》以全新的表现视角让导演又一次获得提名，这部影片在很多方面都做到了影像该做的：展示。影片展示了美国海军第7团3营印度连1排2小队作为美军的前线部队被派往伊拉克。士兵们的年龄在19岁到23岁之间，伊拉克战争是他们真正意义上的第一次驻外作战。比林斯利之前和海军士兵们建立了良好的关系，也曾有与其他作战单元合作的经历，比如与美军101空降师以及澳大利亚特种任务中队（SAS）的合作等，他在1排被派驻伊拉克之前，已经与其共事两个多月。他拍摄下军队部署前的准备工作、部署的过程、在沙漠中的等待以及最终的军事行动。比林斯利的经历几乎与海军士兵们完全一致——包括军队的动力来源"战壕"里的笑话，包括挫败感和无聊的等待，还包括定期的体能训练以及长官发明的坦克练习，有时这些训练甚至就是为了打发无聊的时间。影片和第二章中讨论过的萨姆·门德斯导演以现实为依据的影片《锅盖头》有异曲同工之妙。[179]讽刺的是，影片发行的DVD和战争电影与研究中心网站上的宣传都把影片描述成一部记录下异常激动人心的部队作战经历、包括他们"偶尔单调的每日生活"的影片，这种宣传法听起来似乎更加传统一些。而事实上，正如这部分所讨论的，士兵们的经历和影片都与这种描述恰恰相反。

影片对2小队、一起生活和工作的这11个人的关注形成了战争电影的框架（他们讨论战争的目的和军事行动涉及的政治因素，形成不同的立场或观点，就像第二章中讨论的影片《黑鹰降落》当中的美国游骑兵部队一样），同时也进行了一些不同人物形象的塑造，虽然只是简单的画面表现并未补充任何的个人背景。影片最后表现了队伍向（战区）前进的"伟大"时刻，尽管（观众知道）永远不可能出现严重交火——因此剧情片中的戏剧性高潮也不可能出现在这里。在大卫·罗塞尔的《夺金三王》和门德斯的《锅盖头》这两部虚构的影片中表现的（士兵们）缺乏行动的挫败感在这里都出现了，士兵们的经历被完全剪辑进了最终的版本，只是少了战争电影中常态的爆炸声。在合理的前提下，影片尽可能简单地去展示，没有采用解说词，只是以屏幕字幕的方式提供了很少的基本信息（比如，人名，相关的时间地点）。在此情况下，影片对士兵们的经历的展示几乎未经雕琢。

从某种意义上来说，《维珍士兵》是一部没有任何事情发生的影片。小分队的成员们在沙漠里做体能训练、围坐着相互讨论看法、练习阿拉伯语、玩纸牌、开玩笑和等待，仅此而已。面对镜头的个人采访关注士兵们的脆弱之处、害怕的事和关心的事。其中一个名叫贝拉斯克斯（Velasquez）的士兵谈到他们可能不得不做的事，说他从来不敢想自己将会杀人，质疑为什么夺走一条"上帝给予"的性命是对的，很明显他非常困扰，在他的想法里他可能会违背上帝的指示。但现实是当战争开始，敌人可能也会杀掉他们，一旦涉及杀害或被杀，双方都没有任何选择。贝拉斯克斯还在想当这一天真的到来自己到底会不会扣动扳机。对人物这类简单的刻画并不是故作姿态，贝拉斯克斯不是，导演也不是。当人们意识到这（战争行为）是对上帝的不敬或者想到上帝的话语，都是触及灵魂的。贝拉斯克斯的想法之后得到了（另一个士兵）哈特曼（Hartmann）的再一次确认，他们认为对战方的想法也一样，都是"和我们一样的人"，执行命令去杀戮时都是在"做着肮脏的事"。

随着战争的打响，沙漠中等待的结束，影片中的"非事件"（non-events）从al-Zubyr的一家军用商店开始。战争的重要特征——困惑与"迷雾"在这里被凸显，这家商店空无一人，正如一个士兵所说，这意味着他们只是"围着（商店）转了10圈却毫无意义"。即便能抓到一个没有防备的并非目标的人也是"有点压力"的，没有远不像（想象中）那么容易因为不知道他们的实际去向（连偶然碰到人都很少）。2小队和他们的同伴是幸运的，就像贝拉斯克斯说的，他们只是感受到可能会死亡的恐慌，但实际上都没有遭遇死亡。随着影片和军队行动的进一步发展，战争的压力愈发明显，即便如此直到最后他们才真正碰到一些不太重要的敌人。在同伴中以嗜睡著称的穆尼斯（Muniz），总抱怨自己"睡不好"，只是"打个小盹"，并不是"真在睡"。当然，穆尼斯并不孤独，因为在影片之后的字幕信息中看到，小分队的成员在军事行动展开后的16天里平均每天只有3小时的睡眠时间。

类似的情况还出现在海军部队做好攻击准备之后：巴格达东部15公里以外据说有塞勒曼帕克（Salman Pak）的军事设施，但实际上已被遗弃并没有敌人出现，而在巴格达的阿拉伯突击队总部（Fedayeen Headaueters）他们开始遭遇到一点反抗，但在战争迷雾出现后，军队和摄像机就再也找不到敌人的踪影，只有他们自己的部队参差不齐的列队，奔跑，在枪声和其他噪声的背景下东躲西藏。当然，如果摄像机捕捉不到敌人，观众也无法看到——这和剧情片形成强烈对比，因为在剧情片中常常有敌人的特写镜头，[180]更不用说海军士兵们的特写镜头了，但在纪录片只能从侧面或者后面拍摄他们。部队隐藏起来，空气中浓烟滚滚，什么都看不清，美学意义的战场已经不复存在（除了也许摄像还在拍摄）。当海军士兵们控制了这座人去楼空的阿拉伯突击队总部，那里已经没有抵抗，被认为藏在墙后的大批阿拉伯突击队员早在看到M1–A1坦克的时候就已经逃走了。在经历过这一局势紧张的事情之后，小分队又在伊拉克待了四个半月，期间被布置了一项安全任务，负责一条十字街道受狙击手的攻击，但这种无明确对象的任务是没有（战争）感觉的。

影片中所有的一切都是对战争现实的还原，即便影片在宣传时出现了与现实不符的情况，比如宣传语提到这些行动对于"解放伊拉克起到了关键性作用"，再比如夸大了"行动"在影片中的比重，但无疑这些都是为了更好的市场宣传（对于探索发现频道播出的关于武装力量、武器和战争的纪录片，观众会期望一小时内出现60次爆炸）。[181]如果现实真是如此，那么影片《维珍士兵》中的视频片段确实是"非常珍贵"，但实际上并没有什么镜头表现"与伊拉克机械化步兵32旅激烈交战以及摧毁阿拉伯突击队总部"。宣传语中"《维珍士兵》讲述了海军士兵的真实故事"（必须承认这也是出于市场的目的）是准确的。但是"以战斗的方式通向巴格达的心脏"这句话，考虑到确实在阿拉伯突击队总部遭遇到一些抵抗，所以技术层面是真实的，但总体上看还是不符合影片的实际。使用这样的宣传法一是因为它需要对实际的作战情况进行一些夸张，二是因为它不理解这部影片真正的可贵之处在于采用了和传统战争影片——无论是剧情片还是纪录片——完全对立的表现方式。影片通过对海军士兵、对战争的真实特征、甚至是对最前线部队的完全写实的表现创造了这种对立。

尽管战争中也会发生激烈的交火和极度紧张的对峙，但迪亚斯（Diaz）对战争的真实特征做出总结，将他们的实际经历（也有许多其他人的经历）和电影之间的联系进行了讽刺性的评论，在这段采访中他几乎抬头看着天，眼睛完全不看镜头：

> 好莱坞真的很喜欢跟我们捣乱。因为如果你想到"战争"，你就会想到约翰·兰博（John Rambo）的奔跑，施瓦辛格（Schwarzenegger）的屠杀，你知道影片中是这么表现的……他们应该把战争电影拍成6小时那么长，其中大概有15分钟的战斗场景，而其他时间就是坐着，扔扔石头（这时他自己扔了一块石头到地上）。这才是战争。

这才是他们是真实的战争经历，但是这并不是迪亚斯想要的；他之后半开玩笑地描述了一种更加好莱坞风格的"妄想故事"，他说会和他的朋友和子孙们讲"那场伟大的美伊战争"的故事，其中会融入兰博风格，说他曾经抓起武装车上的机关枪"用臀部开火"，还会加入其他传奇故事。和迪亚斯这种逗能式的表述不同，穆尼斯在塞勒曼帕克的军事行动之后对战争经历进行了更加真实的总结，他说是之前空袭的功劳："我很开心。他们（指空军）做了我该做的。"同样的观点也出现在影片最后对汤普森（Thompson）的采访中，他说感觉自己并没做什么，但他很开心，"敌人不想面对我们"。从这层意义上来说，战争中最棒的经历就是毫发无伤地活下来。这段表达不带有感情色彩，只是真实记录下海军士兵和他们的故事，但是如果从传统意义的叙事来说，这里缺乏故事，只有记录。但这里确实有（战争的）经历，有影像，用于完成一个新奇但更加真实的对作战部队实际工作的诠释。

正如本章内容所述，不同类型和风格的纪实电影，无论是时事还是纪录片，无论表现的是哪场当代战争，都有着和剧情片共同的特点。[182]它们由影像驱动叙事，与人的经历相融合，形成诠释的核心动力。两部讲述南斯拉夫战争的系列纪录片，都将亲历者的采访形成影像，通过一个又一个主要人物的自述来结构故事，其重要性是显而易见的。另外，罕见的新奇的影像也很重要，比如那些来自南斯拉夫军情部门的视频资料，不仅对结构影片和讲述事件起到关键作用，同时也帮助观众辨别出影片制作者所使用的将（真实）素材与技术伪造相结合去呈现所谓事件的"本质性"真实的后期制作手段。这说明即便像《南斯拉夫之死》这样具有权威性和文献性的作品，仍然倾向于以一种常规的电影形式进行呈现。将《之死》系列和之后的《米洛舍维奇的倒台》系列进行比较证明了一个事实：当第一集的动力来自它的原始素材时，续集的创作会非常困难。此外，后一部影片证明了另一个事实：影像的可获得性趋势（tendency of availability of images），即影像的视觉效果超过了它们对影片意图展现的历史性或分析性叙事的实际贡献，它们仍然会被采用——比如拖拉机手桥段的加入。当然，以可获得的影像结构影片是媒介的本质决定的。

影像的显著性在后苏联时代对车臣战争的表现中也是明确的。比如影片《车臣挽歌》中苏维埃帝国主义政治宣传的视频档案被半娱乐半背景资料式地使用，再比如莫斯科当局通过禁止车臣的影像表现彻底解决冲突的尝试以及那些冒险潜入封闭区域进行报道的人们，也都在这部影片中得到展现。《车臣挽歌》中对佩罗哈斯科娃拍摄和传播战争影像经历的表现和讨论，以及她最终顿悟以拒绝拍摄和制作影片的方式去承担个人责任，不仅展示了影像的力量，也表明了捕捉影像的过程存在着重要的道德意义。它揭示了在"影像即所有"（image is all）的世界，或至少看上去如此的世界里，当沉浸在一个依赖于视觉的任务和媒介中，影像有着不为人知的超越人类现实的意义。这一重要性同样可以在影片《高加索俘虏》中得到验证，这部影片不仅使用了源于托尔斯泰的比喻来设定基调，同时还通过使用后期制作手段加强影像的影响力从而开发影像和反身性的真实，比如直接表现死亡的人被送回家中的场景和家人痛失亲人的经历等。

影像的重要性还通过行凶者出于政治目的而拍摄下的别斯兰学校里孩子和他们自身的影像来建立，影像成为他们的战争工具。这些影像和影片中震撼人心的镜头前采访，不仅产生了视觉刺激，还展示了令人痛心的经历。影像和经历的融合是为了展现一次灾难性的人质劫持事件，也许其中的部分展示（至少有可能）达到了恐怖分子自己的目的，但也表明所谓的毁灭性并不主要在于经历了爆炸而是在于其无法承受的后果——父母们不得不埋葬自己的孩子。影片选择对事件其他方面的诠释避而不谈，比如一些家长也许应该为暴力的扩大化承担一定责任——即使最根本的责任永远在于劫持孩子的恐怖分子。恐怖分子拍摄他们自己和受害者们的画面中，虽然没有割喉的内容，但他们自行拍照纪念的行为和第二章中讨论的表现这次冲突的剧情片一致。但是，这部真实世界里的"凶杀片"的恶劣性已经超过了早前20世纪90年代车臣分子的行为，标志着伊斯兰教主义者对其影响的出现。在奥萨马·本·拉登及其党羽的影响下，视频日记的使用已经成为他们策略中的必要部分；也就是说，视频日记被作为一种战争武器在他们的支持者和立场不坚定的人当中增强合法性，同时在他们的对手当中破坏合法性、斗志和精神。

在事件"内部"记录影像同样使影片《9/11》产生了它的真实性，影片记录下这次重大恐怖主义行为之中人们经历的恐惧。但这次行为不是由暴力的伊斯兰教主义者而是由基地组织这一恐怖主义的全球领导者实施的。从倒塌的塔楼内部拍摄的惊人影像以及再无他版的首架飞机撞击世贸大楼的视频片段（从某种程度上来说）是符合恐怖分子的意图的，当然——《别斯兰》也是一样：最终，通过视觉方式将事件向全世界展示，这是他们策略的一部分，他们从中获益。但这些事件的可怕，以及内德兄弟真实记录下事件中纽约消防队员们展现的普通人的英雄主义，无疑也加强了美国（对恐怖主义）回应的合法性，无论是当下的还是长期的回应。这与迈克尔·摩尔的《华氏9·11》形成了鲜明的对比。虽然《华氏9·11》从创意性和制作效果上来说是成功的，但是它对美国对"9·11"袭击事件的回应形成了挑战。在所有这些影片中，它是对当代武装冲突合法性的思考最明显和明确的一部，一方面是因为它是有意为之，另一方面也因为它让大量的观众去关注了政治。

摩尔这部"视觉演说"的混乱剪辑理念更多是基于已有影像甚至主要是对于电影的研究，而不是依靠原创的摄像画面，这可能比嵌入式报道对于合法性这一问题产生的影响更大。因为后者是由军队安排以期强化合法性的方法，至少可以降低（媒体）因得到足够的相关报道角度而提出批评性质疑的概率（正如本文所述，战争在战略、行动和战术层面的整体性意味着哪怕一张小小的照片都有可能带来很大的负面影响）。《华氏9·11》在风格和影像方面也与嵌入式报道产出的纪录片有所区别，虽然一些时事和纪录片在有限的范围内也重视合法性问题，比如《全景》栏目的纪录片《巴士拉之战》，再比如影片《作战》和其中关于友军误袭的影像证据等。而摩尔作品大胆和夸张的手法与《作战》是没有可比性的，因为后者采用了传统方法、几乎完全依赖于原创的视频画面。《华氏9·11》和注重真实还原的《维珍士兵》也相去甚远：前者采用的巧妙剪辑技法与后者使用的忠于原貌、皆有据可证的资料形成强烈对比。前者对那些卷入伊拉克战争的人们毫无同情感，而后者则以最普通的呈现方式明确表达出对影片主体的情感。但正如上文所述，这部影片使用了大量以常规电影标准来看无聊的、非戏剧性的画面，以此形成非传统的制作理念和风格，但它仍和其他剧情类或纪实类影片一样依靠某些基础元素：必不可少的是影像，另一个是经历。两者结合呈现出一种"真实"的诠释，在影片的精神上既区别于更加传统的《作战》，又区别于"不真实"的《华氏9·11》。最后，尽管每部影片之间都有区别，反映合法性的方法各有不同，但在所有案例中都是由影像和经历形成诠释的。当论证完这些元素如何驱动剧情片的叙事以及如何决定任何形式的纪实电影（尽管结论是同样的）之后，本书下一步将对电视新闻进行分析，同样再一次去探讨这些元素是如何起决定性作用的，即便其中的媒介形态和当前讨论的这些大不一样。这将是下一章的主题。

第五章　电视新闻

伴随着重要文献资料的浮现，电视新闻和战争之间的关系已引发了令人瞩目的关注。在这样的作品中，焦点主要集中在电视新闻关于武装冲突的报道在何种程度上是准确的，以及无论其准确度如何，它是否构成宣传的一部分或者媒体为了塑造舆论而以这种或那种方式蓄意地操纵信息。[183]然而，这些方法一般都有两个严重的缺陷。第一种考虑是，经常存在于广播新闻背后的政治权力的性质，它对所显示内容的控制能力，以及对观众可能的影响的假设，这些似乎都被假定为同质的和易受简单印象现象影响的，无论其中传递的内容是不经过滤地被吸收，还是被认可则完全取决于观看者。而研究表明，事实并非如此[184]，因为任何人都可能认为（事实）会以一种理性和明智的方式被反映。第二个大的缺陷，在我们看来，是动态影像叙述方式极度重要性在电视新闻中似乎没有得到体现，这可能是因为视觉方面太过明显，或者可能是因为关注政治而模糊了重要性。无论何种解释，正如前面章节已经表明的，媒介的性质意味着人类的经验和想象决定着动态影像的叙事（方式）及时它们的理解。

本章基于对解释、经验和影像的关注，将专注于电视新闻，它是对之前章节有关剧情片和现实移动图像物的进一步阐述。这与在之前章节中有关各形式的探讨和电视新闻，尤其是电视新闻生产、传播和接受的即时性以及潜在的受众规模和影响范围之间有着重要的不同。不管怎样，动态影像叙述的基本元素仍保持着影像的活力，对人类兴趣和感情的渴望及在极大程度上要依赖于对那两个即时性和潜在影响）的解释。然而，有关即时性和潜在影响的问题给电视新闻在当代战争中的作用领域增加了额外的重要性，在现代战争中影像是重要的武器并且由于其存在方式和性质，电视新闻是传递战争信息的主要传播媒介。为了探索这个问题，我们考虑了一系列的案例，按照年代先后的顺序加以排列，这会在本章的后面部分，从影像在南斯拉夫战争中的影响开始进行阐释。我们之后会考虑"9·11"事件的史无前例的影像和该事件潜在的经验以及对它的描述和解释之间的关系，在这个过程中，我们既会关注现场直播也会关注在当天的晚些时候新闻编辑室对已发生事情的报道，既看美国的报道也看英国的报道。对"9·11"事件的处理包括有关CNN和CBS当天的现场报道，那些包含相关报道的DVD。前者认为广播的本质是有关事件的当地报道，包括影像颠覆了语言的时刻，并将其与CNN的实际作用联系起来，CNN在这种情形下扮演了作为世界上大多数新闻提供者的角色。后者则探讨了当事件发生时将对事件的理解和解释与这些强有力的影像匹配起来的困难。CBS新闻在这种情况下起到了重要作用是因为在DVD中呈现了它的现场报道的有效性，这在某种程度上使它成为一个目标，因为有关当天的其他报道不再能轻易得到。但是CBS在章节的后面部分也担任着很重要的角色，接下来的讨论是关于如何华盛顿与阿富汗的交战，因为它是唯一负责全面报道"全球反恐战争"的其处理媒体，或者是伊拉克战争——"英雄陨落"之地，在"纪念"在战争中死去的美国的服役士兵的同时，美国军事人员在阿布·格莱布监狱虐囚的影像被曝光，这一事件比其他任何事件更能证明影像作为武器的至关重要性以及当通过电视新闻呈现时它们的力量，还有影像对合法性提出的具有严重破坏性的挑战和其在当代战争中之所以成功的可能性。

电视中的波斯尼亚[185]

越南战争被认为是第一次"电视战争"。然而，即便这是首次有关电视影响如此显著的记录——这是在电视时代第一次大规模战争影响了一个先进的工业社会——但是这种电视感在此次战争中仍然是非常有限的。虽然，在战争结束时，当天的影像报道成为可能，但是对于战争的大部分时候来说，影像报道需要花费近一周的时间去寻找到它们的路径来返回新闻总部以便报道。而且，这些报道还会被限制和隔离起来。而与此相反的是1990年到1991年间发生的海湾战争则重新定义了什么是第一次电视战争。这是源于CNN和实时电视的出现，一方面可以通过散布在世界范围的卫星进行即时性的影像报道，另一方面报道美国卫星的结构、座舱和热武器头部毁灭的影像。但是，第一次真正意义上的"电视战争"可能是20世纪90年代的南斯拉夫战争。这是第一次电视在战争中随处可见，这预示了随之而来的21世纪现象，就是影像密集的数字时代，这个时代几乎任何人在任何地方都可以用手持设备捕获影像并且这些可以形成视觉画面去描绘战争的一部分，且可为了吸引眼球而塑造战争，这是赢得人心的主要途径。这也是第一次在战争中，图像特别是那些呈现在动态影像环境中的图像成为冲突的重要因素——成为战略的核要求而不仅是一个附带工具。

这个从一开始就很明了，当武装敌对行动开始于1991年6月末的斯洛文尼亚。"南斯拉夫之死"的系列纪录片就描绘了斯洛文尼亚主要武装敌对行动的第一天，在战争伊始，使用一个经过选择的影像，这些影像摘录自当天的电视新闻，尤其是一系列开放的BBC 2晚间新闻，参与谈论者在新闻中表达他们的观点，再以一些主要的采访进行补充。虽然影片自身并不会揭示或描绘战略本身，但是它显示了作为斯洛文尼亚整体战略部分的媒体操纵的重要性。影片做了一个清晰的假设，如果南斯拉夫人民军队指挥官来处理斯洛文尼亚事件便不会有武装冲突。它也描述了在战争中看似是第一个开火的场景（虽然这一点并没有在影片中呈现出来）。这个事件关注的是在1991年6月27日晚的早些时候在斯洛文尼亚首都卢布尔雅那击落的南斯拉夫人民军队的直升机（这架飞机用以运载面包）。然后这个影片显示该事件是如何表现在新闻中并被传播到欧洲各地：消息其中传播的信息是勇敢的小斯洛文尼亚抵抗共产主义塞尔维亚南斯拉夫人民军队来保护自己。然而事实是，在直升机坠落的一瞬间，这一被传播到欧洲各地的成为晚间新闻头条的事件其实与斯洛文尼亚的战略是相一致的。

这是为了在有利的情况下激发武装冲突，然后通过建立在卢布尔雅那的运行良好的媒体管理中心去传递斗争和成功的信息，这个媒体管理中心在斯洛文尼亚等同于纽约的林肯中心或卡内基音乐厅或者等同于伦敦的皇家节日音乐厅。在这里，信息部长杰尔克·卡辛（Jelko Kacin）只需要将部分事实告诉给记者，之后记者会转播这些信息，他们经常会修饰信息或者假定卡辛说了事实上他并没有说过的事情。例如，他只是告诉记者一个被烧毁的南斯拉夫人民军队装甲人员运输车的位置，记者急忙地捕捉有关的影像，使人们相信它已经被斯洛文尼亚的反装甲车的炮火给毁灭了。然而，事实是木船是由斯洛文尼亚国防部队使用坏了之后放在路边的，船员抛弃了它，然后一群孩子烧毁了它。无论如何，这个故事呈现的是有助于斯洛文尼亚战略全部成功的一个部分。

科索沃战争的末期，电视新闻和影像也成为一个问题。流离失所者和难民的形象——这些是种族清洗的牺牲者——在动员人们支持NATO（北大西洋公约组织）空战方面是一个重要的因素，这个空战旨在通过战略层次上武力的运用来阻止塞尔维亚战术层次的种族清洗行动。这一基于人道主义理由做出的干涉决定已经受到了深深的质疑。然而，一旦有关火车运送种族清洗牺牲者前往马其顿边境的影像在西方世界被铺天盖地地播放时，这种对于很多事情的怀疑就被动摇了（虽然有些观察者宣称——是错误的——NATO行动本身就已驱使贝尔格莱德参与到该行动中）。战略和影像相互作用支持了NATO行动的合法性。

NATO袭击了位于贝尔格莱德的塞尔维亚广播电视总部，这一事件也构成了电视新闻和影像与战略相联系的一个重要方面。这些袭击行为激怒了西方的记者，很多记者参与到报道来有关该地区的新闻当中，愤怒于他们的朋友和同事可能已经成为被攻击的目标。电视塔的爆炸也引起了来自位于海牙的前南斯拉夫国际犯罪法庭检察办公室的首要兴趣，但是，由一个关于此事件的初步报道以及其他被怀疑的事件推断得出，并没有犯罪事件可追寻。值得注意的是，如果这个袭击的目的只是单纯地去阻止塞尔维亚的宣传，那么其合法性可能是令人生疑的。然而，证据表明NATO的目的是明确的，因为塞尔维亚广播电视构成了贝尔格莱德军事指挥和传播结构的一部分。由于它的军事传播角色，塞尔维亚广播电视成了合理的攻击目标。不过，考虑到贝尔格莱德统治和控制它的内在环境的本质，破坏贝尔格莱德的广播新闻媒介也是战略的一个重要方面。

在斯洛博丹·米洛舍维奇统治下的塞尔维亚的情形是这样的，他能够控制对大部分塞尔维亚居民来说是有用的信息。这与西方政治领导人发现他们自己以及对事件的解释在科索沃行动中都发挥了作用的这种情况有明显的对比，而且也表明了塞尔维亚在解释问题方面与西方政府是如何的不同。现代自由民主政治领导人面对的困难可以被放置在理解塞尔维亚情况的环境中。这里有两个有效因素。第一个因素是贝尔格莱德当局进行的连续的民意测验,包括1000到2000个样本,这意味着,就舆论民意测验而言,当局几乎是绝对无误地控制了塞尔维亚社会的观点、态度和信仰。这意味着受众对他们关心的事和相关新闻报道已经做好了吸收的准备,这会加强他们的偏见和理解便是众所周知的了;因此,提供给受众令他们满意的东西便成为可能。第二个因素的涉及使得控制电视新闻到达目标受众变得更容易。事实上,在塞尔维亚是国家控制着塞尔维亚广播电视1台和2台,而有80%的塞尔维亚民众从这两个台中听取新闻。报纸是一个有限的信息资源,考虑到它们的成本意味着很多人不会去买报纸——并且无论如何,这些信息资源的绝大部分也被米洛舍维奇政权所控制。此外,虽然在贝尔格莱德地区有很多的电视台可以利用,至少包括一个真正独立的电视台(B—92),但是这些电视台也仅仅能用于贝尔格莱德地区,这意味着即便有人可能想去寻找与塞尔维亚广播电视不同的资源也是做不到的。所以,多年来,处于知道什么可能或确实会被受众所表达的状态使米洛舍维奇得以传递信息、新闻报道和影像给塞尔维亚的绝大部分受众。这种统治最后走向瓦解不仅是因为长期的疲软和随之而来的发生在1999年的科索沃战争,也是因为那些口头宣传和非正式组织行为。

尽管斯洛文尼亚和科索沃战争都被看作是将电视新闻和战略联系起来的具有非常重要意义的事件,但是波斯尼亚战争却确保了电视新闻和战争的结合达到了一个新的高度。这在多种意义上得到了证实。首先,这是当地人第一次在战争中运有了个人的视频相机,这使得他们成为潜在的报道者。第二,这是新的卫星技术第一次在战争中被广泛使用。发布在战区的独立卫星新闻(将远远超过1990年到1991年间反对伊拉克的联合行动中作为军事附属的笨重设备)提供了真实的和多元的即时播送事实,连同几乎普遍存在的手持便携式摄像机一起使得南斯拉夫战争成为曾经的最全面的媒体记录事件。这才是真正的电视战争。

对于当代战争而言,波斯尼亚战争也是第一个重要的案例。对"真相"和决定性影像的竞争在当代战争中处于合法性的核心,且会因此而获得成功,并且一些参与到冲突中的当事人也越来越清楚地意识到竞争和赢得心理战的重要性。[186]然而,战争总是有一些为"真相"而竞争的因素,这是常有的。正如参议员海勒姆·约翰逊(Hiram Johnson)那句经常被引用的"战争来临时,首先伤亡的是真相",并且历史的真实记录经常是由战场上的胜利者书写的，当代战争的塑造，有如章节1显示的，就是这样的，胜利——即所谓的"真相"的定义——不再是决定胜利的问题，而是为了稳当的胜利需要通过建立起一个人自己的"真相"去赢得意志的战争。在波斯尼亚事件中，这些影像被深深地质疑了。因为克罗地亚和塞尔维亚广播电视各自使用了几乎相同的报道老年妇女和不同家庭的影像，并声称这些人描绘的是克罗地亚和塞尔维亚各自的受害人。强有力的争论超过了对大部分事件的责任的承担，比如萨拉热窝的马卡乐市场袭击事件，每当有关受害人和建筑损毁的影像成为争论的核心，就会出现各种争论，并且如果塞尔维亚这边的行为被认为是可靠的话，那么强有力的国际行动便成为可能；但是如果波斯尼亚军队这样做，便不太可能会有此行动。1992年5月，发生了一场以"面包队列"闻在的屠杀事件，类似事件在1994年2月以及1995年8月底再次发生，死亡和毁灭的画面弥散在萨拉热窝的市场上空。在每个事件中，这些影像比之前的案例要领先于更强的国际行动。虽然萨拉热窝市场事件几乎可以确认是波斯尼亚国内的塞尔维亚势力的行为，但是由联合国军方和另外的不包括波斯尼亚的政府资料做出的核实，1992年5月的事件则被认定不是如此。在该事件的有关画面中，这些（受害人）伤口明显与反步兵地雷造成的伤口一样，而不是被迫击炮击中所造成的（脚被炸断和轻微的身体伤害而不是胸部和头部撞击）；（现场）并没有被迫击炮击中而产生的弹坑；并且即便是萨拉热窝电视台的电视新闻也报道称有一个相机被放置在距离事发点非常近的地方，应该说这不是一个有质量的广播报道；与其说是报道倒不如说是非专业的手持设备被使用了。但是，这个事件还是导致了令人瞩目的极大程度的国际参与，包括联合国安全理事会做出的加强对塞尔维亚和黑山共和国制裁的决定。在类似这些事件的情况下，即时的影像引发出即时的行动成为可能，但是这些影像也可能产生误导。

  影像造成了国际上习惯性地看待波斯尼亚战争合法性的后果。特别是，一套影像改变了国际政策。当《卫报》的报刊记者爱德华·武利艾米（Ed Vulliamy）成为独立电视新闻公司记者团的一员，参与发现和报道波斯尼亚籍塞尔维亚人所管理的营地时，毫无疑问这些有关营地的电视画面，尤其是瘦弱的人们倚靠在有刺铁丝网上的画面，被传播到世界各地真的会造成不同的影响。正如尼克·高英（Nik Gowing）结论性地论证道，这是一个少有的清晰的案例，电视新闻的影像改变和塑造了政府政策。[187]有此结论的原因，高英正确地断定为"政策恐慌"。其实并没有真正的政府政策，往最好的情况说也仅仅是有一个佯装问题并不在那里的愿望，但是影像出现了，这形成了一种条件反射，迫使快速"创造"政策。这正是当有关在奥马尔斯卡和特尔诺波尔耶的波斯尼亚籍塞尔维亚人集中营的独立电视新闻公司图片被播放出来时所发生的反应。虽然关于这些营地存在的一些理解是没有疑问的，即为什么会存在这种地主？政府也不是必须去面对这个问题，但他们显然是选择性地回避这个问题。但这些无处不在的影像，尤其是依靠在集中营铁丝网上的瘦弱的人物如菲克莱特·艾里克（Fikret Alic），他那干枯的身体和憔悴的面庞出现在各大报纸的头版并且在接下来的日子里传遍世界，这意味着战争无法被忽视。作为结果的政策是1992年8月在伦敦首先召开了一个会议，而那次会议产生的是一个滚动的国际会议和对波斯尼亚做出武装部署的决定，并且授权武装部队可以运用"一切必要的手段"去协助人道主义救援。这是一个军事交战政策的出发点，在经过动摇、困惑和复杂的变换之后，结果是在1995年果断地使用武装部队，这成为结束波斯尼亚战争的前兆。[188]虽然接下来事情仍是迂回曲折的，除了来自影像库的更深远的欢呼之外仍然留有很多痛苦，但是来自波斯尼亚北部的独立电视新闻公司影像还是造成了一个影响，在相当大的程度上修改了国际政策——这也是波斯尼亚政府能起到显著作用的原因。

就多方面而言，南斯拉夫战争是当代冲突的一个缩影。这包含一个方向，影像作为武器的重要性，以如此新颖的方式开始出现，不是作为一个辅助或者策略，而是它本身就作为一个客观战略存在。虽然政府不太可能将政策之船转向这些影像，但它已然处在影像之海中，如果船没有起航——或者甚至可能不存在——那么正如波斯尼亚战争显示的，这些影像的恰当的欢呼可以改变这种平衡并且促使政策（的制定）。波斯尼亚战争是第一次由电视引导的以及画面传送可替代性方式之间竞争的一场战争。随后，这成为一种规范，由于影像的影响，即时解释的经历和影像的排列以及捕捉和传递它们的方式，使得出现了对南斯拉夫战争的广泛地看法，并且在其他环境中显露地很强烈，尤其是在"全球反恐战争"中，2001年的"9·11"事件催化了这一行为。

"9·11"的实况直播以及反思——ABC的报道

被概括为"9·11"的那些事件曾经对电视新闻报道有着非常重要的意义,也对国际关系有着普遍的影响。[189]该事件对电视新闻报道具有重要意义的原因在于很多在历史中逐渐显露出来的关键的初期瞬间被生动地捕捉并且直接呈现在电视上,特别是第二架飞机撞击世界贸易中心的瞬间。在每一次播出的几分钟,纽约的ABC电视首先赶至现场其他电视台也紧随其后的一起将摄像机瞄准了事件现场。这制造了卓越非凡的影像画面,不仅定义了新闻报道,而且非常干净利索地变成了对袭击者"恐怖分子"战略的补充:最大程度的可视化报道。(表5.1)

表5.1　2001年9月11——现场报道

事件(现时时间:美国东部标准时间——纽约时间)	ABC	BBC24/BBC1	BBCWorld
直播	0851	0853.30	0900*
第二架飞机撞击大楼的画面	0902.58	0902.58	0908.16
识别第二架飞机撞击	0903.02	0904.37	0908.16
识别恐怖分子袭击	0903.21	0908.12	0909.13
联系1993年世贸中心的袭击和其他基地组织袭击	0857.53/0908.50	0907.36	0909.13
UBL的指定	1010.12	0907.39	0948.40

备注

*时间源于可提供的材料,假定它们是报道开始的时间

现场报道有两个显著的特点。第一个是(可能是不可避免的)关于世界贸易中心的静态画面,或者袭击和大楼倒塌的重复画面占主导,有关五角大楼的画面极少受到关注。虽然纽约的画面其令人吃惊的程度和其戏剧性是最有可能为这种状况做出解释的,但是五角大楼的画面几乎总是与事后的情况有差距(毫无疑问,尽管是在另一个时间,但五角大楼的影像仍是足够引人注目的)。这证明了关键影像是如何主导电视新闻的。

第二个问题是专业主义类型的区别和逐渐展开的事件新闻报道的核心被确定

的速度——以及提供给观众的有关于此的经验。我们在这里对三个提供即时现场报道的频道加以分析：美国的ABC、英国的BBC新闻24套（BBC1套的播送速度也很快）以及BBC世界国际广播。ABC的报道在这种情况下表现得很积极——他们的电台主持人立即看到了第二架飞机从右边飞过来（尽管有要求重播以确认），BBC新闻24套播送了和ABC几乎一样的画面，显示飞机撞击了南边的大楼，但是主持人们并没有记录下在说话超过一分半钟的时间里发生了什么——尽管他们确实记录了一个"二次爆炸"和一架直升机的出现（事实上，是波音747，但是这个联系并没有在任何案例中加以体现）；BBC World（世界新闻）采取更长的静默，直到事情发生8分钟之后才显示飞机撞击了大楼。就确实发生了什么以及确认与乌萨马·本·拉登（UBL）[190]之间的联系而言（即使作为一个可能性）有一个明显相似的模式——虽然ABC最后才指认本·拉登，但却是第一时间确定了此次事件可能与哪个组织（如基地组织）有关的，该组织在1993年实施了袭击世界贸易中心（WTC）的行为，也将美国作为另外的袭击目标。BBC World仅仅是在一段时间后，将第二架飞机撞击事件定性为恐怖袭击；一旦第二次袭击被记录下来，BBC新闻24套的国外事件通讯员戴维·洛因（David Loyn）就提供了一个尖锐、准确而又丰富的解读——包括指认本·拉登，实际上只是一初期的怀疑之后，外交通讯员布莱恩·汉拉恩有关此事件强力的分析对洛因的提法作出了补充话句。在这个特殊的案例中，BBC新闻24套的观众在这种情况下有机会非常快速地并且尽可能好而清晰的评定到底发生了什么。在所有事件中，评论的提出都是非常谨慎的——ABC立即撤销了在俄克拉荷马爆炸中的几乎错误的结论。

定义了早期报道的影像，也主导了更多的反思性报道，并在当天晚些时候以每隔几个小时的时间间距被报道。然而，种种有关世贸中心遭遇袭击和倒塌的画面，尤其是来自不同角度的，包括来自地平面的，让相对简单的静态直播画面或多或少地逐渐具有了更多的显著特征。此外，有关倒塌的地平面的影像提供了相当多额外的视觉质感尤为重要的是，从人的维度——纽约人应对和逃离了这个场面。这个方面在即时报道中被显著地忽视了。

英国新闻公报在关注人类灾难的角度，美国的政治和安全影响的程度上有着相当大的不同。BBC 10套的零点新闻更是立即引起了关注，它显示了南大楼倒塌的连续镜头，作为背景的是他们的一个记者讲述了在第一次袭击发生的时候，他是如何进入北大楼入口的。然后他和摄影师以及街上四处逃散的人一起逃离大楼,而相机仍在运作,捕捉到当大楼倒塌时围绕在他们身边的各种尖叫声。然而,令人震惊的是似乎没有任何一家英国的地面广播公司在他们的主要新闻报道里使用人们快速逃离世界贸易中心的影像,不管里面有什么,他们只是确信里面是死亡者。无论如何,BBC 10套显示了人浪涌出北大楼的情景,在14秒的过程中见证了南大楼倒塌的连续镜头,但是,正如记者所说的,对他们来说"这已经太迟了",因为南大楼也在数秒之后就倒塌了。

每个频道都涉及人道的层面,虽然是以非常不同的方式。与此相反,美国安全委员会的影响在频道4和频道5则是一点都没有涉及。[191]但是,英国独立电视台(ITV)的主持人特雷弗·麦克唐纳(Trevor McDonald)在节目中花了10分钟说明这个事件对于FBI(联邦调查局)和CIA(中央情报局)来说是一个"人为操作的灾难",并且与独立电视新闻公司的外事编辑讨论由于当天的事件可能引发的政治和安全压力。BBC 10套也捡起这个话题,附和麦克唐纳的假设认为这代表了联邦调查局(FBI)和中央情报局(CIA)在某种程度上的失败,宣称美国的情报机关没有挫败这些袭击是"不可思议的"。这种强烈的期望和失败的情绪不会因为其他理智的道理而得到明显的缓解,这些理智的道理如情报机构并不是无所不知或无所不能的以及在这些情况下如果能挫败袭击那将必定是非常幸运的。

事实上,尽管乌萨马·本·拉登只是作为初期的怀疑对象,但是有相当多的注意力集中于中东的局势,尤其是巴勒斯坦,以及这些事件在该地区的影响上。一般而言,似乎有相当多的材料试图去创造一种语境,在这一语境中含蓄地假设这些袭击与以色列——巴勒斯坦之间的特别局势有联系,然而在这些袭击和材料之间的差距又被注意到,信息材料表示这些袭击在某种程度上是"能够理解的",来自于世界上部分地区对美国的怨恨。

关键性的一条与巴勒斯坦人民对此的反应有关。所有的频道都播放了巴勒斯坦人民庆祝的影像画面,即便这种影像并不全部相同。独立电视新闻公司三个频道都播放了一系列有关巴勒斯坦男孩围在一起跳舞和举着巴勒斯坦国旗在一个咖啡馆前面微笑的短片。这些影像被播放于英国独立电视台的"十点钟新闻"(News at ten),这么做有助于滚动新闻特别是在独立电视台上以常规公告的长度使用这些影像来概括出全世界大约三分之二范围的反应,但是评论立即寻求在它们之间建立差异："在阿拉伯东部耶路撒冷地区，一些巴勒斯坦人对这些新闻的反应是当街庆祝，不过巴勒斯坦领导人亚西尔·阿拉法特随后命令他们限制类似行为，并且表达了他对袭击事件的震惊和悲痛。"[192]BBC也报道称它的影像是阿拉伯耶路撒冷地区，而且包括了男人们向天空射击的场景，可能是作为更广泛的为庆祝而进行射击的一部分——使得这些影像几乎不可能来自于耶路撒冷，更多的可能是来自于约旦河西岸。虽然这仍有可能是错误的，但也可以在表面上部分地掩盖许多巴勒斯坦人民欢呼的程度。BBC的奥拉·古林（Orla Guerin）强调道，阿拉法特是真的感到震惊，的确是有一些庆祝的行为（这是可怕的），但是他力图使它们减少了，表示大部分人是害怕和畏惧地躲在家中看电视的，并且强调将事件置于"具体语境"的必要性。

BBC World 尽管使用了许多和BBC 10套一样的报道方式，报道了同样的范围，但是仍呈现了一个不同的路径。一个不同就是对视觉材料的使用。例如，广播一开始用了一个引人注目的镜头，第二架飞机撞进世贸中心的南大楼，这被嵌入BBC 10套的节目中，并且作为主持人画外音介绍的主导部分。这是来自于新泽西哈得逊河彼岸的业余人士的镜头拍摄，在这个镜头中一个声音说道"有另外一个"，画面中立即出现了在斑点大的第二架飞机猛冲入大楼之前有一个巨大的火球在急剧膨胀，这是因为摄影师放大了它。

天空新闻（Sky News）可能以两个更加不同的方式看待连续镜头。第一个是它显示了来自福克斯新闻的连续镜头，美国和美国国际网络也属于天空新闻台的所有者鲁伯特·默多克。即便BBC节目包含了一个非常简短的画面镜头，这个镜头也来自于福克斯纽约附属直升机，天空新闻大量地使用福克斯新闻——它的主要的材料资源，包括在某一阶段给福克斯新闻的实时传输，也包括使用其他的福克斯材料和播送对希蒙·佩雷斯进行的福克斯采访。因此，尽管天空新闻的特点与它的美国"亲戚"是如此的不同，但是在这特殊的日子里，天空新闻在某种程度上成为福克斯新闻的传输通道，播送它的影像和信息。

天空新闻另外一些不同的镜头来自于利比亚国家电视台。这些镜头不但显示了人们在的黎波里的街道上庆祝这些袭击，而且这些庆祝的镜头据称是在加沙地带，并且画面的主要角色是小男孩们和白色货车（虽然英国地面电台将同样的影像报道为发生于阿拉伯耶路撒冷地区）。然而，没必要在报道或在评定袭击的责任源时，关心在该地区的人们或者他们在其他地方的亲属，可能会对欢呼的阿拉伯人的表现做出何种反应，或者对本·拉登的恐怖分子可能是可靠的这一示意做出何种反应。虽然塔利班发言人做出的陈述否认了本·拉登的责任，也注意到在俄克拉荷马爆炸案中快速指认的错误性，但是这并不能强力地调和对本·拉登训练营表现的负面看法。

BBC World指出，怀疑落在了伊斯兰极端组织身上，但是约翰·辛普森（John Simpson）强调了把本·拉登（是首要嫌疑犯，他本人就解释说，通过与训练营的讨论，他的组织的确有能力实施这样一次袭击）与塔利班政府区分开来的重要性。汤姆·卡弗（Tom Carver）的报道也指向了本·拉登，并且包含了一句源于保罗·比弗（Paul Beaver）的电影《詹氏防卫周刊》的专家的说法，"美国飞行员不会做这件事的"，可能从另一方面指向了"阿拉伯原教旨主义者"。这次提到了"阿拉伯"极端分子是非常不同寻常的，并且与英国的地面报道的成果是极其相反的。BBC World新闻主持人报道称"根据穆斯林首领吉哈德的说法，这些袭击是美国施行的中东政策的后果"。对阿拉伯群体（区别于其他穆斯林）的普遍关注在BBC World的报道中有进一步的深化，报道包括"中东问题专家"的录音，表达了不要使整个阿拉伯世界蒙上污名的希望——反映了阿拉伯人明显的担忧，这些担忧应该全部由美国来负责并且受到惩罚。

BBC World再次证明了它对阿拉伯方面的极大关注——毫无疑问是鉴于它的全球责任。来自于开罗的报道，弗兰克·加德纳（Frank Gardner）发表了一篇特殊的评论"阿拉伯反应"。他的报道清晰地表明了袭击给很多阿拉伯人带来满足的程度。他的评论非常直接：

> 它可能使人意想不到，但是在街道上，当然是在遍布于中东的巴勒斯坦难民营中有各种庆祝——念咒、欢呼、庆祝性的射击，人们在街道上释放这些情绪；他们发出狂喜般地欢呼。他们说，现在美国终于尝到了和我们巴勒斯坦人民曾经遭受过的同样的痛苦了。

报道进一步强调了亚西尔·阿拉法特和巴勒斯坦当局的一名官员的意见与这个反应是不一致的，而且表示这种阿拉伯人庆祝的行为在中东并不普遍（他被认为是对人员损失报以同情，即使当阿拉伯人在家盯着电视机时仍有美国得到了它应得的惩罚这样一种静默的满足感）。

这与BBC 10套提供给国内观众的更谨慎的甚至是带有歉意的解释截然相反——没有和缓的"语境"来加以解释。加德纳也报道了扩散于该地区（他很小心地区分不同的背景）的某些阿拉伯人之间的情绪，刊登在埃及的晨报上，与此同时广播发布头条认为以色列应对袭击负责。一些阿拉伯人最原始的反应被BBC World捕获，并且，并没有因为任何需要"理解"巴勒斯坦人民或其他阿拉伯人民情绪的建议而得到调和——这与BBC 10套截然相反（甚至与英国其他地面频道相反）。然而，BBC World清楚地证明了它对阿拉伯和中东人民情绪的关注（它也播放了一段采访希蒙·佩雷斯［Shimon Peres］的录音），它准备去报道他们，犹如这些情绪是被"发现"的——可能作为一个寻求赢得该地区观众尊重的一个方式。

BBC World也有一整套节目，不仅显示了人们在北大楼窗户边陷入危难的影像，这和BBC 10套一样，而且也是对人们为逃离大楼高处的惨状而迅速成为"确定死亡"的事实做出的评论。因此，当一些英国地面频道没有报道人们在窗户边的呼救时，只有BBC World对驱使他们走向死亡的事实做出了评论。这种强劲的方式在使用来自街面的影像时被加以复制，街面影像显示了灾难的场景，包括震惊的和分散的受伤后仍能行走的人，和对一个头上冒着血的人的采访。这些场景正好描述了什么是"可怕的"。

真实的"CNN效应"：风暴中心——面向世界的本地新闻

从1990年到1991年的海湾战争开始，CNN国际频道因为其主要的、展开性的即时新闻报道而被认为是国际品牌的领军者。[193]这个声望的建立在一定程度上是由于网络的永久新闻授权——它总是有效的；然而，在这个环境下，它也必然有些同伴，最显著的是欧洲的天空电视和近来的BBC World。CNN声望的建立也是因为它固有的报道风格和它的即时性——在1991年对伊拉克的联合空战中，CNN派遣了一位记者去往巴格达，并且经常是CNN第一个（或者看起来是第一个）有重要的突破性的新闻报道；然而，虽然这在有些时候是真的，但事实上在其他时候，BBC广播网大量的记者、天空电视的企业或者其他人拥有的勇气是领先于CNN的。但是这个品牌的声望仍在持续，尽管研究发现通常是相反的，引以为豪的"CNN效应"——是媒体在西方的影响，尤其是对美国的政策影响——继续作为一个众所周知的谬误而存在。这种谬误是指关于世界危机的国际新闻报道塑造了政策——正如前文已经指出的波斯尼亚事件，这个案例证明了这种报道可能产生多么异常的影响。事实上，"CNN效应"并不是真的去创造政策，国际报道给政策制定者施加压力的判断甚至也不是准确的，但即使它并不是，结果仍然影响了政策——这便被认为是一个"CNN效应"。真正的"CNN效应"是简单地通过成为在这些领域的大部分报道的信息来源从而塑造对世界范围内的国际问题的报道和理解，正如CNN国际广播打算成为世界范围内的所有国内广播公司都趋于依赖的信息来源一样（即使在某些情况下这可能是他们自己的想法）。

纽约和弗吉尼亚关于"9·11"袭击的实时和近时报道可能是一个很好的例子：即便CNN播送的信息材料可能并不是它的原始资料，但是是它将信息材料大量地传递给世界的媒介。奇怪的事情（它产生于对那天的网络报道的分析）是这个主要的国际品牌领军者的报道方式正中当年的最大国际新闻报道的核心，实际上在它的众多报道中更像是一个本地电视新闻台在起作用。因此，国际危机和冲突中心的事件以及对它们的报道在某种程度上是多方面的，尽管肯定不是全部，但是在全球语境下会产生不易令人察觉的影响。同时，如下文提到的作为案例的克罗地亚事件反映了遍布于世界很多地区的情况，在"9·11"事件中，[194]CNN是主导性的报道消息来源，其所报道的消息以一种不掺杂的形式被广播和重播。因此，CNN处于危机中心的本土报道同时也成了全球现象。

CNN关于"9·11"事件报道的方式相当符合它的常见方式，对于新兴国际危机事件的报道也被放在其整体报道框架之下。这构成了一系列的滚动报道，以一个开放式的结构，由主持人加以整合，没有中断，以及没有开始和结束。最接近的正常安排是来自于亚特兰大总部的"top of the hour"之后的即用性"更新"，在那一刻主持人解释说这个概要是事件的更新（难以置信的是，关于此没有任何人看到甚至都没有意识到）对那些可能已经收听某事的人来说像一个正常的开始时间。另外，一个重大的不同是在三个地区使用三个主持人，持续转播以保持新闻的滚动。因此，总部的主持人卡罗尔·因（Carol Yin）、华盛顿的朱迪·伍德罗夫（Judy Woodruff）和纽约的阿伦·布朗（Aaron Brown）一起组建了一个团队。这也是在实际工作运作中将CNN国际和CNN头条联合起来的一个反映。

三个主持人传递了三种不同的形象。在亚特兰大的因穿着开领黑色衬衫，大部分时间是站立在一个图表墙或者一个广播墙前面，有时候则斜倚着对材料加以强调。华盛顿的伍德罗夫则正式点，坐在桌子后面，电视监视器和新闻室在她后面——穿着标准的新闻播报人正规的服饰，包括一个时髦的马甲。这表明，当报道开始时她是当值的播报人。最不同的是第三个主持人布朗，他的报道（如果口头比喻成立的话）来自于曼哈顿第八大道摩天大楼的屋顶，看着广阔的市中心，翻滚的烟柱从旁边毁坏的世贸中心缓缓升起。虽然这只是一个主持人的角色，但是它也传递了事件大部分的即时性以及当一个记者在主要事件发生地时近距离报道通常都可能会发生。但是，布朗的角色很明显是引导报道而不是去报道。

CNN的纪念DVD中出现的现场报道最突出的时刻是属于布朗的。他以原始的几乎是当地新闻的模式采访了一个双子塔的生还者，站在布朗旁边，呈现在摄像机上，在位于市中心曼哈顿的一个楼顶上，倒塌的建筑物的尘雾以各种形式出现在他们身后。但第二个大楼崩塌的一瞬间可能最能够证明媒体影像的力量。CNN有关其报道的纪念大部分与它自己当天的实际报道并没有关系：记者们报道他们的经历和事件，并且关于那天有一个丰富多彩的画面，很多免费的信息来源如纽约消防部门或联邦紧急委员会，在第二架飞机撞击大楼时也至少有一个非常令人震惊的片段，但并没有广泛地显现在其他地方。这表明对于那天的报道不仅缺乏一些信心，而且缺乏反省的想法。（这与CBS的例子不同，在后面的部分将会讨论。）然而，在第二座大楼倒塌的一瞬间，布朗认为影像说明了一切。"噢，天哪！"他自然地惊叫（并且，通过记录的证明，这与他回忆说"噢，上帝"不同）接下来的有些时候简单地没有语言，只是促使他的观众简单地观看。

三个主持人基本上平分时间，播报电视节目和采访，即便主要的影像明显是布朗对着明亮的蓝天、曼哈顿和冒着烟的大楼。虽然，报道和采访一般是自由形式，但也基本上有四到七分钟的长度要求——最长七分钟的是一系列滚动的非专业镜头的直接传递（看下文），虽然采访和报道一般需要四到七分钟，但也表示要么清楚的管理，要么有一种内在的、根深蒂固的感觉知道广播的每部分应该是多长时间。

CNN有一个复杂的视觉方式在极大程度上加强了它报道突发性新闻的领导优

势。除了主持人的呈现之外，大部分时间还有五个元素被呈现在屏幕上。这种安排由两个以淡蓝银灰色为背景的传声头像的框架主导。其中之一是主持人，其他的则是主持人说话的对象（一个通讯员，或者一个专家，或者偶尔是一个其他的主持人），或者一个活动的影像（比如，双子塔倒塌的影像）。主持人头像在框架的左方低于并且适当地小于与他对话的人的头像框。这在屏幕上创造了一个稳定的动态，并且，就内容发展而言，认为主持人能够精确地掌握一切，并对当前的被采访者做一个暂时性的强调。

第三个视觉元素是在屏幕上方三分之一的位置有一个固定的大字标题，左边写着"突发性新闻"，"现场"两字则被放在屏幕右边的一个红底白框内。剩下两个元素都关涉画面演示，其中一个被放置在"突发性新闻：美国处于袭击之中"的大字标题正下方，给标题总结要点，或者解释以及引用支持和强调上述影像。例如，这些动画会在屏幕上停留一段时间，可能表明专家的名字会被采访到。或者，正在进行的新闻可能有一个关键点由主持人在相机或者滚动新闻中通过口头报道加以强调。例如，主持人报道一个政治家发表的声明必会立即出现在其新闻脚本中——比如，"艾拉米克·吉哈德：'我们反对屠杀无辜的人民'"（虽然经常会有与新闻评论相反的视觉平衡或者讽语）——因此，虽然呈现的是艾拉米克·吉哈德的信息，但却是采访前以色列总理希蒙·佩雷斯（Shimon Peres）以及同一时期的政府官员的画面。

最后一个元素是新闻条———种自动收报机纸条的形式——在屏幕下方运行。这占用大部分时间。这种新闻条有两种模式。一个是以"时间线"开始，标明事件发生的时间并给一个简短的描述。在"时间线"之后，会有一段时间，这段时间内在突发性新闻标题之下的元素会被确定，关于其描述也会出现，有时候是极细微的细节（经过固定滚动信息条的许可），也会有很多其他的条目如动画、补充材料、通告等等。有些可以由主持人口头进行播报，但并不是必须是这样，而且在新闻条和主持人表现之间并没有必然的联系。

不管怎样，因为其头版头条新闻和国际的融合，CNN报道最突出的事情，可能是"9·11"事件本质上的"当地"报道成为大部分国际报道的主要来源。这是因为在全球化世界中媒体运作的规模和经济支出意味着大部分国家的大部分广播公司没有资源去运行国际公司或者在世界范围内派驻记者。在这种情况下，虽然其他新闻组织，如BBC World以及有特殊身份和资源的BBC，也有与CNN相同的功能，但后者是世界上其他"资源匮乏"的广播公司报道的主要来源。来自其他国家的证明，特别是东欧的，显示了对CNN的重度依赖。[195]比如，在匈牙利和罗马尼亚，新闻节目以它们的新闻主持人转播来自CNN的信息并且可见于背景屏幕中为特色。

这个效应在克罗地亚的一个研究中被证明，研究提供了一个各地新闻依赖（尤其是）CNN和BBC World（其他的卫星广播公司在稍轻的程度上也被依赖），以及他们CNN和BBC World的电视新闻在世界范围内进行渗透的很好的例子。克罗地亚主要的广播公司，克罗地亚广播电视台（HRT，Hrvatska Radijo Telvizija），几乎是一个总结性的转播机构和把CNN材料转播给克罗地亚公众的媒体，它没有自己的议程，也几乎不提供分析和评论。[196]

克罗地亚广播电视台的新闻广播形式普遍存在于前南斯拉夫并且与很多其他的欧洲大陆国家相似。报道总是以主持人的介绍开始，接下来是对主题的整理播报。整理是一个很重要的方面。很多外国新闻条目包含机构材料、外国电视媒体广播节目和其他印刷材料。直接连线现场记者是很罕见的，除非是通过手机连线通讯员，这是难得的直播。因此，HRT特别依赖于来自国际广播公司的材料。这必然是因为经济因素——新闻采访预算的限制和运筹困难。因此，多数条目是依赖于许多来源的整理报道。其他的报道类型包括记者出现在克罗地亚（少有的例外，有记者在更远的地方），工作坊本位传声头像，采访克罗地亚专家、政治家以及在克罗地亚的美国市民，也有作为参考的报道由新闻室的主持人看着摄像机（甚至有时，眼睛看着手上的纸条）阅读，但没有额外的分析。

9月11日，在常规晚间新闻节目《每日新闻》的播放时间，对美国袭击事件的报道总共才30分钟，这是正常的公告长度。大部分条目只有1到3分钟，但在录音室传声头像中提供了一个显著例外的条目16。但是，对专家的使用仍是罕见的。然而，放映的传声头像的采访并非如此简单地是由设想的被采访者呈现的一个被编辑陈述的采访。所有这些完全符合在HRT报道中视觉材料的运用，这限制了吸收其他来源的影像，包括档案胶片。几乎所有的报道都依赖于其他电视台的影像。这是在9月11日的必要性报道。而且，克罗地亚广播电视台对其他来源材料的运用并不十分精准，同样的画面出现一次又一次，又或者画面是与总体报道有关但是和专题报道无关。比如，2001年9月11日的条目7是关于欧洲各首都反应的一个报道，但是使用的视觉材料却是纽约市和双子大楼的倒塌。在这所有的这些当中,来自CNN的材料是决定性的。HRT转播来自CNN的现场报道,并且伴有同声翻译。9月11日早些时候的条目4,CNN采访了一个来自世界贸易大楼的生还者,然后HRT直接加以转播。[197]

除了电视台主持人,还有四种人会出现在HRT的报道上:录音室内回答问题和提供分析的专家,录音室外的采访,克罗地亚和国外的官方声明,以及源自于CNN和其他广播公司同质的采访。HRT几乎不在录音室内安排专家,而一旦使用则往往是当地的学者。9月11日,两个这样的专家出现了。一个是退休的大学教授,同时他还身兼萨格勒布防御研究中心的领导;另外一个是萨格勒布大学政治科学的在职教授。第一天他们都没有提到基地组织和乌萨马·本·拉登,即便在他们分析之前,本·拉登的名字已经在一个新闻条目中被提到了,然而在两个专家近七分钟的谈话中,对以色列—巴勒斯坦的分析持续了一分钟。在典型样式中,在主持人和嘉宾之间很少有互动,嘉宾之间也没有互动。主持人问一到两个问题,然后专家不被打断地进行详细解释。

HRT主要依赖CNN的目击者反应报道的材料。这些报道的音调好像处于最开始状态,几乎没有在同声翻译者无趣的声音中变味(最开始的声音仍可在背景中听到)。因为任何一个条目都没有增加评论,所以音调和信息仍和最开始的报道一样。报道的限制迫使HRT采取一个更直接的方法,深度依赖来自其他电视台的镜头,机构材料和评论以及来自它的战场通讯员通过手机传递的报道。对CNN的依赖使得HRT成为美国网络节目的一个坏的编辑版本。同时,这个坏的报道版本又揭示了CNN模式的突出特点——地方性,即便它融合了CNN头条新闻和CNN国际,仍以美国地方电视新闻的方式进行播送。尽管,对CNN"9·11"事件的报道有不同寻常的狭隘的偏见,出现的所谓的真的"CNN效应"并不是塑造政策——甚至也不是给政策制定者施加压力——但是它的作用,和其他的少部分主要的24小时新闻制作者一起,在提供世界大部分地区的报道方面将会被大规模地采用,在决定性的时刻,并且在其他的时候能达到一个相当大的范围。

CBS新闻：我们所看到的

"9·11"异常的影像，从固定相机的镜头向下俯视曼哈顿及从不同的角度所获得丰富的影像，显示了大楼被撞击然后倒塌，创造了一个令人印象深刻的画面。一个基于互联网的档案立刻被创造出来以利于去比较关于当天事件的报道。电视新闻档案的采集包括来自于世界范围的广播公司的滚动现场报道，以纽约的ABC开始，在08：30，以及BBC World 在09：00及当天晚些时候，这个档案跨越俄罗斯和中国，但在不可避免地是这些地区关注的程度可能并不是特别深入。但是，大约一年后，虽然主页仍然有它的指示性的选择，但这个开放存取的网页流档案不再是一击有效。尽管如此，链接通向一个网页提供者的主页，而不是合法的网页流。虽然这些动态影像要流传下去，但是直接的现场报道不再保持开放的有效性。因此，这些影像也不再是一个伟大的研究和教育资产。

在这些资源消失后，主要的资源可能仍然是BBC在线，唯一拥有"互联网武器"的广播公司，以及CBS新闻网站。前者拥有大量的材料运用于小的新闻节目，意味着多样的新闻和事件可以被找到。但是，大部分并不是系统地进行收集，或者在网站上持续运行新闻节目。CBS或多或少有完整的和多年来有效的开放网站，但是这些资源最终也不再有效。然而，CBS保持着它的自由网站进入的原则，大量的材料仍然可被利用，并且网页指示"9·11"档案的存在仍是有效的。[198]CNN的纪念磁盘主要包括记者们回忆他们的经历，增添了产生自之后阶段的其他来源的丰富材料，而关于那天的新闻只有简短的重播。尽管袭击的重大意义在于其作为一个现场新闻事件——简单地说作为一个灾难，更别说是一个战争行为，"9·11"的唯一性在于很多发生的事情是因为看起来它发生了——报道的记录不再广泛地和简单地有效，但因为感兴趣的对象和对方的查询，它依然存在。这意味着仅有的现场报道开放而有效的记录是CBS新闻制作的DVD并且以书的形式加以包装，纪念他们自己的事件和他们的报道，都命名为"我们看见什么"（*What We Saw*）。[199]

"我们看见什么"扩展的范围超过了当天的现场报道，但是当天它所关注的，是编辑报道的通道，由CBS晚间新闻的资深主持人丹·拉瑟加以介绍（下文以及第五部分会讨论）。当天的报道，CBS在磁盘上标记为"对美国的袭击"总述了当天的报道（虽然在"9·11"之后那段时间里的片段看起来是拜伦·皮特（Byron Pitt）

真诚和令人感动的总结，包括他和同事米卡·布热津斯基（Mika Brzezenski）在曼哈顿市中心作为记者藏于一个学校，以及天空风云变幻的经历）。报道开始于08：52分的《早间秀》。主持人布赖恩特·冈贝尔（Bryant Gumbel）在广告之后向受众报道的新闻是，一架飞机撞向了世界贸易中心。一个固定的摄像机画面显示了双子塔着火并且烟雾从大楼高处的两边的窗户升起。

　　早期阶段现场报道的部分包括报道的三个方面，所有都涉及电话连线上的目击者。第一个是试图即时地建立关于发生了什么。对冈贝尔来说不幸的是，电话连线者没有一个好的位置，他位于曼哈顿下城区的汤普森街道，但离塔本身还有一段距离，并且没有占据一个特别有利的点，尽管他确实在一个巨大的火球出现于大楼顶部之前看见了"一个小飞机"似乎要被"大楼弹开"。尽管如此，他在某种程度上被认为是不可靠的目击者，因为他看见的并不完全清晰——当然，他对飞机尺寸和样式的判断也是有问题的，除此之外相对较远的是，他恰好在08：52分的时候说发生在"十分钟之前"。他的有限的经历对于追问到底发生了什么起不到什么作用。尽管一个编辑没有明显地显示时间点是向前跳了一点的，但第二个目击者——在屏幕上有相同的画面并且目击者在一开始就被放置得很好——世界贸易中心万豪酒店的看门人，就在现场。虽然看门人为了躲避而跑进去，但是正如他告诉主持人的，他可以确定发生了什么。他是在现场的见证人，即便很短暂。但是这个片段证明在这一阶段可以获得的知识和经验是正在发生的事情，而没有被发现是因为要避免之前目击者定位的缺陷。大部分的电话是采访者确定他的目击者在哪儿以及被放置在哪儿，并且考虑他在外面看到的要少于他当前在里面避难的情况。

　　CBS《早间秀》获得了一个可靠的目击者说明，第三个目击者是来自于切尔西市的特里萨·雷诺（Theresa Renaud），在8层和16层之间，有一个清晰的视野。她称道，从她公寓的窗户可以直接看到双子大楼。她说"主要的爆炸大约是在80层"，并且给了一个非常清晰和精确的说明，包括相对准确地指出很多楼层都被火焰波及。更引人注目的是，当第二架飞机撞击南大楼时她正在与冈贝尔通话。她大声地说这个已经发生了，描述撞击并且宣称——及时而准确地——这个撞击是蓄意的。但是主持人却表现出了怀疑，向她求证并问她为什么她说这是蓄意的——错过了看起来明显的一点，第二架飞机是直接撞向第二座大楼的。主持人之后说要重新播放录音并且加大了其怀疑的音调，通过慢镜头表明在重播中没有看到飞机的标记。然而，对观察者来说，飞机就是证据。在观察者已经记录下由撞击引起的爆炸之后，冈贝尔只说了爆炸本身。

CBS的即时现场报道指出了电视新闻报道的三个主要的事情，尤其是超现场和突发性新闻。首要的就是影像怎样主导一切。因为有非常引人注目的视觉材料，摄像头瞄准冒烟的大楼。在屏幕上保留下来的影像几乎没有中断。但是，影像优先考虑的是围绕着它很少有甚至是没有具体的信息。为了尝试构建更多的有关于发生了什么的画面，广播公司通过电话联系目击者让他们说明发生了什么。然而，第二个元素大部分集中于个人经历而不是对事件的描述上——并且即便有一个对事件准确的描述，也表现的不是很清晰。某种程度上，这是因为关注点在于个人经历。但是，这也部分是因为主持人一方面争取获得经验和戏剧性事件，另一方面又要了解状况的详细细节。这些促成了第三个方面的显著证据：在电话直播中快速将事情拼凑起来有多么难。尝试去建立可信的事，保持并列事物的发展，得到最多的与目击者和其他报道者的信息交换，也要在他们自己的画面上保持敏捷的目光，对他们来说并不容易。这需要特别的天分和经验。

CBS和冈贝尔都是勇敢且自豪的（也可能是有勇无谋的），他们是如此坚定地将他们的现场报道公开发布并且接受公开审查。CBS报道的观察者的经验意味着已经发生的事情已提供了一种基本的感知，但可能会更强烈。冈贝尔在CBS新闻总部的第5层和第59层试图确认他的目击者处于能够提供有用信息的位置，但是这意味着位置的分散而不是对信息的关注。他将世界贸易中心大楼标记为东边和西边而不是南边和北边，表明即便有一些关于大楼的很明显的知识，但他的报道也相对地缺乏背景知识和深度。除此之外，如果在一个恰当的时刻出现重大的失误，如他没有看见第二架飞机隐约地穿过屏幕，可能会引发笑声。[200]相比较于BBC报道者的经验，认为第二架飞机是紧急服务的直升机，这表明冈贝尔在这种窘境中并不孤单。ABC的霍基·查尔斯·吉布森（Hawkeye Charles Gibson）的报道质量可能比较好，他从他的监视器中立刻辨认出了第二架飞机。另一方面，在确定现场新闻报道的竞争世界中，真实的质量和经验在很多时候无法被替代。当然，为了对冈贝尔做到公平合理，我们要知道他的背景在于体育报道。而比较无礼的说法可能是，他并不适合这个时刻，但是他却注定在事件展开的最开始成为CBS的一员。

"我们看见什么"包括冈贝尔恰好在10：00之前的事件总结，包括关于波士顿绑架案的报道，并且将其移交给丹·拉瑟以引导CBS新闻特别报道，这将是当天其余时间的报道。他立即建立起他的权威——在某种程度上可以说是自大的——正如他在屏幕上呈现的（冈贝尔没有通过被包括在"我们看见什么"里的报道）并且宣称这对于理解非常重要，第一，"关于发生了什么有很多事情并不知道"以及"将谣言从事实中分离出来"。这种谨慎有时候要在清晰度和不管他的对话者说了什么都不去关注之间加以平衡。在某一时刻，拉瑟与一个在世界贸易中心地铁站的一个有丰富经验的通讯员用电话交流，通讯员认为只有一部分的建筑倒塌了——明显地正处于建筑的正下方的情况下，他不能立即看到所有的方面——并且报道了这部分。拉瑟要求记者去确定建筑倒塌的部分——即使从屏幕影像的证据来说这是真的，他的对话者也已经这样说了。报道者强烈补充了最后一点，沮丧，他已经告诉拉瑟这一点，并且他很快恢复常态说"这就是我们为什么在奔跑"。

尽管如此，拉瑟的表现意味着权威性的增强。在之后的阶段，这权威也来自于其他老资历的记者。吉姆·斯图尔特（Jim Stewart）报道DC（哥伦比亚特区）的联邦调查局正忙于设想这是一个恐怖主义行为并且可能是本·拉登所为。这是一个清晰可靠的信息，因通讯员严肃和权威性的报道画面而被理解并加以传递。另一个记者卡罗尔·马丁（Carol Martin）11时48分和拉瑟一起出现在录音室，被灰尘覆盖，一个有裂缝的屏幕画面显示了来自世界贸易中心的爆炸性的尘雾，并将她与灾难联系起来，她是灾难的幸存者，当她近距离尝试去寻找CBS的员工并且当"一个数丈高的火球"击向她和其他人时恰好逃离了第二次崩塌，一个消防员大喊着"跑"，然后在她奔跑摔倒的时候将她扶起，在将她丢向建筑墙角之前掩护了她，这恰恰发生在倒塌之前，并且现场的碎片越来越多；"我们在心理上认定可能会死"她说。华盛顿的记者鲍勃·希弗（Bob Schieffer，他在之后接替拉瑟担任CBS晚间新闻的主持人——下文和第五章）也是出现在这次报道中的权威。他在华盛顿通过摄像机进行报道，穿着白色的衬衣和领带。他以近乎慈祥文雅的权威性充当着国会领导人发布联合声明的宣传传送带（作为一个安全措施被撤离），声明防御信息的联合和加强，明显是想要增加和团结起被震惊的美国人民的力量。他们熟悉的屏幕面孔可能被视为有能力的和使人安心的画面。但是，并没有假设说这些权威的声音和漫长的经历在他们敏锐的视觉新闻中必然就是吉布森比冈贝尔更接近真实，当然他们也可能有，尽管拉瑟之后便"失宠了"。将影像合并以及在胁迫之下获得信息的特征和能力标志着电视新闻的质量，特别是报道重要的保密事件。可能使得事情走入误区，或者通过传递影像和其他的信息形式有效地去做一个党派或其他的宣传工作（无意识）是完全无意识的，然而合法性，以及所谓的成功，依赖于广播新闻媒介引导的影像和信息，战争的胜利和失败，在某些阶段，可能依赖一个吉布森或者一个冈贝尔在决定性时刻的指挥。

"9·11"之后——阿富汗和"反恐战争"

"9·11"事件之后，美国立即对基地组织和阿富汗的塔利班政权采取了军事行动，并且为之后的参战集结了国际支持力量。由于飞机撞击双子大楼和五角大楼事件，电视新闻已经完全处于应激反应模式，等到10月7日以美国为首在南亚开始行动时，电视新闻组织已经做好了准备工作。虽然不能够很精确地预测战役什么时候开始，但是广播电台和他们的主持人以及员工已经做好准备。

当天有两个大的报道——以美国为首发动对阿富汗的攻击以及迅速发布已经录制好的本·拉登的录音磁带。这都给电视新闻报道带来了相当大的困难。第一个是因为视觉材料相对较少。与之相反，第二个有这个问题是因为西方广播公司不是特别知道要如何处理这个磁带也不知道要如何对待它的来源——半岛电视台。

虽然有预期的攻击即将来临，但是对于战争开始的报道却很有限。近距离视觉报道是限制它的重要因素。在军事行动开始时事实上并没有报道者在阿富汗，所以摄像报道只能来自于其邻居巴基斯坦，大部分记者驻于此地。就内容和影像而言，这都意味着缺乏即时性。BBC频道和天空的节目报道使用英国巡航导弹发射测试和（只有BBC使用）B—2幽灵隐形轰炸机的影像资料，而且广播电视台也运用电脑图表的方式来解释对此行动的了解。不同于冷战结束后早期主要的美军联盟行动主导的记忆，这次虽然放大目标也没有来自于作为军需投入的摄像机或来自地面进攻飞机尖端的影像。这是可以理解的，这些报道对于了解这类事件的人来说是很明了的（当然对那些没有相关背景的人是没有用的），适当的提供此类影像的武器系统在持久自由军事行动最开始的状态下是不被使用的。因为攻击的初始性质无法产生影像，也因为呈现在阿富汗的新闻报道无法与已有的如1991年的巴格达、1995年的萨拉热窝或1999年的科索沃相当，可见其缺乏可以被使用的影像。在阿富汗唯一的影像来源是半岛电视台——并且虽然被使用，但是并没有如期望的那样被BBC、SKY或者CNN尽可能大量地使用，或尽可能有来自另一个场合的另一个来源的影像的情况。这反映了一个明显的谨慎看待半岛电视台的情况——在下文会分别地讨论。

  CNN为其他广播电视台提供了一个不同的报道以分析这个日子，在这一点上，它的报道是滚动式的而不是常规的播报方式。头条新闻和国际频道基本上共同地运作，正如他们在9月11日那天做的一样。然而，虽然"9·11"已经完全是一致的和联合的成果，但是在10月7日，国际频道简单地采用头条新闻的报道——除了片刻的打断以提供更新，一个相似的且具高重复性的数分钟长度的内容——回顾不同的国际人物说了什么（有苏联和东欧的旧式共产党广播的风格），主要依赖来自于国际人物的陈述磁带，或现场连线在其他地点的记者，如白宫或伊斯兰堡。现场连线有不同的形式：双向的主持人；摄像更新；记者采访（例如，华盛顿的前巴基斯坦大使），并且有一个双向的，摄像和采访的压缩混合。最后一个涉及在广播电视台和伊斯兰堡的克里斯汀·阿曼普之间的一个双向事件，阿曼普有一个完整的摄像片段，他之后开始了对尼克·布鲁斯菲尔德的一个临时的视频采访，CNN在阿富汗的通讯员直到数周之前才为了问题直面阿曼普，但是之后将答案通过摄像功能传递出去（相机是关闭的，为了将他建构为一个标准的摄像风格），但是在他陈述结束时又将镜头对准了通讯员自己。这种编排好的摄像采访是CNN报道的一种文体特点，这种特点虽然表面上显得笨拙，但是却给被采访者增添了权威性。

  虽然很少有事实表明甚至没有什么可以显示军事行动已经开始的，但尤其引人关注的是所有的频道都恰如其分地关注了满足美国行政机构政策需求的行动的两个方面，一般情况下，行动来自西方国家——联合王国的参与在最初的袭击（以及大部分国际上的支持和承诺）和人道主义链条操作上起了推动作用。联合王国的参与是迫于大不列颠资源的压力，但可能在CNN的报道中更重要。除了未公开的特殊的武力操作，唯一直接的是，联合王国参与操作的最初几个星期就遭遇了第一波袭击。在这一阶段，联合王国的角色对其自身来说非常重要，用以摆明它的态度，并且对美国政府来说表明——尤其是它自己的公众——华盛顿并不是行动的个体，而是有国际支持的合法性的。这个之所以重要，是因为美国的国内调查表明，在其他国家参与的情况下，公众舆论是支持美国的军事武装行动的，但是最深的怀疑便是美国是否是独自行动。因此，联合王国的参与对美国来说尤为重要，会为其行为增添合法性。CNN也总是明确地强调美英联合行动，即便大不列颠在当时那一阶段的参与是很受限的（并且很快就中止了）。头条新闻和国际频道（只要是其辐射的范围）都不仅额外强调联合王国的参与，而且强调其他国家对这一行动的支持程度。国际频道的间歇性新闻和头条新闻最新的主要事件的组成完全是以一种清晰的层级方式集合了来自世界各地领导人的有关支持这一行动的陈述——尽管没有来自德国的素材——从法国总统希拉克开始，然后是加拿大总理克雷蒂安、德国总理施罗德等等。当前唯一的反对声是塔利班驻巴基斯坦大使，谴责袭击事件是"恐怖主义"。在头条新闻屏幕底部滚动的自动收发的广播稿传播了持续性的电报式的信息以加强广泛的国际支持的感觉，无论在概要中是否有相同的评论点，都会提及美英联合行动或者布什总统演说，已经有超过40个国家为这一行动提供了帮助，如为方便行动提供了领空的使用——所有的国际支持信号降低了美国公众的怀疑。

就意欲获得的信息而言，军事任务的人道主义部分对政府的参与也是很重要的。虽然有其他尺度去衡量这个行动，但是人道主义角色对西方政府的利益是有用的，西方政府刻意地列入一个人道主义链条以加强这些政府在发动行动时是尽可能地在维护阿富汗利益的感觉。自从1991年的海湾战争，解决人道主义问题就成为军事交战的重要传统，然而其真实的动机和对真实需求的满足，也被西方政府认为是一个至关重要的"合法的"要素。在这一情况下，BBC频道、天空和CNN都提到有37500个定量节目在第一天会爆炸式地下降。它们通常记录到的这些袭击尽可能不会发生在城市和人民身上，而是在组成区域之外的空军基地和恐怖分子训练营。当CNN的克里斯汀·阿曼普尔在第一时间没有准确传达信息——说袭击是发生在城市上空——的情况下，退休将军韦斯利·卡拉克（Wesley Clark，被说成是CNN的军事分析家）在他与主持人进行双向交流前很快给出了更正的信息。其后，所有涉及的报道——尤其是阿曼普尔在她之后的采访中——都记录道袭击是针对特定的城市外区域而不是一般人和城市。

当天第二大新闻报道题材——涉及本·拉登的磁带被交给卡塔尔半岛电视台。这个磁带的处理方式之所以著名有两个原因。一是西方新闻频道做出没有在最大程度上传播这个磁带内容的决定；二是它揭示出美国和英国的新闻频道的态度，和其他西方国家一样，包括半岛电视台自身——在某种程度上，反映了相关政府的站位。因为西方政府担心本·拉登的视频信息可能是一个发送信息给世界上其他附属的基地组织的秘密编码系统,他们要求新闻频道不要广泛地播送影像,以及不要播送全部内容。这与西方广播公司在任何情况下都会传递全部信息的行为非常不同,并且在节目中采取原声摘要的播送方式。当然没有人将磁带全部播送,从而在实际上遵从了政府的需要。天空频道播送了一分钟的磁带,但是它的报道并没有超过要求。讽刺地是,与大部分西方广播节目的成果相反的是,事实上,CNN在概要部分播送的简短摘录的本·拉登的视频中插入布什在电视上讲话的录音以完成这六分钟的节目,在下一个节目之前,播送了一个相对延伸的剪辑,布莱尔"宣布"行动已经开始。

在这种情况下,半岛电视台的角色是有着独特意味的,因为它是本·拉登的磁带所递交的电视台。虽然所有的电视台都使用了一些半岛电视台关于追踪者和喀布尔爆炸的影像,但是这些影像从总体而言却是点点星火——与之形成对比的是其他的场景,如BBC或CNN在现场的摄像机和天空中的火花的影像呈现了一长段时间。不过,CNN是一个例外,它选择中止自己的素材而采取一个现场转播,直接接进来自半岛电视台的同声翻译,这呈现出一个在它自己的主持人和在喀布尔的塔利班代表(他宣称击落了一架美国飞机)之间进行的双向采访。另外,伴随着UBL磁带的呈现,(西方媒体)对来自半岛电视台的素材的使用是相对较少的,在此事件中,半岛电视台的角色并没有得到特别的强调和信任(嘉奖)。比如,BBC 10播送了一则来自于华盛顿斯蒂芬·萨克(Stephen Soukur)的报道,其主要镜头是半岛电视台,但并没有在影像中予以确认并且只是被萨克称为"来自一个阿拉伯电视台"。之后,更多的有关磁带的报道很明显地打上了来自于ABC的标签,在右下角有它的图标——仅包括ABC的"好意的半岛电视台"的"美称"。另一点,主持人在与约翰·辛普森进行双向采访时提到"一个阿拉伯电视台"的角色是接收和播送UBL的磁带。后者应答道,他曾经(仅仅是"两三个星期"之前)"在那个位于喀布尔的电视台——半岛电视台",并指出"它和乌萨马·本·拉登有很紧密的联系并且他们曾很小心地维系这个关系"。他继续就半岛电视台在UBL的利益链中扮演的角色进行解释:"对我来说,这看起来非常清楚。他提供给他们事先录好的音频信息,然后他们直接播送是因为他们听到了爆炸的新闻。"辛普森是在BBC报道中唯一清晰地给半岛电视台"正名"的提及者,即便它关于UBL信息的调解作用在新闻报道中被明确认为是重要的一部分。

2001年11月13日，BBC 10强调了拉格·奥马尔（Rageh Omar）的担心"不应该是这样子的"。美国和它的同盟已经花费了数星期去试图让竞争对手反塔利班集团在拥有共同的未来上达成一致，但这却是徒劳的，并且北部的联盟已经采取了对塔利班的报复。这个报道也被BBC世界新闻播送，还包括了一部分被命名为"填补真空"的图表。天空频道也投入大量的报道去关注阿富汗的未来，运用图表和一个来自于华盛顿通讯员的报道，内容包括布什和普京的政府首脑会议、杰克·斯特劳在联合国安理会做的声明和唐纳德·拉姆斯菲尔德在五角大楼做的简要报道。然而，讽刺的是，"阿富汗的未来"在将来的岁月里会成为越来越没有"新闻价值"的主题，直到它在不同的时间点可能作为"被遗忘的战争"而被重新发现。

然而，该地区是不会被完全忘记的，尤其是有一个问题会确保它可能会不时地出现：本·拉登的命运。他仍然出没在巴基斯坦和阿富汗边境的某个地方，这不时地会成为特别报道的焦点。例如，2004年2月28日，NBC，汤姆·布罗考的《晚间新闻》，由布罗考的继任者布莱恩·威廉斯主持，就回溯了这个问题，紧接着就是抓获了一个基地组织高级人物的报道。威廉斯背后呈现的背景是占据半个屏幕的UBL的影像，他的手指指向上方，然后是一个移动和叠化的图像设置，并形成了一个循环。威廉斯以播报开场，"今天的新闻是一个高级抓捕。这是来自于伊斯兰堡的NBC的记者吉姆·马塞达（Jim Maceda）。"后者的报道以在马路上的一次进行护送的影片开始并且将此作为证据：

> （事实）证明抓捕乌萨马·本·拉登和基地组织的高级领导人的（愿望）是强烈的。今天曝光的这些图片是由巴基斯坦军队在这星期的早些时候挨家挨户地搜查出来的，（这些住户）位于一个靠近阿富汗边界的被称为南瓦济里斯坦的一个非法的部落。

这个报道主要是军队的图像，士兵们依靠在后面敞开的卡车上，头戴的由穆斯林头巾做成的帽子和全部的装备使得他们看起来像开伯尔地区的人，挂在他们身上的是一些19世纪型号的来复枪。在这一地区的山上和山谷也有直升机的图像，并且在某一点上，出现了一个房子的照片。"瓦济里斯坦"在阿富汗—巴基斯坦边界的地图上被突出地标记出来,以瓦济里斯坦命名并且以少量的解说和阴影加以显示。节目切入两个穿着部落服装的男人的影像,他们小心翼翼地走下山坡,出现在薄雾中。马赛达继续评论道:"美国和巴基斯坦的情报资源相信本·拉登和其得力助手艾曼·阿尔·扎瓦希里就藏身于此。"这可能是暗示观众,本·拉登和他的同伴在阿富汗的行动是蓄意的,并且在这一地区与巴基斯坦有合作。然而,当天的新闻不是美国军队找到本·拉登或扎瓦希里,而是巴基斯坦"抓捕了24个以上被怀疑为基地组织的逃亡者和支持者,包括NBC新闻获悉本·拉登的一个保镖在苏丹,并且阿富汗目前处于一种被质疑的状态"。虽然在某种程度上后者是个很重要的捕获,这则新闻在一般意义上被认为是积极的,但事实上这些抓捕只是加强了本·拉登持续的自由和(其行为的)合法性。与"部落"人物和该地区山中的房子的图像相反的是,有一个叫巴里·麦卡弗里(Barry McCaffrey)(Ret.)将军的头部特写,他被说成是NBC的军事分析家,他说,这意味着他们"愈发能够将本·拉登限制在边界的一边"。然而,时间会告诉我们,这不过是充满美好愿望的想法和(值得)赞扬的可能性。

紧接着,镜头切换到一处风景,群山遥望,岩石触目可见,一些绿色平坦的地带穿插其间,军用车辆被稳定地放在近中部地带,门是打开的状态,士兵在车辆之间来回穿梭。这些影像是想要支持有关巴基斯坦军队的报道,报道称"软硬兼施的方法取得了一定的成果:摧毁藏匿基地组织或塔利班分子的部落男子的房子,然后帮助那些交出基地组织成员的合作者在部落建造水井、道路和学校。"这多少有点简单的方法在解决当代战争"全心全意"的问题时聚焦于(参考)黑手党的有效方法是什么——在此基础上如果不是贿赂的话,那安全便可能成为问题。危险的房子的图像——墙上的洞,在"摧毁"过程中出现的碎石堆,水从"水井"上的水管中喷射而出——提供了栩栩如生的(画面)增强"软硬兼施"的概念。

但是在之前不方便的部落地区发展出5000支军队增加了局势的紧张程度,从节目可以看得很清楚(回溯19世纪装扮的士兵依靠在卡车上的影像)。但是,枪手和枪火的影像资料以及马赛达的评论显示(该地区)曾发生过冲突并且当地人民被(部落分子)煽动,一些部落分子称责任应归咎于巴基斯坦军队并且要求报复,宣称"最好要提防巴基斯坦士兵"!此事件版本来自于马赛达。

然而,南亚不是唯一的进行搜索基地组织人物的地方,依照一份阿拉伯报纸的构想，从右往左浏览然后返回到页面底部的照片，这明显支持了马赛达的报道，"今天其他地方也成功了"。他继续解释说明道，阿拉伯的报纸证实"通过一张照片，扎瓦希里的兄弟穆罕默德曾被秘密逮捕两年，并将被公然地审判"，向那些没有关注报道前一部分的人指出，他是一个"关键"的基地组织支持者。虽然马赛达联系到了这点，但是一张本·拉登和扎瓦希里坐在山上的图片又为报纸上的照片提供了想象的方式，这次在合上报纸之前是慢慢地从右到左旋转地看报纸。随着马赛达在伊斯兰堡的半身镜头的切入，报道者总结说所有的一切都是明显地表达出——没有人直接考虑要抓到本·拉登本人，"尽管四处流窜的谣言涉及本·拉登的行踪，但是美国和巴基斯坦官方承认他们不知道他在哪里"。即便如此，他通过有关本·拉登被拘留的前景的说法，补充说明"情报工作越来越好，他们越来越接近了"来完成他的报道。影像和报道的相互作用，在最后，其实对这个持久的主张只起到了很小的支持作用。相反，它传递了一种遥远的不发达世界的感觉，当地人帮助本·拉登总是有利的，即便他们的装备明显是19世纪的武器装备。

在阿富汗的战役中，除了早期的军事成功，英国的媒体非常自豪于他们的记者伴随（且先于）军队进入喀布尔，并且每个频道都强调了这件事。BBC 10着重推出吉姆·辛普森的一个长篇报道，他先于北方联盟进入喀布尔，展示了前北方联盟的支持者后来叛变到塔利班最后被北方联盟处死的尸体。辛普森报道说，人们都很友好，但是"反复地说，我很害怕，杀掉塔利班"。里格·奥马尔在喀布尔的报道中展示了逃散的塔利班，包括那一刻他偶遇一个好战分子，他在两天前被威胁去射杀队员，但现在在恐慌中离开了。

天性勇敢的记者从一个特别的角度关注了美国在喀布尔半岛电视台办公室的爆炸（一则很少被提及的新闻，如果追根究底，是通过其他英国新闻广播播出的），它接近于BBC的报道，但并不包括一个BBC记者的新闻。当袭击发生时，这个记者正在做一个视频电话报道。另一方面，BBC 10显示BBC记者威廉姆·里夫坐在他的办公室中，然后因为爆炸的发生而被掀倒。报道表述了一个美国导弹完全摧毁了"近50米外的一幢建筑"，但是并没有确定是半岛电视台。在这里出现了两个级别的非常勉强的状况。一是独立电视新闻公司明显不太愿意报道BBC记者实际上就在现场而且还明显地被爆炸的冲击波震出去，另外就是一般的英国广播公司不太情愿给予半岛电视台完全超过必要程度的承认和认可——甚至到了避免提及它名字的地步（正如上面提到的有关10月7日的报道）。很奇怪，其他的英国新闻广播也没有或者看起来没有关注这件事。这表明对BBC而言，这个报道很重要，必然对他们自己的记者有影响，而他被爆炸冲击波掀倒的影像——对其他的广播公司，除了立即聚焦这个经历的或者进入影像的，在这一事件中并没有真正的利益可言。

大规模杀伤性武器的幽灵和英国上议院高级法官的阴影："非影像"的影像和影像的缺席——凯利和凯

虽然围绕着美国和英国（和其他国家）在2003年3月做出发动对伊拉克的主要军事行动这一决定的问题是很复杂的，并且这一行动声称是由联合国安理会授权进行的，伊拉克占有和支持所谓的大规模杀伤性武器（或扩散WMD/I），这看起来成为公众支持这一行动的主导原因。但是，一旦联合军力进入伊拉克，一切都变得清晰起来，伊拉克不再出现大规模杀伤性武器，甚至是1998年联合国巡视员进入伊拉克时所发现的化学武器都没再出现。萨达姆·侯赛因显然是抛弃了那些武器，但是同时却继续给人一种不仅拥有武器而且还在发展新武器的印象。一旦清楚地知道这个特立独行的君主没有拥有"盔甲"，甚至没有能够御寒的"旧衣"，那么针对伊拉克行动合法性的看法，就已经"倒灌式"地充满了大量的怀疑，合法性面临崩溃的临界点。武器的缺席，使所有相信武器是这一行动的正当理由的人最后推断已发动的军事战争是一个错误的"计划"。

这一语境下，两个人在其不合法的辩论中脱颖而出。一个是英国政府的武器专家戴维·凯利（David Kelly）博士；另一个是负责伊拉克核查小组的美国人戴维·凯（David Kay），他曾负责寻找和分析萨达姆的储存物资，并且是伊拉克的前武器核查员。在关键性的时刻，就解释整个伊拉克征服（入侵科威特）行动以及就媒体—政府间的保密关系而言，他们都发挥了重要作用。

戴维·凯利是一个受人尊敬的公务员，曾在伊拉克担任武器巡检专家，为英国不同的政府部门工作过，以及在他进入公众视野时曾被国防部所聘用，在他自杀前不久，被揭露出曾对他的雇主谎称与媒体有过多接触。这个案例的核心包含最开始在BBC广播4套上做出的断言，将之归于"资深"政府消息源（夸大了凯利的地位），并且英国政府有关伊拉克大规模杀伤性武器的档案容量可以用一句臭名昭著的习语来说，就是"更富魅力"（Sexed Up）。这个在英国被广泛地报道出来，广播和报纸新闻媒体都在捕获一个毁坏政府关系的机会。然而，这个报道受到了来自政府的挑战，政府在最原处报道的错误中发现了一个机会，并在与BBC接下来的"战斗"中给以致命的一击。在这一过程中，尽管凯利拒绝成为他雇主报道的消息源，但是最终证明他就是，因为他完全进入了公众视野并受到瞩目，包括他曾被迫出现在议会委员会前面，在议会委员会上他也拒绝成为报道的主要消息源，尽管他承认曾与记者安德鲁·吉利根（Andrew Gilligan）有联系。当然，问题是吉利根有更多保留解释，凯利事实上给了他被认为是以首相托尼·布莱尔的"狡猾的卷宗"而闻名的那一部分信息。吉利根的解释超出了凯利所说的内容。正因此，他挑起了BBC和英国政府之间的战争，将凯利置于其中并导致了他的自杀。

紧跟着凯利自杀而来的是，BBC和政府之间的怨恨以及民众中的骚动，但武器自身是不存在的，由英国上议院高级法官洛德·赫顿（Lord Hutton）围绕凯利的死亡原因展开了调查。作为高级官员，赫顿曾处理过敏感的北冰岛安全关系事务。在掌握主要的公共调查之后，人们对发现的宣告有非常大的期望，大多数是评论家的期待——大部分是因为看起来这是他们需要的——政府是野蛮的。对政府的批评正是由于特别缺乏仔细寻找关于凯利在（MoD）的雇主的责任，赫顿因为他的政府关系安全事务的经验，懂得事情如何在政府方面进行表达，但是记者和BBC并没有类似的理解，首当其冲的就是批评。的确，1991年至1996年BBC政务广播的主席克里斯托弗·布兰德（Christopher Bland）先生在2004年2月28日告诉《晚间新闻》——赫顿报道发布的当天——赫顿用一个不同的方法预估大臣官员的表现多于他对BBC和记者的判断。他似乎没有考虑到压力，在这种压力下，阿利斯泰尔·坎贝尔（Alistair Campbell）这位前第十通讯主任将广播公司置于克里斯托弗先生的观察之中。

赫顿调查报告的结果把整个BBC置于一种挑战中，它提出了针对BBC的批评，其中，BBC 10套关于赫顿调查的一则报道所承受的压力是巨大的。BBC总管格雷格·戴克（Greg Dyke）表示接受吉利根制造出来的错误报道，并道歉。但是大部分的道歉（可能会有其他的表述）是通过摄像机直接呈现的，通过紧紧关注戴克的相机的取景镜头，另外有一个镜头显示他的脸好像取景器中的步枪。这个强调了对戴克的紧密调查并且总体而言，BBC的影像强调了对他们的司法关注，也强调了他们的弱点。BBC提供了栩栩如生的但并不如其东家之意的报道。

然而，在报道有关约翰·斯卡利特（John Scarlet）的免责声明时，联合情报委员会主席和阿利斯泰尔·坎贝尔，他们两人的形象以并排的方式在分区镜头中呈现出来（来源于昔日影像）。这个栩栩如生的影像加强了他们之间的联系，而这事实上至少是一个不错的方式。表面看来这意味着他们明显走得很近，并且是相互勾结的，但是却以某种方式被免责。

与吉利根报道的准确性一样，BBC的报道程序被赫顿发现了其中不足。然而，BBC最大的缺点可能是它对于特殊问题——一个外在于赫顿的调查报告范围的问题——操作的判断，但是值得对其加以分析。格雷格·戴克或者被卷入这场日益复杂的操作之中其他任何人，在阿利斯泰尔·坎贝尔直截了当地拒绝吉利根认为档案被修改过后，意识到他的地位并不是100%确定和稳定的，他可能都不会这样做。政治家、官员和他们的专业通讯员几乎没有给出直截了当的陈述声明。任何读过官方文件的人，听过政治声明或者听到问题答案的人都知道怎样运用简短的措辞和特定的词汇来获取注意。这些来源和他们的主持人几乎不会像说"是"和"不是"那样完全地区分黑白。如果曾经的五角大楼或白宫或第十传播——或者其他政治家或官员——说有些事情绝不是这样，那么几乎就可以确定这就是真相。如果，由于某种原因，它不是这样，然后这被认为是诚实的是因为它所基于的信息自身是有问题的，或者，更可能的是因为个人参与的某些事情被忽略了。正如一个措辞大师比如坎贝尔直接而清楚地说道，有些事情是或不是如此清晰，便被想当然地认为是真实的。

因此，坎贝尔看起来会被大多数报纸和广播记者所讨厌，经常遭受攻击，并且对BBC有关政府的不公正报道而不满，但是他发现了他"报复"的机会并且得以提升自己的公共名声。虽然愤怒，但他看到了自己能够归来的机会，因为吉利根所做的声明明显是错误的——这可以百分百地确定他能够实行他的"复仇"行为，可能不相信BBC会成为保护报道者主张的障碍，这一报道者曾有问题记录被坎贝尔——毫无疑问以及他的首相——所知道，但赫顿的调查报告称其是"毫无根据的"。坎贝尔的行为方法以及BBC的反应改变了一个重要而非常严肃，但潜在而言却很难被记住的从非视觉的广播到电视新闻影像的主张。众影像从阿利斯泰尔·坎贝尔的大踏步到戴维·凯利博士的闲步经常被重播,就好像它们是他最后自杀徘徊的影像记录。

然而,坎贝尔多少有点失利,他和政府曾一度受到来自电视新闻工作室实际的嘲弄,并且在某种意义上,迫使BBC承认他曾如此告诉过他们。当非常著名的杰里米·帕克斯曼(Jeremy Paxman)在2004年1月28日BBC 2晚间新闻遇到阿利斯泰尔·坎贝尔时,事情显得似乎正是如此,调查报告也在那天发布。帕克斯曼指出坎贝尔全身心投入完成他的工作"日志",这一日志有利于公众充分了解凯利的具体身份——它之所以著名,正因帕克斯曼所引述道"去他的,吉利根和BBC"。然而,坎贝尔的坚定、冷静和自信的表现,或多或少地成为他从赫顿那里免责的一个坚实的基础,这导致了一个独特的形象,对于那些习惯于帕克斯曼的自信、持久和刚愎自用等印象的那些质疑他的受害者们来说:帕克斯曼的表情看起来很紧张,他的声音和行为愈发有防御性以及"审问者"都变得顺从了。然而,这种平静的、强有力的、傲慢的表现对帕克斯曼以及他众多的BBC的同事而言产生了同情的效果,以及在坎贝尔意图进行自我辩护的过程中显示了相当的傲慢(也许是可以理解的)。

即便是在赫顿大法官的明显缺乏有趣影像的演示报告中也可以看到影像的重要性。他曾很谨慎地计划着呈现他的报告以便防止被歪曲和误传。最近退休的英国上议院高级法官宣读他的判决概要时的静态图像对于在这一情境下理解议程,以及确保他实际上控制着他的报告的表象议程是重要的。虽然其本身并不特别地引人注目,与大多数影像相比也不显得有趣但还是占据了近一个半小时的电视直播——不仅是在24小时新闻频道而且还在主要的地面接收频道,如BBC1——这聚焦于英国上议院高级法官的影像最"残忍"的一点在于即便广播新闻非常枯燥,你也无法忽视:直播新闻——制作影像。清晰的是,由于电视作为传递和传播节目重要的一部分,有影像是很重要的。赫顿大法官几乎没有影像,干巴巴的甚至是毫无戏剧性的,但有一个现场的视觉影像证据即便不是必需的,对控制信息还是重要的。

赫顿调查报告的焦点并没有考虑广泛的和常规的大部分人认为应该发生的事情——应该回答情报问题和不存在的大规模杀伤性武器扩散,而不是回答赫顿大法官提出的关于凯利博士死亡事件的问题。2004年2月10日,BBC 10的头条报道关注了政府做出的宣告情报调查的决定,该调查意在评定伊拉克制作大规模杀伤性武器的能力。这个公告紧随赫顿调查报告而来，并且据一个美国的高级武器专家的声明，每一个参与的人对伊拉克大规模杀伤性武器的规模和范围问题的认知都是错误的。戴维·凯在前几个星期就已辞职，发言人胡·爱德华兹（Huw Edwards）告诉观众并补充道，凯曾说过，"没有大规模杀伤性武器储备"。BBC10曾制作了一档节目报道凯作为一个受众去往白宫会见布什总统。报道称他辞职了，宣称情报是错误的并且没有发现杀伤性武器储备。

有关凯辞职的报道以及他的声明已经使得BBC华盛顿通讯员马特·弗赖（Matt Frei）得出结论"政策的优先权是最根本的破坏（手段）"（2004年2月，BBC10）。当然，这并不是凯所说。凯实际上说的是，如果他以及其他的政府包括欧洲政府相信伊拉克存在大量的武器储备，事实上也这么相信了，那么他和他领导的伊拉克测量队到目前为止就应该已经发现了武器储备存在的证据。他从未排除发现一些化学武器的可能性，也证实萨达姆又开启了一个基础的核武器计划，因为他开发的蓖麻毒素已进入最后阶段，采访也证实了一些大规模杀伤性武器的项目材料被转送到叙利亚共和国，并且关于战略导弹发展的证据也超出了预期；但是他也说到有关大规模化学和生物武器的情报是错误的，并总结道萨达姆仍有"一种死到临头的威胁"，即便他的武器储备并不像政府当局相信的那样丰富。

凯的辞职和声明（即便可能也做了，因为显然他并没有打算接收资源，尤其是时间，去完成在伊拉克的大规模杀伤性武器的测量）主要在大西洋两岸的新闻广播上加以报道，但是有不同的侧重点。福克斯新闻（2004年2月4日晚上10点）报道了凯认为的蓖麻毒素进入最后阶段和国际恐怖主义在伊拉克进出，但是，在其报道中又增加了其典型的强硬保守的话风，他批评道，"当天的总统什么都没提到"，即便布什总统被错误地暗示去接受并没有证据支持反对萨达姆这一事件。这个节目包括摄影师库存的和在白宫参加会议的报道者的影像，也包括波兰总统亚历山大·克瓦希涅夫斯基在白宫与布什会面的片段，片段提到一个高级的联合国巡检员告诉他萨达姆有武器或者已经准备去生产它们——好像克瓦西涅夫斯基的报道证据足以反驳实际证据缺乏这一点。报道称，国会成员并不接受凯的言论，情报分析家还是相信在伊拉克有大规模杀伤性武器的证据——"国会的批评家们接受凯其他的言论，但拒绝接受这一部分内容"——并且没有来自白宫的压力迫使他去扭曲证据，然而被取消标记的资料镜头揭示了穿着白色套装拿着巨大注射器的人们的画面（明显是在寻找生化物质）。节目继续播放来自国会议员卡尔·莱文（Carl Levin，D-MI）和汤姆·达施勒（Tom Daschle，D-SD）的影像和原声摘要，附以"SENATE SELECT INTELL CMTE"的标签。莱文说道："太不可思议了。没有人关注决策者的夸大其词，就不应被允许去挡道。"达施勒："洗完手让它过去，这对我们来说并不合适。"记者吉米·安格尔（Jim Angle）完成了报道，在白宫外的雪地里拍摄报道布什的讲话，每个人都应该等待核查员公布他们的发现（尽管核查员的领导已经告诉他和世界了）。这也表明一种看法，选举的意义便是如何踢这颗政治皮球。

然而其他人制作了白宫访问的节目，NBC晚间新闻有一个对凯本人的采访，由汤姆·布罗考（Tom Brokaw）主持并标以"独家——晚间新闻"。[201]节目开始时，布罗考坐在对面右上角是凯的动态图像背景的演播室里。然后"去年夏天"和"2003年7月16日" 布罗考和凯在巴格达一个仓库里的画面出现在屏幕上（这是凯曾告诉布罗考所有这些装文件的盒子都可以作为大规模杀伤性武器的证据的图像）。之后，布罗考在一个"非演播室"的地方对凯展开了采访，作为额外的可视背景文本的资料性的镜头和伊拉克的建筑画面被中央情报局（CIA）的标志和在屏幕上展现的关于伊拉克核武器计划的报道所代替。一开始是黑白然后变为彩色的萨达姆和巴格达军队游行的存档资料强化了关于萨达姆"构成"的"威胁"的讨论。凯批评道，这种视觉组织物由抗议的群众和潜在的内战威胁的影像所维系，1918年英国军队在伊拉克的情景混杂着美国在巴格达的军队影像，而这超过了"越南"的阵势。因此，虽然凯可能想着"实话实说"武器的事，包括指出有什么存在那里或者正在发展的以及萨达姆是一个威胁，但是可视背景包含的影像只是强化了一个消极的观点。

采访由一个叫"深度"的节目完成，布罗考介绍，并在这个节目中报道了英国首相托尼·布莱尔被迫做了布什总统前些天做的事——承认关于之前交战时的武器报道可能是错误的。巡检员和军队的影像出现在布罗考后面，随后是布莱尔穿着衬衫出现在下议院联络委员会的图片，这是伊拉克出征之前的重要时刻之一，远征队紧随于一连串的旗帜之下——伊拉克、英国、美国、联合国等。更多有关布莱尔在议会发言的资料（标记显示是2003年9月24日）与布莱尔在联络委员会和议会的重叠的影像资料被编辑在一起，然后是凯的图像，紧随其后的是布莱尔向军队挥手和外交大臣杰克·斯特劳（Jack Straw）在议会的画面。节目以布莱尔宣称调查将在7

月"总统行动之前"这一按语结束；推测道，布莱尔可以行动的更快，因为英国今年没有选举，并且通过脚本信息在屏幕上得以加强："美国被期待发布结论之前的数月（MONTHS BEFORE US EXPECTED TO PUBLISH CONCLUSIONS）。"然而，来自伦敦的吉米·马塞达（Jim Maceda）的报道总结说调查"并不能提高布莱尔的选票率——只是有助于寻找武器而已"。这个判断在很大程度上是对的——尽管英国首相的票选率下降了，但并不影响他的选票依然是超过在野党的。但是毫无疑问的是有关真正武器的影像而不是虚假报道会完全改变政治和安全格局。

当报道在英国和美国出现时，虽然它们已经无法引起反响了，但都证实了情报有重大的缺失，包括秘密信息的搜集和评判。凯利和凯已经为这些结论做好了准备，他们都集中在纠正具有颠覆性效果的专家形象上，而这在某种程度上引导了政府政策。不管行为基础的细节有多详细，大规模杀伤性武器的缺失在美英联盟的合法性的心脏上留下了一个洞口，对其提出了极大的挑战。最后，在这种情况下，因为影像的缺失，影像与合法性相联系的重要性可以被证实。不难接受这样的反事实假设，影像证实某些大规模杀伤性武器的发现改变了对伊拉克的看法，因此也改变了合法性议程。

陨落的英雄，旗帜和颜面

CBS晚间新闻在日常广播之外增加了一则新闻，提醒听众在伊拉克"陨落的"英雄们（理论上应是阿富汗，即使来自这个战区的事件很少被报道），以保证个人的牺牲能够被知晓。这些"英雄"比那些平时被辨别出来的失去生命的人们有更大的影响力。2005年11月8日，距离最开始报道来自中西部城市俄克拉荷马州[202]的下士沙恩·科尔顿（Shane Colton）那部分"陨落的英雄"有一年了，为了完善节目，有一个跟踪报道称为"陌生人的友善"。在最开始，个人方面提到了科尔顿对他儿子兰斯（Lance）的承诺，如果他从伊拉克执行二次任务回来就完成他们的"计划"。"计划"是改造一辆1968年式的残破体育车，将"大黄蜂"变为一个"珠光宝气"的款式。然而，这辆废车未被修复，只是在科尔顿于第二次军旅的第一个月中毙命于巴格达后作为一个纪念。伴随字幕"陨落英雄的儿子"和"陨落英雄的遗孀"的描述，记者李·考恩（Lee Cowan）叙述了一开始当地的技工"店"的学徒们准备去完成这个计划，但是在这个军事小镇，他们不可能成功，因为他们也因为不同的情况而奔赴伊拉克战场。另一个"店"的学生群体来自于北卡罗来纳州，一些1200英里外的人参与进来，接手最原始的（残破的）部分车辆，其他部分由全美其他捐献者通过联邦快递提供，然后重修这个车，最后呈现的是明亮的香蕉黄还伴有两条粗黑条纹的车身，还有一个纪念性的印图写道："大黄蜂科尔顿：用以纪念CW2 沙恩·科尔顿（1971年10月30日——2004年4月11日）'吸血鬼'（Vampires）。"这辆车在拉斯维加斯内华达州（这个地名没有解释，不管是该车重修的地方还是这个家庭的住址都没有提供）展示给孩子、寡妇、摄影者和观众，在之后的11月9日交付给兰斯。有关其子的评论强调了人性善面，尽管世界上存在不幸和可怕的事，但"令人惊讶"的是还有很多"无私"的陌生人。

"陨落的英雄"的报道最初似乎是在2003年10月被一位遭遇了失孤痛苦的母亲（Lynn Braddack）所刺激出来的，她的儿子特拉维斯·布拉达克-诺尔（Travis Braddack-Nall）在自愿多留在伊拉克三个月后死于当地。[203]"陨落的英雄"的创意在一个周六的广播中再次遇到布拉达克夫人之后得以确认，这时广播正报道一群悲伤的母亲在越来越多的反战示威者的陪伴下聚集在布什总统的德克萨斯州克劳福德农场外进行抗议的行动。[204]记者李·考恩记录道："我们第一次看见她是两年前……她告诉我们一些对于她和我们来说自始至终都无法摆脱的事情。"关于布拉达克的资料影片是她直接对着镜头，给全世界提供了一个信息："全世界的心脏都将被破坏。如果你们都会遇见那些美好的男孩们，他们并不是士兵，只是美好的孩子们。"在个人的种子被播下之后，CBS的晚间新闻继续介绍每一个"美好男孩"的相貌——偶尔也有女孩——用一种简短的传记式语言，顺便也让观众有机会"了解"这些逝去的美好男孩们。

聚集在总统农场之外的那个行动也是被一位来自加利福尼亚的独特的母亲辛迪·希恩（Cindy Sheehan）所激发的，她一开始独自守在那儿就为了试图与总统见上一面。在报道出来的时候，希恩夫人为了照顾她年老体弱的母亲已经回到了加利福尼亚，但她是广播新闻关注和其他所有人最重要的"避雷针"，那些人去往炎热干燥的德克萨斯和她一起组建阵营。辛迪·希恩被看作是对他人有巨大吸引能量的代表——正如布拉达克在与记者李·考恩的一次移动的采访中体现了这点，她来到这里是因为"我猜想在这里这些容貌会成为重要的信息"。一旦做成电视新闻和关注挑战美国卷入伊拉克战争的合法性，这些容貌是必要的形象。

这些"容貌"使得美国卷入伊拉克战争合法性的挑战必然受到了关注，但是这并不意味着每个人都需要参与到游行中去做这样一件抗议的事情。也不意味着每个人都想要提供这些可以让示威者进入电视新闻视野的影像，虽然这看起来在某种程度上是希恩的部分目的。不管目的如何，希恩的形象都是消息的核心，而这则信息便是反对卷入伊拉克战争。然而，至于是否有明晰的目的，一个有争议性的问题需要被考虑到，就是电视新闻影像的环境和有关战争合法性影像的影响。正是因为在某一方向上影像具备足够多的效力，所以在其他方面的影响是不可控的。希恩的脸孔迅速成为动员支持战争的军事家庭的等效运动的焦点。毫无疑问，正如希恩的凯西兵营成为抓住"面孔"的星云团组的指向标和活跃分子积极地管理支持活动（并不是每件参与的事都有纯自发的反应）那样，有管理者——可能甚至在某种水平上代表了管理——积极组织反对反对反战运动，事实上这些管理者可以这样做是因为他们的位置是有支持力量的——支持的力量是对"面孔"的关注，这不少于支持对希恩的监视。

辨认死者影像的重要性也被美国政府的政策所关注，政策是没有提供死者影像的得以回家。一方面，这可以被看作是一种对失去亲人的人的隐私的保护，以一种非常合理的姿态。然而，另一方面，主导影像环境这可能很容易被看作是一种不聪明的努力方式，在某种程度上阻止了铺着星条旗的棺材回家的影像的播出，其实是想要阻止任何在付出代价的栩栩如生的证据面前对伊拉克战争的支持可能会渐渐枯竭的可能性。这是所有的情况，因为这个不显示旗帜覆盖的棺材的行为可能会被解读为否认或拒绝对那些失去亲人的人和他们的家庭的尊重。在某种意义上，CBS的晚间新闻"纪念陨落的英雄"的决定填补了由五角政策遗留下的缺口。

纪念日的报道聚焦于死者棺材返回影像的重要性——虽然这个报道在星期六的广播新闻的最后以相当安静的方式出现。[205]报道显示了很多存在的影像被一个运用信息自由法案的组织所获得。那些被旗帜覆盖的棺材的影像要么是在机场被捕捉到，要么是棺材滑入海里的瞬间，要么是去往墓地的途中。正如记者安东尼·梅森（Anthony Mason）记录到的，仪仗队士兵在抬着棺材时，他们每个人的面孔都是毫无表情的。梅森的评论毫无疑问地加强了影像的意义，随着棺材图片以蒙太奇的方式加以推进，表示每个人都"熟悉战争的影像，这（死亡）也是战争的影像"。棺材的影像也被制作成屏幕脚本的陈述版本，有来自五角大楼的画外音宣称禁止出现死者归家的画面"以保护死者家庭在悲伤过程中的隐私"。梅森用这个作为引语，注解说明五角大楼曾拒绝有关这一问题的采访——从而拒绝视觉增强的可能性（于它自身而言则是承认影像的优点和个人的尺度问题）——所以用这种陈述取而代之，CBS提供了栩栩如生的处理方式，尽管是一种必然被限制的方式。[206]报道继而承认隐私问题，以及有多少失去所爱的人的家庭支持这个陈述，但是其他失去所爱的人的家庭并不同意这个。报道的平衡点明显地指向了第二种，用了对琼·普雷维特（Jean Prevette）的一个采访画面，她失去了所爱的人，并不同意那种不公示政策。她那直观的证词确认了她对"战争"的支持，但是同时也认为"我们需要看到战争的所有方面"。报道中所呈现的形象促使受众看列更多的有关她争议性的一面，并且确实都存在这样一种情况，一个失孤母亲的遗憾是混杂的，因为不相信她儿子的棺材和其他一般人的一起出现。

在这一语境下，涉及一组不同的静态相片以及这些照片的拍摄者的话，视觉的重要性就进一步被强化了。这位拍摄者叫尼娜·伯曼（Nina Berman）她负责撰写一本名叫《紫色之心》（*Purple Hearts*）的书，该书描述了那些从伊拉克回来的受伤的或遭遇永久性损伤的士兵。她多少有点明显地对参与摄像和使用影像的人也不会反应过度，她直指影像的重要性在于"照片使事情成为真实"。伯曼通过追述静态事物很少有真实的意义来补充这点——在一个特殊的日子里听到一个或是四个士兵死在伊拉克并不会产生什么真正的影响或共鸣。然而，在她看来也不太可能会"对影像感到厌烦"。带回家的影像切割了现实，至于伯曼的主题或者是死亡，至于普雷维特的儿子和他死去的同伴。梅森最后的话语强调了影像的问题，"它们是给死去的士兵的强有力的图片悼念礼物。也是反映战争事实的强有力的影像"。

"陨落的英雄"部分是很不清楚的。一方面，是一种对个人的渗透法，这有助于将伊拉克战争带到那些准备见面的美好的男孩和女孩面前。随着时间的推移，这可能有助于在某些方面慢慢形成一种观点，就是战争不值得那些在CBS报道中可能见到的人们以死参战。这当然是会发生的一个趋势，在2005年8月布拉达克找到了她通往希恩的"凯西营地"之路（这名字是其他人根据希恩死去的儿子给营地取的）。个性化可能会破坏伊拉克战争的支持这一点获得了另外两个证据的支持。首先，不仅包括在这些或那些或者近似的行动中被杀害的人，也包括那些死于事故的人。虽然这些死者明显的少于战争伤亡或相关操作自身的伤亡数，但它多少都应该与"陨落的英雄"这一标签有点关系。其次，可能更有说服力的是，报道只包括在伊拉克"陨落"的人们，从未提及——在某种程度上是被"遗忘了"[207]——在后续的阿富汗战争中死亡的人，这些被布什政府指定的东西是不会被遗落的[208]。

但是，另一方面，除了它陈述的内容报道被标记、介绍和呈现的方式并不能作为对任何事情的评价。确实，在某些时候它是受到欢迎的，比如明显缺乏对死者的尊重对于美国而言是一件羞耻的事情，以及CBS被认为是首创性的报道至少在某种程度上承认了造成的牺牲。这也被认为是与美国所有主流广播电视对于战争报道普遍悲观和消极的趋势的小规模对立。[209] "CBS对陨落的英雄表达敬意"这一仪式性的介绍不会受到挑战主要是因为这些英雄在这种一夜又一夜的死者点名仪式中受到了尊重。"陨落的英雄"这一标题使得对于战争或者死者的身份没有疑问。短暂的同情，有时候很辛酸，那些失去生命的男人和女人与我们同为血肉之躯，身葬祖国这一点无论如何也不令人厌烦；他们以完全尊重的口吻，不提供社论评论的建议——超越观众脑海中的任何可能的想象（毫无疑问，这意味着多元化的观点，依赖于问题中的受众）。

"陨落的英雄"部分有一定的模糊性但却精致到无可挑剔，不足以针对其提出问题。这部分的作用明显地在逐渐削弱以及有关评论者的怀疑可能被确定了。CBS新闻的变化在这里似乎起到了重要的作用。当然，2005年最后一段日子里这一部分的呈现是有转变的。首先，CBS似乎松了一口气，因为有机会停止这一部分的报道。然后，在重新报道的一开始和之前是一样的，一小段时间后，这一部分发生了变化，其时标题和内容也已发生了更改——重要的差异产生了完全不同的色调。

CBS这一大的改变涉及人事。作为资深编辑的长期主持人丹·拉瑟（Dan Rather）在2004年的总统大选中犯了严重的判断错误，因此被迫回避。他因为反布什报道承担了其个人的责任，这一报道基于错误的证明文件并且更糟糕的是，结论是以社论形式发布的而且没有运用专家的观点，这一行为使得CBS在准备报道的过程中录制的声音文件遭人质疑。这意味着在CBS新闻组中有显著的反布什议程，不管怎样事实的确如此。更确切地说，在美国传统中，新闻主持人——不仅是发言人，也不仅是知名主持人，甚至是资深编辑，都能做出决定并领导新闻组[210]——在

CBS晚间新闻中是主要的引导力量。毫无疑问，"陨落的英雄"部分有拉瑟的责任在里面。然而，在他因为错误以及由于明显的反布什议程辞去资深编辑一职后，不难判断出CBS中的其他人因为相关报道而不开心——并且他们尴尬于中立立场和正直品质的丧失。在这一情境下，不管在"陨落的英雄"部分背后的真实动机是什么，都似乎更加被批评者们认为是——反战——即便很小心地去模糊这一目的。

这一部分当然不会被停止。然而，2005年9月初，当飓风卡特里娜摧毁新奥尔良市和美国墨西哥海岸部分区域的时候，CBS立即以同等的节目报道来取代"陨落的英雄"，这一报道有关在飓风中失踪的人，这一在美国大陆发生的人道主义灾难在短时间内占据了整个版面，甚至没有或者几乎没有其他事情进入晚间新闻的报道。形式总是相似的，导语"CBS'纪念陨落的英雄'……"被切换为"CBS邀您一起寻找失踪的孩子们……"。但是一旦卡特里娜的风头过去了，"陨落的英雄"们又回来了，虽然其关注度受到损害，但也表明一个替换的事情可以帮助CBS缓解创新策略带来的冲击，但这一创新在某些方面却是沉重的负担，比如，一则条目并不是"新闻"，只是一个持续的含蓄性的评论。

"陨落的英雄"在2005年底成为"美国的英雄"，在10月期间因为"飓风卡特里娜"袭击美国墨西哥海岸带来的人道主义灾难而消失之后又回到人们视野。12月5日，新方案公布，希弗在介绍时说它是"晚间新闻致敬美国军人的扩展版本"，继而"我们的'美国英雄'系列现在不仅包括那些在战争地区死去的人们还包括那些在斗争地带和其他地方展现出不凡勇气的人们"。这个新形式的第一个案例是在伊拉克战争中因受伤而被截肢的梅利莎·斯托克韦尔（Melissa Stockwell），她准备参加2008年残运会的马拉松比赛。12月9日，这个"美国英雄"再次成了"陨落的"英雄，在伊拉克战场上被地雷炸毁。

美国英雄部分与其起源陨落的英雄有四点显著的不同。首先，美国英雄部分不仅仅只考虑死去的人——焦点的转移意味着在行动中没有被杀害的人毫无疑问地也被自然地包含在"英雄"之列。第二，那些在行动中受伤的人以及表现出英雄气概的人都会受到关注；不仅是给予死亡者空间和信任，而且对于生还者和完成任务的人也是如此，这保持了在伊拉克战役中的中立地位（也可能是加强了这一状态），不管受众方面是支持或反对这一战略部署，都给予了这场战役一个更充分更圆满的评价。第三，这一范围扩展到了包括卷入阿富汗战役的全体军事人员（例如，直升机飞行员一级准尉（Chief Warrant Officer）克林特·普拉瑟（Clint Prather）曾为阿富汗总统哈米德·阿尔扎伊开过飞机，但是在2006年1月18日，因直升机遭遇沙尘暴坠毁死亡）。第四，CBS晚间新闻主题曲是恭敬而悲恸的——一般在悲伤的场合播放——伴随着陨落的英雄获得一种更明亮的，乐观向上的陪伴式的和平；前者继续伴随着陨落英雄的报道，而后者，有着愉快的自信感，伴随着生还与成功的故事。总的来说，这些变化从名称到组成部分，虽然有持续性，及评论范围的变化，但也因此有意或者无意地（一般都怀疑为有意地）表明，那些评论都是有边界的。美国英雄部分没有持续下去这一事实支持了这一推论。不久以后，它逐渐变为一个偶然性的报道，慢慢地退场但也不是绝对完全地消失和"变化"，执行者将其放入一个可能更持久的报道，由戴维·马丁在8月3日和4日做的三分之二的报道证实了这点。[211]陨落英雄部分的批评，含蓄地认识到在转向美国英雄过程中以及不断增长的报道出现的不规律性都反映了有关伊拉克战争的人员成本的军事活动即人们承诺长期潜在的暗示——展现了那些人的面孔、家庭和身份统计，以一种尊敬的礼仪呈现并完全被其自己所接受——耗尽了其合法性。

占据先入之见——美国的国家形象问题

在复杂多变的背景下，战略成功的一个关键方面是寻找对动态影像自身环境的关注。这一环境下，"9·11"袭击之后的数年里再没有比受美国控制的伊拉克阿布·格莱布监狱的虐囚影像更具有显著影响的事情了，该影像画面在2004年4月被CBS新闻爆出来，包括《60分钟》特别节目以及CBS晚间新闻也影射该事件。虽然虐囚事件经过军方一段时间的调查，有关其调查报告也在一月份给了巴格达大部分"反应迟钝"的媒体队伍，但是影像仍使得问题扩大化了。

尽管五角大楼做了各种努力运用友好的媒体关系去阻止影像的公开——因为非常合理的假设认为它们会对美国在特定时刻的行动有诸多负面影响，该行动是准备在2004年春天时开展对费卢杰反叛者大本营的重点打击——然而，即便如此努力，这些影像还是出现了。在五月的参议院听证会上，英国新闻频道进行了全程直播并且美国通过特别节目进行了最大限度的报道，国防部部长唐纳德·拉姆斯菲尔德（Donald Rumsfeld）被问到他是否授权参谋长联席会议主席理查德·迈尔斯（Richard Myers）将军要求CBS"压制"它的报道以及"压制"图片的公开——迈尔斯曾与CBS的主持人丹·拉瑟（Dan Rather）保持了长期的关系，其运用个人影响力劝阻CBS不要报道这些会不利于行动和美国军方人员生命的影像。迈尔斯和拉姆斯菲尔德都拒绝"压制"一词的使用。另外，迈尔斯否认他担心的是这些影像会对主体战争结束后处于非常艰难时刻里的军队产生影响，并且称他只是要求CBS推迟有关其报道。他还说到，他知道无论怎样这些报道都会出现，只是避免在这样一个敏感的时段传播。拉姆斯菲尔德强调了在他看来要求CBS推迟报道是正确的决定。

即便拉姆斯菲尔德如此尖锐地加以断定，问题是影像发挥了作用，"在受到抑制的和平年代，由于战争时段下的合法诉求，在人们带着数码相机到处奔走的信息时代，他们拍下了这些不可思议的照片然后通过他们'不合法'的媒体加以传播，令我们惊讶的是，他们甚至没有到达五角大楼的现场"。这一情形下，没有"一个人触及事件边缘，除了史密斯将军，他甚至见过这些照片（照片来自阿布·格莱布监狱）"——并且只有将军见过是因为他在事件调查中的角色决定的。令人感到十分惊讶的是国防部长直到前一天下午7点30分才见到这些照片，这对他们制定政策具有重大意义。（也有可能不管是否在政治上有专门的理由他都偏向于不去看它们）。然而，有同等合理的和可能更可信的事实是照片的重要性没有被证实，所以也没有被需要，并且正如拉姆斯菲尔德所述，他们曾正式保留了部分犯罪调查，在调查中他们保证过程严密及其部分是保密的，并且仍未判决。作为此事的部分结果，至少拉姆斯菲尔德也没有看到视频，这在他的证词中有提到。他是在回应参议员林塞·格雷厄姆（Lynsey Graham，南卡罗莱纳共和党人）的问题时证实了这点。

参议员格雷厄姆询问了有关照片的一系列问题。回应拉姆斯菲尔德开始的言辞，他说"糟糕的事情来临了"。他问拉姆斯菲尔德是否看过视频——他不曾。（拉姆斯菲尔德的回答很奇怪，漫无边际地，令人好奇是否碎片式的影像有两个分离的磁盘，或者他是否是在简单地复制而没有掌握视频材料。）格雷厄姆问史密斯将军他第一次看到照片是什么时候以及他之后的判断可能暗指着什么；史密斯将军说在三月末看到了照片，这些照片是调查的一部分。他最终磕磕绊绊地说出了他的回答，他意识到这些照片可能会爆发。将军被问到当他命令CBS时是否看到照片。他也不曾，但是他已经意识到了，正如在五角大楼里的很多人知道这些问题和调查。迈尔斯将军也说道检讨过去将会更好地让白宫和国会知道接下来怎么做。但问题是即使那些看过照片的人，那些意识到问题的人知道如果照片进入公共领域会产生一个高度敏感的问题，有关照片的描述仍未证明照片自身所可能产生的影响。实际上，一张照片胜过一千句话这点从来就不真实，或者确实要更多。

报道多少有点与迈尔斯将军的观点相反——并且国防部长的观点表达得更早些，参议员希拉里·克林顿（美民主党人士）表示虐囚事件在塔古巴的报道中被详尽地描述出来——有关虐囚事件的军方内部调查在三月份已经完成，紧随其后影像被爆出来。因此，她更深入地总结道，对于照片的强调而制造出的影响是错误的。她说，无须采用过多的想象将文字变为影像。她也询问了有关日内瓦公告和拉姆斯菲尔德的声明，他们都没有运用关塔那摩在押人员的案例。她说这一事件"发送了一个信号"，并且塔古巴的报道连接了阿富汗布卡营地的虐囚事件。拉姆斯菲尔德的回应证实了塔古巴报道是逼真的——并称比之前的报纸报道和调查报告更详尽。但关键是，他补充道，看到照片的确会造成影响。在一月份有关虐囚事件最初的文本报道和之后四月份公开的照片之间的覆盖范围和影响都有不同，不可避免的结果是参议员克林顿在这里比国防部长更缺乏劝服性分析。正如他所说："你阅读的是一回事，你看到的图片又是另一回事。"拉姆斯菲尔德承认他的错误是没有明白这些文字的意思。他直到前一天下午7点30分才看到图片，此时照片已经出现在报纸上了。他没有看到该事件所引发的"重力"。参议院比尔·纳尔逊（Bill Nelson）强调了这点，他肯定地说："当你认为很多时候文字不能简单地达到其目的，你是对的。图片及可能的标志在表达思想和形象方面更重要。"在他混乱的语言中，纳尔逊切中了要点。一份军方内部犯罪调查是什么，是参议院召开听证会时的证据，拉姆斯菲尔德辨析道，有可能成为战略上的潜在危险。

在层级复杂的传播媒体和多方向的受众环境中，有关阿布·格莱布监狱的影像在战略上的影响和战略性管理影像的困难可以在2004年5月CBS晚间新闻广播中看出。广播在其开始的三个节目中层次复杂而又紧密地从多方面加以论证。三个节目都是有关阿布·格莱布虐囚丑闻的，是CBS首先发现了这一丑闻。第一个节目报道一开始就宣称布什总统出现在阿拉伯电视新闻台，并且运用平行剪辑的方式插入电视屏幕，第三个空白屏幕强调布什没有对被认为是阿拉伯主要的国际频道半岛新闻台讲话，并且使人明白总统未能满足一个全面或明确道歉的要求。第二个节目直接通过镜头不仅报道了美国空军准将马克·基米特（Mark Kimmitt）和乔治·米勒（George Miller）将军来自伊拉克的道歉，而且包括阿布·格莱布监狱，本想在好的光照条件下显示监狱，但是这一效果被女人的尖叫声破坏了，并准备去展示其他营地，但监狱中没有关键的场地。这个节目显示国防部长唐纳德·拉姆斯菲尔德在早些时候也参观了阿布·格莱布，削弱了第二节目中由米勒将军和部队指挥官理查德·桑切斯（Ricardo Sanchez）将军代表军方做出的道歉，理查德·桑切斯将军在阿布·格莱布方面拥有影响力、学问和指挥权，而虐囚事件正发生于此。将其放在一起，并通过新闻时报和网站加以强调，与影像一样相互影响，从一个广播电视台出来的三个节目反映了一种视觉文化，影像主导了对战争和政治的理解，但是有重复性、不可控性和不可预见性的影响。

在CBS播出之前，有关阿布·格莱布的影像已经持续了近一个月的时间，参谋长联席会议主席理查德·迈尔斯（Richard Myers）将军碰巧与当时的CBS晚间新闻的高级编辑和主持人丹·拉瑟（Dan Rather）有长期友好的关系，他向拉瑟透露消息并要求他不要展示和报道这些影像，因为接下来在伊拉克还有行动。迈尔斯强调在当时的背景下这些影像具有的破坏性的意识，这一破坏性与安东尼奥·塔古巴（Atonio Taguba）将军有关虐囚的报告可能具有的影响一样，报告刚刚完成并被认为是内部文件。拉瑟同意将其推迟一周，之后就是一周又一周，但是最终不得不说他将会报道这些影像并准备这么做，因为其他人知道了它们的存在并且不可避免的是会有其他人使用影像（《纽约人》）。拉瑟向迈尔斯强调，做这件事是记者的本职，即便他个人和CBS都准备好尽可能配合减少对在战场上的军队的潜在威胁。然而，他强调如果他们可以首先掌握和影像和新闻报道，之后再考虑商业操作，CBS必选第一个。最后，不管是通过新闻媒体还是通过政治频道揭露的，不能否认的是通过它提供的公共责任是令人满意和有必要的。但是这些素材在满足责任的同时也对战略有潜在的危害。

三个节目一起介绍了四个因素，让关于此事件的思维暂停下，（我们）需要考虑有关动态影像媒体，特别是影像自身的重要性与当代武装冲突的关系：目的、本质、多样性、复杂性。第一个问题是目的。布什总统出现在自由电视台和阿拉伯卫星电视台的目的是什么——确实没有出现在半岛电视台？[212]难道目标受众是伊拉克民众？目标受众是美国民众？还是泛阿拉伯世界？或者是整个世界的民众？虽然现有的证据无法确认此事，怀疑布什的目标受众主要是美国民众。但是谁是目标受众并不会产生什么影响，因为一旦这个特定的头部特写头像进入框架，它将会被其他众多渠道加以接收和解释。一旦影像出现在其他渠道便是不可控的。无法保证其影响。无法控制将会有的反应。没有必要通过特定的方式去权衡特定的受众。将军们的目的是什么？看起来他们更可能尝试着在伊拉克设置受众，但在那里不可能有如此大的影响力。具有重大意义的是，虽然布什无法直接道歉，但是将军们坦率地说"我道歉"。在这一背景下不难感觉到美国空军准将基米特将军的遗憾，他是第二个表达歉意的人，因为他在先前的一月份发布了一份简报称虐囚事件已被确认并且军方已经调查了——但是没有人在乎他说了什么。只有当影像被爆出来的时候，这份简报才突然成为一个特大报道。节目中空监狱的影像说明美国军方明显地试着去说"看，这非常好，这并不像一般监狱那样坏"，但是被楼上女人的尖叫声给毁了，因为尖叫声压过了影像。目的是显示阿布·格莱布监狱不是那样坏，但是空监狱的影像，来自其他地方的声音，只留下萦绕的感觉，有什么事是错的。空监狱的影像充斥着画面外的声音使得构建良好形象的尝试无用了。就目的性而言，没有办法控制将要发生的一切，那样只会走入歧途。

节目中有关阿布·格莱布囚犯影像的缺失通过参阅日内瓦公约可以解释，尽管是日内瓦公约规定，但同样也是达不到预期目标的——尤其是因为有大量其他的案例展现了囚犯们。这并不意味着这些场景是对的，也不意味着在这些场合不展现囚犯的决定是错的。但是先前的实践确实意味着影像的缺失制造了信任的黑洞。允许其他营地影像播出的决定，如果囚犯们在那时全部被展现出来，在那种背景下像一个空的安慰剂。一个积极的形象不该由消极的虐囚影像来"打扮"，但是这也可能是一个去巧妙地赢回场面的更好机会。

第二个问题是媒介。很明显排在第一级的是电视新闻，在这个案例中显性的动态影像作为关键媒介。并且由持续运营的消息时报脚本加以补充，无论是在CBS晚间新闻或者是自由电视台和阿拉伯卫星电视台的广播上——半岛电视台也一样。（当然，有关总统没有去半岛电视台的问题仍被电视台提起，只有重播和以不同的方式来解释，可能唯一确定的问题是由于电视台的地位而不是布什的问题。）深一级的是数字手机和数码相机的重要性，它们在第一现场生产了虐囚的影像，但影像的传播速度也是急剧增长的，再次强调，任何人寻求管理这场运动都是不可能的。[213]更深一级的包括传统的报纸和漫画。它们生产影像并用新的讽刺和破坏的方式去发展。在一个美国新闻节目中所有的一起拿出他们的代表作，证明这些毁坏性的影像的讽刺性变化不仅与他们各自的文化背景有关，而且也跨越了所有其他方面，尤其是在美国形象合法性的环境中。这些讽刺性漫画其本身不会毁坏美国军方的合法性，但可能会作用于此，或者标志着对美国支持的削弱，在对该状况的回应中这种强烈的趋势可能已经发生了。当然另一个层级包括互联网网站，通过信息流来引导对其的兴趣，并且受众一般都知道事情会以任何方式存在于此。

多样性组成了第三个主要问题。就不同媒体的复数性而言它是多样化的（记住"媒体"一次本身就是复数），并且每一媒介自身会有多样化的来源。有多少网站处理信息和影像？有多少电视台？这里节目讨论的是来自CBS新闻提供的版本，通过一个小例子来呈现。同样也有一个多样化的发言人头部特写。应该注意一下，这些总是形象的。电视新闻不喜欢有空白的空间，总是会提供某些影像，而这常常是某一发言人的头部特写。但是这也意味着对此总是会有多种多样的声音。所以当布什总统试着用一个头部特写来呈现他自己，提供这一影像时总是作为补充物，但也招致其他人的微词和反对。

多样化意味着复杂性，这是这里的第四个因素。由于其复杂性，因为无法控制影像和他们的影响从而也无法控制信息。这对于所有在这里讨论的影像都有效——发言人头部特写、营地监狱、悲伤的伊拉克人民，尤其是虐囚事件。明显地，任何压制虐囚事件影像的意图都是愚蠢的，因为它们无论如何都会被泄露出来，而且总是会被莫名其妙地假设。基米特在一月份提供一个影像给出原始的简报全部有关美国军方或政府条款，这样会更好吗？这并不必然是"好的"，但必须问这样的问题，它是否能够有所帮助。当然，一个影像仍需进入多样复杂的环境之中，在这一环境中可能会走向不同的方向，但如此做得到的机会总会比只是等待要好得多。

最后，米勒将军在第二个和第三个节目中都出现了。虽然节目二中由于他的道歉呈现了一个积极的特写影像，但是节目三中他被看作是个官员，作为监狱的领导，他的语言，在第一现场为政策背景设置语调和情景。[214]一方面，他看起来在道歉；另一方面，他实际上明显是政策的制定者。因此，对影像缺乏控制这一点通过观看相连的两个节目得到了加强——在这一节目中诚实为官兵道歉的米勒的形象（军方想要的效果），被另一节目中鼓励故意伤害和虐待的形象所破坏。

在政治家和军方之间的差异和紧张同样可以通过2004年5月播出的CBS晚间新闻看到。布什不能够亲自说出"我道歉"或"我很遗憾"或者任何可能适当的话语。相反，军方知道做这件事应该是坦率的，在最开始就直截了当地说了。如果布什什么都不说可能会更好，他们只需要军方说一句"抱歉"。这仍旧不会改变这一处境，但是它可能会稍微好点儿。事实上，结果是美国电视新闻都评论说总统不能进行适当的道歉，因为他试着给出一种歉意的印象，但却没这样做。[215]阿布·格莱布事件被CBS描述为"一个转折点"。这对美国所做的事情来说是个决定性的挑战。相较于其他单个战役、打击或交战国形象而言更可能会毁坏美国在伊拉克的战役和更大规模的世界反恐战争中的合法性形象。

电视新闻明显不同于剧情片或纪录片和时事电影，组成节目的动态影像要小心地构造、精巧地制作以及随着时间的过去而完成。电视新闻更即时地生产并对它的受众产生作用。然而，像其他形式一样，作为一个动态影像媒介，开放式地生产素材，邀请和提供有关武装冲突的观点解释。在其尝试扩展理解和联系受众方面也关注了人类的经验。更重要的是，即便作为一个媒介有时被认为是谈话型而不是视觉型，或者也只是扫视型而非观点型，但仍是一个基于影像叙述的媒介。媒介的本性——是视觉的；因此它需要影像。影像制造新闻。在任何给已出的情境下，在可接受尝试的范围内影像越强越好。如果强烈和生动的影像没产生作用，那它就总是一个较弱的影像，不论其库存是照片，资料片还是头部特写。无视觉不电视新闻。然而，更多的视觉材料，则更可能在电视上表现为"新闻"。

在某种程度上，战争与电视新闻相互之间不可避免地会产生联系，在电视新闻中冲突的影像往往易被捕捉到。受苦的人们和爆炸的画面，燃烧的物资或者军事设备，或者目标寻找者将镜头对准他们的目标，所有这些组成了电视新闻理想的素材。这让电视新闻在战争中有了特殊的地位，实际上，它建立在与其他动态影像媒介共同的影像叙述基础上，但是可以拥有一个广泛潜在的受众群。在某些方面电视新闻成为当代武装冲突的一个主要的战争背景。正如在这一部分所看到的，当代战争的流动和结果取决于影像传递的成功和影像的叙述。虽然这些更可能在更多的研究和更长的剧情小说、纪录片和时事的形式中不断地发展，但在电视新闻主要的领域中运用影像作为武器加上即时效果的真实潜能将被发现。

波斯尼亚、"9·11"、伊拉克的阿布·格莱布监狱丑闻都证实影像可以影响政策、战略和成功。虽然电视新闻有很大的局限性，但其也有巨大的潜力，即便在面临影像的巨大力量时，如"9·11"袭击事件，不同熟悉程度、不同能力和有不同机会的人也可以一起给不同的受众提供不同的经验和对事件的解释。有关双子大厦倒塌的影像日益清楚，不管特别的解释是即时做出的还是经过一段时间做出的，一个强有力的影像都会将其打破。影像冲击或者偶然通过照片揭露的伊拉克阿布·格莱布监狱的虐囚事件，波斯尼亚营地的启示或者面临死亡的苟延残喘的个体，都对合法性有影响——即便不一定能够预先判断出这些不能控制的武器的精确影响程度，甚至在事后也不会特别清楚。如果有什么能够证明培育合法性影像的重要性——或者更重要，中立和适应对它严厉的挑战——那便是美国领导的伊拉克战役后有关大规模杀伤性武器影像的缺失。在当代战争的背景下，电视新闻是作为武器传递影像的主要途径。那些影像的存在或缺失，在某些情况下是成功与否的关键点。

第六章　影像的基本原理

至此，在本书中，我们从各种不同类型的传统动态影像媒体中举例来考察动态影像媒体的本质及其同当代战争的关系。动态影像媒体受其对那些界定它们的影像的渴望所驱动，并辅之以显著的人类体验。有鉴于此，考察关涉媒体本质的其他重要方面就显得很适宜了。这些重要方面包括动态影像媒体呈现战争时的"漏洞"（holes）——理解为何某些影像（更不消说其他信息）在动态影像媒体的动态框架内找不到位置。它同时也意味着要思考动态影像世界内新近出现的重要因素，尤其是要思考数字革命中的不同表征——如同我们所指出的，即便它往往确证了传统媒体持续不断的重要性（除了确证新媒体对决定常规文本的相同要素的依赖性）。在本章中，所"遗漏"的东西会联系非洲安全来加以讨论，它在西方主流媒体环境中所获得的关注要比其他冲突地方少得多——尽管它是一整块大陆，它的许多地区充斥着和平与战争的报道和影像。在随后的三节中考察的是新近的发展动态，涵盖了电视新闻世界中的数字影响力、变化和延续性。最后考察的是由个人、公司在屏幕上呈现战争——虽然是由数字化变革引发——的不同方式的变化和延续。

非洲、影像、战争：黑洞

在2001年9月11日上午8点半之后的节目环节中，美国广播公司的"早安，美国"就一个新的情景喜剧行将开播（以演播室的采访作为导语）作了报道，接着又采访了约克公爵夫人萨拉，问她在周末将为威斯康星州的节食减肥者们做些什么。此后，插播了一刻钟的广告，这一轮广告代理的是一家欧洲轿车制造商，它在结尾处是一个带有性暗示的片段——旅行车上下颠簸。随之而来的是为特德·科佩尔（Ted Koppel）的"晚间热线"所做的节目预告。科佩尔富有磁性的嗓音发出咏叹调般的声音："三年前，三百万条生命……"让人脑海中浮现出身心备受摧残、日渐消瘦而行将死去的非洲黑人。在指认这个地方是刚果民主共和国之前，他就宣称："我们想你们是应该知道的！"他自己则坦诚，很惭愧！他和美国广播公司此前竟然没有加以报道。但他同时也承认，就在那个晚上他们将"纠正错误"。随之而来的是一个美国主流电视媒体绝少出现的死寂般的瞬间，它似乎是有意让出了一个令人敬畏的停顿，好让观众去沉思那部严肃的预告片。随后又是一大段空白（无内容）的黑频。然而，那死寂般的几秒也可能是在节目转换中发生的一个小小的故障，只是"早安，美国"回到严肃新闻报道前的几个停顿瞬间而已。有报道说，有一架飞机撞向了世贸中心大厦。呈现纽约遭到破坏和人们遇难景象的镜头淹没了一切，对美国广播公司的新闻和时事制片人及其观众来说，这些镜头要更为直接、更为剧烈，影响更为深远——深入骨髓！在被忽略三年之后，非洲马上又再度被遗忘了。从那一刻起，电视广播时间表被彻底打乱了。科佩尔为被遗忘而他和同事为之羞愧的议题所做的预告片本来可以与其他节目相提并论，结果又被忽视了。回归美国本土新闻报道意味着旨在修复非洲报道中缺漏的努力被搁到一边，这其中充斥着反讽和伤感。这一结果恰好是一种隐喻，它暗示着这样一种现象：非洲的议题几乎总会被其他的事件挤到政府的决策议程和影像媒体的报道议程这两重议程之外。[216]

对非洲的关注越来越少，这一点也可以从丹尼斯·塔诺维克的电影《无主之地》中具有反讽意味的引用语中掂量出来，在电影中，一位波斯尼亚的穆斯林在读报时评论了发生在卢旺达的骇人听闻的事情。这是一种富有幽默感的并列，一经反观，相比较而言，波斯尼亚的危境并没有卢旺达的处境那么险恶，而且已有证据表明后者的事态发展还会更糟糕；与此同时，这也是卢旺达自身获得关注度少的一个表征，在1994年同一个时间段的大部分时间里，相比于波斯尼亚，它在现实中比在电影中所获得的关注度还要低。对非洲的媒体-安全进程而言，这太正常不过了（是一种常态，是意料之中的事）。事实上，这里所能做的努力就是不要完全放任这一态势的发展——尽管我们所做的规模比我们原初设想的要小，当时，我们希望围绕冲突从经验层面上来架构本书，而不是围绕动态影像媒体的类型和维度进行专题式架构。鉴于要考察作为武器的动态影像的性质这一使命，我们实际上所采取的方式要明智得多，另一方面，之所以决定不诉诸一种基于冲突的架构方式，是因为受到了某种善意的批评的影响，这种批评恰当地指出：非洲是一整块陆地，而其他冲突地区则是某些区域乃至于国家，因而，它对把非洲当作一个整体来看待的做法提出了质疑。尽管非洲是一块复杂多样的大陆，但应该指出的是，无论这块大陆上的冲突有多大的区域特殊性，从意识形态上讲，研究非洲及其冲突的学者们确实往往都把非洲当作一个整体或当作撒哈拉沙漠以南的部分来看待。要不然，有足够的理由把它当作冲突和影像互动的"案例"。然而，正如这里所阐明的，研究的关键所在是要意识到：被安全问题所困扰的整个非洲大陆，不仅在研究它的学者和与之相关的行动者的心目中构成了一个整体，而且，为了武装对抗与为作为当代冲突特征的合法性而竞争的动态影像之间的关系的性质得到阐发，就其所所呈现的内容而言，非洲大陆也构成了一个整体。正如在以下所显示的某些研究发现所指出的，专家们就是把非洲当一个整体看待。就广播媒体报道和安全关注度而言，整个广袤的非洲陆地被简成了一个微不足道的地方。

那么，有一条普遍的法则就是，"非洲无关紧要"，或至少是，就人们所付出的代价而言，要让非洲变得重要起来的"汇率"是很高昂的。当然，这一法则也有偶发的历史例外。譬如，具有反讽意味的是，电视全球化时代首要地聚焦于一个非洲问题，那就是埃塞俄比亚的内战所导致的饥荒。然而，颇为讽刺的是，恰恰是发生在非洲的冲突最不被理解，最少被报道和呈现。如同下文所显示的，全球效应最快速地把这一整块大陆及其灾难从新闻和时事屏幕上抹掉。正是于1984年迈克尔·伯克（Michael Buerk）在BBC上所做的著名报道，使非洲的饥荒问题引发了世人的关注，尤其是引起了鲍勃·盖尔德奥夫（Bob Geldof）的关切。盖尔德奥夫通常被人描绘成一颗正在坠落中的中等水平的摇滚明星。他看到了报道，受到激发而动员起整个音乐界，其中有另一名音乐同辈——米奇·尤尔（Midge Ure）。尤尔是另一支乐队的领奏者。盖尔德奥夫同他一道（这一点似乎也往往被他自己所忽视）制造了最终成为"现场捐助"（Live Aid）这一空前盛大的媒介事件。它借助卫星和广播实现了伦敦和费城两地慈善音乐会的同步播出，从而面向了最广的受众。全球三分之一的人口观看了"现场捐助"，它不仅募集到了巨款来救济埃塞俄比亚的饥荒，同时也推动了国际社会对这场灾难的关注。然而，即便伯克拍摄了一部20周年的纪念电影，重温他在那些历史性报道中所遭遇到的外景地和人物（突出介绍盖尔德奥夫的所作所为），那场战争在很大程度上还是被忽略了。如同詹姆斯·沃尔顿（James Walton）针对影片在BBC1频道上广播而为《每日电讯报》（*Daily Telegraph*）所做的影评时所指出的：

> 在对那些年来的埃塞俄比亚做出评论时，结尾的那部分是伯克自己写的内容。任何对非洲政治有点生疏的观察者都很可能偏爱更多有关在该国内战中到底谁同谁为了什么而打仗这类细节。[217]

非洲安全问题乃至于人道主义维度上的安全问题都在争相进入西方新闻机构的议程中，西方政府在大多数时间内的多数情境下也都是如此（展开争夺）。

在专家们看来，伯克报道中所指控的失误对非洲来说是再正常不过的事情。[218]譬如，他们认为仅仅从冲突本身的角度报道苏丹达尔富尔地区的冲突是过于简单和脱离情境的。就报道细节而言，一个总的印象是：在一个冲突譬如伦敦爆炸案的西方新闻报道题材中，大量的注意力投向经验细节，如准确的死亡人数，与之相对的是，在非洲，即便是同样一个报道所包含的却是完全不同的死亡人数报道，都是一个大致的、猜测出来的总数。[219]这其中反映的是新闻发生地是在"近处"还是在"远方"之间截然不同且又反复出现的对比。[220]无论是对公共政权还是对广播利益集团而言，情况都是如此。2006年夏，达尔富尔再度成为一个新闻热点（这是由钳形运动所引发的结果，一方面，非盟微型军事和平行动行将结束，同时好莱坞明星兼导演乔治·克卢尼等名人进行公关推动），不过，发自黎巴嫩的人类遭遇破坏和伤害的影像铺天盖地，还是盖过了达尔富尔问题。相比较而言，这些影像显得尤为突出，发自黎巴嫩的毁灭性的打击影像同发自苏丹的那些看似只是非洲普通形象的图像形成了鲜明对比，后者只涉及当下的饥荒问题，而没有出现人类所发生过的种族清洗（包括把人们赶出家园烧杀）的迹象——至少视觉上的迹象是不存在的。[221]

非洲形象要带有某种特殊的东西以便调准于西方的屏幕。由此，值得注意的是，有关非洲安全的题材是否真的被报道了。对广播记者所做的焦点小组调查中有一位调查对象指出，在20世纪70年代或更早时期，似乎是"每个人""一个星期接一个星期地"都在安哥拉或在罗得西亚。有可能是：一个星期在安哥拉这一边制作一部电影，下一个星期又直接回去另一边制作另一部完全不同的电影。然而，不可"想象现在会这样地发生"。[222]其中的原因在于新闻制作者对他们想象中的受众的理解，而在某些场合这种理解则完全建立在他们自身组织的受众调查上："我们知道，它是受众的杀手。"可以理喻的是，这导致特派编辑提出了一个尖锐的问题："我们必须这样来处理它吗？" 当然，他们不愿意这么做是可以理解的："这么去委派简直太难了……因为等某一天结束时，你的受众会走掉一半的。"[223]问题不仅仅出于特派编辑缺乏热情，其他的困难如信息接触上的困难——譬如，要获得苏丹的签证去报道达尔富尔地区，据说是一大难题。报道非洲如达尔富尔地区的相关题材所要付出的成本代价之大就是一大影响因素。"它是一种多重的不利因子。你是电视的特派记者……要去做报道简直太难了，甚至有点代价高昂，它很危险，有那么多的议题——你知道，这些都是安全议题，真不值得去冒险。"[224]就潜在的危险而言，这是一种获得其他人强烈共鸣的看法："为星期六晚上那半小时的节目，值得去冒生命的危险吗？"[225]多少可以理解的是，在24小时新闻频道尤其是BBC和CNN上总会有点相关的报道，不过，即便有这种报道，它也往往会受到限制，笼统模糊，而且很少被转换成拥有受众群要广得多的主流报道。ABC对刚果冲突的描述在本章开篇曾提到过，它并没有什么特别的地方："刚果战争在英国几乎根本就没有过报道，可要知道，那里死了三百万人。"同样，当人权观察（总部设在美国的一个非政府组织）最先就那里的局势制作了一个重大报道来激发、敦促国际社会采取行动时，"可惜这个报道被所有人忽视了"。只有在好几个月后由于英国ITV新闻和星空新闻加大了报道，也因态度坚决的BBC能够"鼓起勇气"说出"我们已经五次到过那里了"，事件激起公众的义愤。但即便是BBC的"优秀记者"所制作的报道"也只可能在下午3点的BBC世界报道中播出……我想，只有某些图片偶尔会'登爬'上'六点整新闻'的后半时段。报道非常简短，还有点怪诞和异域风情的味道"，它或许能"做点什么，产生一点实际的影响，造成某种政策上的影响力……让人们意识到那里到底发生了什么"。我们得去考察一下:"他们是否因此而愿意试着往牛津饥馑救济委员会所设的捐助箱里投点钱,或是想给他们的总理写封信之类。"[226]这一切都源于电视性质的改变(无论是长的还是短的动态影像的制作编排),其聚焦点在于受众——所有的事情都越来越需要本土化或与本土有所关联。这是一个被记者们所意识到的问题,人们担心那些特约记者太迎合受众了,以至于有位记者和特约编辑们表达出了一种与之相反的看法,即:"脱离受众。"在英国的背景下,所有这一切都关乎同英国的种种关系。[227]"你得巡回英国一周对之加以全面了解,要不然你很难把握你所处的位置。"正如同一新闻从业者群里的一名记者所言,"把那些紧要的事情真切地放在电视上的那种感觉已然消失殆尽。"[228]

正如前面对达尔富尔问题的讨论所显示的,如要引发重大关切,即便暴行也需要具有某个特殊的维度。一专家焦点小组指出,有两个特定的事件通过确立其他的情境以刻意地来讨论非洲问题,其一是伦敦的抗议游行(它为英国观众提供了与达尔富尔问题的关联性),其二是国际刑事法庭(使之变成一个"国际的"而非仅仅局限于非洲的事务)。[229]达尔富尔问题被设定在一个更为广阔的非洲情境内来讨论,所使用的框架是1994年发生在卢旺达的灭绝种族的大屠杀,它被用于双重的目的:一方面,它用来推进有关西方政府不太关注当然也不愿去干预、制止非洲的暴行这一现象的讨论;另一方面,它是一个参照点,其种族灭绝形象成为达尔富尔地区的局势得以被弱化(淡化)的一个指示器,以至于它提示出:对达尔富尔进行国际干预是不必要的,因为其局势并没有像卢旺达那么糟糕。然而,在激进主义者当中有一种强烈的看法,那就是:达尔富尔应当得到像卢旺达那样多的国际干预——即便两地的局势并不完全相同。

这条消息被克鲁尼(Clooney)等人所掌握,他们利用其商业和文化肖像来吸引国际社会关注发生在这里的冲突,被吸引来的人包括唐·钱德尔(Don Cheadle),他是涉猎1994年种族屠杀的少有的几部优秀剧情片之一——《卢旺达饭店》(*Hotel Rwanda*)中的主演,该片由特瑞·乔治(Terry George)导演。[230]在以DVD形式发行的影片预告片中,钱德尔代表大赦国际发出个人呼吁,[231]既声明他在卢旺达种族屠杀中的电影扮演了一个角色,同时又宣称这样的种族屠杀正在达尔富尔地区重演。统一大洲和暴行调查委员会把这两个案例联系在一起,但两者之间的差异也是明显的：鉴于卢旺达所经历的无疑是狭义的法律意义上的种族屠杀，发生在达尔富尔地区的暴行事件具有不同的性质，这些事件显然是反人性的国际犯罪，但还不是完全、系统的种族大屠杀意义上的灭绝行动。[232]

或许非洲不太重要还有一个表征在于，尽管大屠杀相当严重，但足足十几年后它才得到故事片摄制的关注，这不同于譬如发生在波斯尼亚和黑塞哥维那的冲突，那里以种族清洗为特征，激发了西方媒体和文化名人的巨大想象力，人们为此还摄制了多部电影如《锋火惊爆线》（又译《萨拉热窝欢迎你》，*Welcome to Sarajevo*），很是逼真。在有关非洲的电影确实摄制出来后，有两部电影接踵而至：先是《卢旺达饭店》，其后是迈克尔·卡顿·琼斯（Michael Caton Jones）的《杀戮禁区》（又译《猎犬》，*Shooting Dogs*），这两部电影都是以死里逃生的真实故事为蓝本。前者或许因为是首部电影而获得了最大量的关注，但两者都是高水准的电影，它们都设法使有关种族屠杀的讨论具有足够吸引力来吸纳受众，而又不降低这种讨论的品位。[233]

《卢旺达饭店》改编自发生在保罗·卢斯赛伯吉纳（Paul Rusesabagina，由钱德尔扮演）身上的真实故事，他是位于卢旺达首都基加利的豪华的米勒斯·科林斯（Milles Collines）饭店（由比利时萨比纳航空公司开办）的经理。保罗在说服身在比利时的萨比纳公司老板让其负责饭店的经营管理后，他首先在道义上支持而后又实际地承担起责任，一共收容了1268名难民（既有图西族人又有胡图族人）免于种族大仇杀。保罗是胡图族人，但又同图西族的"蟑螂"妻子塔蒂安娜（Tatiana，由苏菲·奥康尼多Sophie Okonedo扮演）缔结了跨种族婚姻，并育有四个孩子。相比于一般电影中通过相当正式的离婚方法来解决种族矛盾之类的议题，他们之间的这场跨种族婚姻给人以深刻的印象，它表明：并非所有的胡图人都是种族屠杀者，同时它可以对这样一种社会过程做出极为精微的展示，那就是普通人在这个过程中不由自主地受到驱迫而参与到大规模屠杀的疯狂之中，无线电广播可以被利用来传递屠杀指示，逆潮流而动是危险的。保罗与将官奥古斯汀·比齐蒙古（Augustin Bizimongu，由法纳·莫克纳［Fana Mokoena］扮演）保持着友好的关系。片尾字幕提示观众，该将官最终出现在2002年卢旺达大屠杀国际刑事法庭面前，他被控犯有种族灭绝和反人类罪。

这种关系揭示了胡图族内部关系的不同维度，正是那种友好关系使得保罗有机会使用金钱和财物去贿赂这位将官，从而保护了在他饭店内的那一大群人，这种状态一直持续到保罗没剩下任何东西在密室内，而那时该将官也刚好撤出了保护。那位将官在胡图族这个共同体内的形象显得有点含混不清，一方面，他显然没有超然于种族屠杀之外，无论从哪个角度说，他还从中获益了；但另一方面，他又明显缺乏那种操控了如此众多的同族人的意识或狂热情绪。可以看到，那种激情在同族的其他人心中极其可怕地滋长，当时在饭店外面的暴民从四面八方向保罗围拢过来，最终淹没了整个饭店。手握大砍刀的暴民聚集在饭店大院的外面，最终冲入其中，直到军队在受贿的比齐蒙古将军的领导下对他们加以阻止。尽管从发现了一位逆潮流而动并挺过来赋予某种快乐结局的英雄这一商业电影的角度讲，情形是幸运的（如同对保罗和受到他保护的人而言显然是幸运的一样），但种族大屠杀的那种真实恐惧感还是显露无遗。扮演塔蒂安纳的奥康尼多就惨遭精神创伤——无论是当她退缩、躲藏起来的时候，还是当保罗试图保护家人和其他人而责备保罗对她撒谎的时候。她不得不去面对被认定是杀害了她兄弟及弟妻的凶杀事件，她在联合国红十字会的救助下在被载送出来的难民中寻找兄嫂的两个孩子，并收养了他们。当时，一名红十字会的工作人员拦住了冒着枪林弹雨结伴而行的难民们，于是，她从已经启动的汽车上跳下来，终于在众多难民中找到了他们。当保罗为了寻找饭店补给而去拜访另一个友善的熟人时，种种事件带给人的极端不幸同样不言自明。在被明确告知要走一条特定的道路（因为它"干净"）回家之前，他就注意到了从被屠杀的尸体身上留下的血迹穿越了批发商的院落。只有从"蟑螂"这一被胡图族人用于指称图西族人的贬义词的意义上说，"干净"才意味着干净。这条道路因此而被彻底地清洗掉了，当时，在清晨的雾霭中，保罗重重地摔倒在一具又一具抛撒在沿途中残缺不全的死尸上。保罗就是以这样一种方式直面种族大屠杀的现实，这也是观众被吸引来直面现实的时刻——只不过是这个时刻相对短暂而已。

影片还捕获到了现场的局外人所体验到的消极情绪和挫败感，这包括广播新闻记者们所扮演的角色，他们同其报道规则、安全以及对如何报道事件、继而如何报道他们所持有的在联合国驻军基地大门外种族大屠杀形象之重要性。这种态度上的挣扎恰好确证了屏幕影像的极端重要性，同时也表明：即便是最残暴的大规模屠杀的例子也从未如此鲜明地显示出它们是否真的出现在非洲的场景之下。加拿大上校奥利弗（Oliver，由尼克·诺尔蒂［Nick Nolte］扮演）再现了那位嗓音粗重而沙哑的联合国军司令官罗密欧·达莱尔（Romeo Dallaire，加拿大人）的形象，这支维和部队被派遣来监督已签订了的和平协定的实施。这位将军的人生经历由彼得·雷蒙德（Peter Raymont）改编成为一部书并导演出了一部片名被曲解的电影纪录片——《与魔鬼握手:罗密欧·达莱尔的人生之旅》（*Shake Hands with the Devil: The Journey of Romeo Dallaire*）。这是一部有关非洲安全主题的纪录片，它所援引的材料不仅仅源于众多极其专业的专家组。它获得了电影奖，真是一件稀罕的事情——尽管达莱尔本人的人格魅力同电影的成功不无关系（他重返卢旺达，看到了自种族大屠杀发生以来的十余年间联合国维和系统在这里所遭遇的极不体面的失败），有关这种失败的场景被赤裸裸地揭示出来，如同以往那些血淋淋的砍杀场景被电影所见证。[234]以达莱尔为原型，《卢旺达饭店》中一位加拿大军官先是竭尽全力利用有关胡图族的政治运动旨在准备破坏和平协定这一情报，进而利用联合国部队的有限权威来采取行动。在片尾，可以看到，他帮助了保罗和他的家人以及其他成千上万的人，但相对于他本可能动用更大的权威和更多的部队采取行动而取得更大成就而言，这又算不了什么。

《杀戮禁区》的首轮镜头对玛丽（Marie，由克莱尔-霍普·阿什提Clare-Hope Ashitey扮演）飞跑的情景作了特写，镜头首先对准她的腿和裙子，这是对影片在片尾将向观众所呈现的情景的一种预示，那一刻，她跑啊跑，为的是逃命；接着，镜头对准来自比利时的联合国维和部队营地的跑道。当白人基督教信徒、非政府激进主义分子乔·科纳（Joe Connor，由休·丹西Hugh Dancy扮演）绕着跑道飞跑时，产生了一种为她喝彩的效果，似乎她就跑在奥运会的跑道上。这也激发起一群小孩子不停地为她呐喊加油，似乎她正在参加有电视转播的比赛。当时，一名比利时士兵则坐在跑道中间，无所事事。这是我们在电影演到后面所看到的情景的一种隐喻。影片后面有一个残杀的场景，当时，民众被动员起来——却是以一种大规模疯狂的形式被动员的，它导致了一场砍刀飞舞的大杀戮。玛丽拼命地逃命，而我们看到的是，作为联合国脸面的比利时人无动于衷，把图西人置于被暴民任意宰杀的境地——他们的行为受到了联合国安理会正式委托及其所赋予的使命的局限性的限制。影片中的这些镜头直接引发了政治层面上的讨论——尽管这些讨论没能顾及所谓的维（持）和（平）者所感受到的实际困境。

困境不只是联合国士兵所独有的。乔和一名BBC记者雷切尔（Rachel，由尼古拉·沃尔特Nicola Walter扮演）讨论要把种族屠杀的场景搬上电视屏幕——这是能够发挥作用的唯一可做的事情，那就是：观众被告知实情。这反映出对"CNN效应"和影响政策的预期能力的一种时下流行（而高估）的理解。他们拍摄了残缺不齐的尸体，其中有几具撒落在成百上千的尸体之中，但无论是从新闻报道还是亲身经历的角度说，这种影响都是不一样的。雷切尔捕捉到了一位欧洲白种人即西方局外人的立场："在去年的波斯尼亚……我每天都在哭泣，而在此（卢旺达）却挤不出一滴眼泪。不，此处其实比那里（波斯尼亚）还要糟糕。曾经我每每看到一位死去的波斯尼亚妇女，'我就以为她是我的母亲。'而在此，她们就是死去的非洲人。该如何来说这一事情啊！"对她的这一立场的确认也反映了许多其他人的立场。从某种意义上说，实际的情形是，对那些能起作用的人来说，非洲人不如欧洲环境内的波斯尼亚人那么像"我们的同类"（People Like Us）。

卡顿·琼斯（Caton Jones）拍摄了一部电影，虽然同《卢旺达饭店》有很多极其相似的特征——譬如，影像和外部广播新闻机构、联合国军队、外界（尤其是那份原版胶卷，在其中一位美国国务院女新闻发言人总是嗓音低沉以至于三缄其口，不公开、明确而直接地使用"种族屠杀"这一说法）及积累准备种族屠杀的证据的意识等方面在其中所发挥的作用，但该影片显然更具政治性。[235]在影片中，所有的局外人（除了一人）最终都趁机自我获救，逃离出来。唯一留守下来的外人就是传教士克里斯托弗神父（Father Christopher，由约翰·赫特John Hurt扮演），他毫不含糊地承担起对时局的责任，为营救玛丽和其他人而自我牺牲。影片作为一部作品同时也是有政治意味的。首先，电影就是在卢旺达当地摄制的，影片中所描述的事件就真实地发生在那里。这无疑是就影片的使命做出的一种鲜明的政治表态。其次，大量遭受种族屠杀的罹难–幸存者都以一种逼真的方式被刻画，人们看到，其中的幸存者参与到了影片的摄制中。这同样是介入政治的一个表征。[236]

《杀戮禁区》涉及在当代冲突的复杂环境下合法性与传播媒介之间关系这一议题。在此，不能不让人联想到美国在索马里的经历，美国被认为是因为在那里被夺去了少数人（士兵）的生命而撤军的。它提示出：在卢旺达，胡图人抓捕和杀害联合国维和人士，这迫使联合国——至少是联合国驻比利时的小分队——削减人员和逃离现场，而且还帮助那些本来可以有所作为的外国留居者逃离。无疑，影片对从一场冲突转到另一场冲突之间的解读所做的反映是准确的，它折射出有关有意或无意所造成的伤亡的影像对冲突区军事行动的合法性的影响方式。然而,在这种情境下的卢旺达是衡量索马里聚合当代战争的合法性和成功等议题的尺度。

从外来责任和干预的角度看,正是摩加迪沙被击落的"黑鹰"同时定义了非洲和当代冲突的合法性。就电视新闻报道和新闻纪录片的呈现而言,则是那些被拖曳着穿过摩加迪沙街道示众的特种作战队员的尸体,显然,是它们促使美国从索马里撤军。在对索马里乃至于整个非洲所发生的事件的理解产生影响的潜在而实际的威力上,就那一事件的剧情片而言,雷德利·斯科特(Ridley Scott)的里程碑式的电影似乎超越了任何其他的影像资料。无论是纪录片还是剧情片对"黑鹰"故事所作的叙述的威力在于,它把亲身经历——对美国士兵的尸体被拖过街道所产生的恐惧感——与表达这种经历的影像结合在一起。

非洲就是由影像来界定的。如同《黑鹰坠落》中备受蹂躏的鸟儿和美国特种作战队员肢体残缺不全的尸体形象折射出外来的干预的脆弱性,其片头的布景也捕捉到了非洲的实质,它体现在成堆的动态影像中,也体现在不毛之地的"背景"影像和前述电视新闻图像中的稻草茅棚和形如枯槁的身体上。这些典型的影像恰好解释了达尔富尔地区的种族清洗现象,它们同整个非洲及其民众的一般看法并非截然不同。饥荒、索马里风光等情景被多愁善感的斯科特以一种敬畏、哀婉的方式描述出来,这一做法在片尾由那行简体排印的注解所证实,影片显示:1000名索马里人和19名美国士兵在持续18个小时的军事行动中丧生。这一简单的注解反映了人们的注意力、处理方式和意义理解的不均衡。该注解——尤其是连同在非洲影像中展现出来的关切和敬意,几乎显然地提示出,这1000名索马里人是不应该被遗忘的。不过,这一提示是伴随饥荒的景象和被击落的黑鹰残骸的图像之后的,它近乎是对这样一种现象的证实:在广播新闻媒体报道的篇幅或西方官方的重要性上,发生在非洲的冲突和死亡远不如发生在美国或欧洲的那些同样的事件。正如对达尔富尔地区死亡人数的混乱统计而对伦敦爆炸中的遇难者人数的精确统计,经确认驻扎在索马里的美方人员的人数是确定的,而在索马里的死亡人数却只是个近似值。数字和影像都显示出:非洲的安全不如其他大洲或地区的安全重要,这或许意味着,武装冲突中的合法性界限是差异化地被确定的。

网络战争与动态影像专家组（MPeg）的冲击力

在《黑鹰坠落》中，斯科特展现了一名年轻的男孩用移动电话（手机）抓拍到行将降临的黑鹰袭击的数字影像，并把它们传到摩加迪沙的军阀们那里，这些军阀可能正在准备伏击美军。这只是个小小的例子，它表明的是：在20世纪过渡到21世纪时，影像传播环境是如何转换的。在20世纪90年代，手提摄像机几乎无处不在，它们使南斯拉夫战争拥有如此丰富的视频资料，而这一切又被更加无所不在的数字影像的获取、存留和传递所取代。到新世纪头十年的中期，数字照相机、摄影机和摄像机，包括个人移动电话上静止摄影和视频摄像设备的不断发达，这些都意味着，几乎任何东西都可以在瞬间被某个使用数字设备的人捕获、转换（或改编或修整）和传递，或被制作成一条多媒体信息，或被传到互联网站上供浏览或下载。这是催生网络组织（如基地组织）的一大主要因素，正如卓越的阿卜杜勒·巴里·阿特旺（Abdel Bari Atwan）所表述的，它对学生自治组织"至幸协会"（UBL，Union of Best Luck）领导的社会网络的运作空间也是至关重要的。[237]这在伊拉克的冲突过程中得到了证实，在伊拉克，有阿布·穆萨卜·扎卡维（Abu Musab Zarqawi）的基地组织，在世界各地还有其他各种伊斯兰组织、各种适于摄成电影的事件如自杀性汽车爆炸事件、利用网络动员群众支持和招募组织成员。这种方式的演进过程在车臣发展到一个至关重要的阶段。有篇本科生的论文成为它早期发展的一个标志，该论文促进了我们对影像和当代战争议题的关注，它把我们的注意力吸引到这一现象上。上面提到的这名学生有意要参加英国皇家海军陆战队，他正在一笔军事基金的资助下进行学习。他写了一篇论文，文中提到他收到了一份动态影像专家组的音像资料，该资料描述了两名俄罗斯士兵在车臣被割喉。他不仅得到了这份影像资料（新环境自身的一种令人关注的表现），而且或许更为重要的是，他在论文中流露出对继续他的军事职业规划的怀疑——尽管他得到的是旨在服役的基金资助。他的精神力量被他看到的景象击垮了。早在扎卡维及其团伙能够从事反对美国驻兵伊拉克的活动前，这个例子就表明，所有利用这种方式的人到底希望获取什么，那就是：削弱其潜在敌人的斗志和士气。对一定程度上同该研究相关的经济和社会研究委员会的"转变中的安全项目"来说，着迷于这些影像，看到它们而被麻醉和催眠，可能是从受众和公众研究中揭示出来的一大问题，这是一个重要趋势。这不是一个人们享受影像的问题,而是血淋淋的斩首影像广为流传而引发人们痴迷于其中的问题。当一个恐怖行为的动态影像被反复而持续地观看时,有可能不会产生长期的效果。如同在第一章中的其他研究所指出的,没有理由断定浏览或观看会必然导致特定的行为后果。然而,在某些场合,还是可能会产生某种心理冲击力。

个人便携式的现代化影像设备所能产生的影响力,最为鲜明地表现在2005年7月7日伦敦交通系统的爆炸袭击案发生过程中。根据BBC在线服务的代表在伦敦爆炸案发生当日的说法,BBC从发来的300封电子邮件里收到了1000张图片。[238]这些影像是分3波传过来的:最先是来自数码相机,接着来自手机,最后是来自手机的动态影像。尤其是,手机数字影像技术的出现预示了一个新时代的到来,在这个时代,早在伦敦爆炸案之前,在BBC新闻网站上"邮寄"要求尽可能快地传送影像的邀请函已变得极为便捷,这一做法也不局限于BBC。这并不是第一次利用这一技术,最值得关注的是,在2004年12月26日肆虐东南亚的海啸发生时,无论是静态影像还是动态影像都逐渐涌现出来。然而,从影像出现的速度和规模上看,伦敦爆炸案是前所未有的。首要的是,所有这些影像都是最具震撼力的,而且,数字动态影像的质量通常是如此之高,足以同专业的系列镜头媲美。

最快的一批影像在40分钟之内就传到,它们成了恐怖袭击发生的一种标志,这些影像都是有关在泰维斯托克广场(Tavistock Square)上遇袭的30路公交车的。该公交车的影像发出后,随即而来的是地铁车站里的一幕幕悲惨影像,遭受遭袭的地铁车厢浓烟密布,恐怖袭击沿着地道里的铁轨相继发生。当然,BBC和其他媒体机构都不得不留神随时去甄别有可能出现的戏弄人的虚假图像。但在这个案例中,无可置疑的是,随时发来的影像都是真实的,绝非使用摄影室或类似影像编辑软件之类的东西而形成的巧妙虚构。BBC未经被拍摄者的许可就发布了这些影像,因为它相信事态的发展会证明这种做法的合理性。尽管当时的情境提供了其做法的合理性,但鉴于其恐怖性内容,还是有许多的影像注定不适合通过"常规"的渠道去展示。无论是电视还是网络上的审查同对很有可能让观众难以接受的素材不予展示的常规做法是一致的。然而,毫无疑问的是,观众会希望获得唾手可得的影像。对诸如BBC之类的新闻机构来说,出自微型便携式设备的影像是记者或摄制组不可能获取到的东西。手机(的出现)越来越意味着,公众是能够承受住专业人士不可能接触到的那些证据和报道的。况且,影像的重要性确实被BBC新闻网站上的消息所证实。据说，统计数据的反馈显示，BBC新闻网站的访问量巨大，远远超过了对网站上广播稿的访问量，可以得出结论：在和平和安全领域，"图像比任何时候还要能讲述故事"。[239]

对影像的追逐、其不断丰富的可得性及其受管控的近乎不可能性，都淋漓尽致地展现在2005年7月7日发生的伦敦爆炸案中，该案件既凸显了媒介的多样性，同时也显示出消息源的多样性。英国国家安全局和政治保安处都企图把皮卡迪利（Piccadilly）地铁线上钉子炸弹的影像保存下来而不外泄出去是基于三个原因：其一，出于调查的目的；其二，在可能的媒介审判之前保护消息；其三，出于当时人们有可能意识不到的安全考虑。然而，出乎意料的是，位于纽约的美国广播公司新闻频道却获取到了这些影像并加以播放——因为一旦影像在手，新闻播报机构就会播放它们。美国广播公司之所以能够从皮卡迪利地铁线现场播报这些影像，是因为英国当局一直是同美国当局分享它们的。正如其"特别调查"（连同2001年9月11日从未经透露的地方窃听了航空和应急机构网络，还有当天发生在纽约、弗吉尼亚和宾夕法尼亚州的系列事件）所显示的，美国广播公司新闻频道"特别调查记者"布莱恩·罗斯（Brian Ross）拥有深入美国警察局、联邦调查局和中央情报局的良好渠道，他通过其中的一个消息源——事后证明是纽约警察局——获取到了这些影像，从而对它们进行了播报。虽然英国广播公司和某些其他的英国广播机构最初因碍于英国当局的关切而不愿转播，但这些影像一旦播报出来，就迅速传遍了全世界（包括英国本土）。这就证实了：因影像可能流向诸多不同的方向而试图加以控制，是何等困难。这类影像很像水，它恣意地流向每一道缝隙和每一个角落。

美国广播公司"今夜世界新闻"（*World News Tonight*）成功地获取了7月7日在卢顿（Luton）火车站露天停车场的汽车里发现的爆炸装置的图像，那天恰好是伦敦系列爆炸案中首轮爆炸发生的日子，同时还获取了炸弹在皮卡迪利线上击中破坏目标后，遭毁地铁的令人触目惊心的图片。显然，这些影像只能来自一个已受益于同英国方面分享影像的美国消息源——尽管伦敦方面在事件调查进行期间企图避免将这些影像资料公之于众，它尤其是要求媒体不要展示它们。影像泄露后，（伦敦）大都会区警察局长瑟·伊安·布莱尔（Sir Ian Blair）说，影像资料是同"美国同行机构""私下"共享的，这些影像的泄露无形中破坏了对爆炸案的调查。大都会区警察局曾要求美国广播公司不要播放这些影像，但美国广播公司宣称，它曾问过斯科特兰·亚德（Scotland Yard）警察局何以不希望图像播放出来，但没有得到任何回应（尽管没有受相关时间框限制的迹象）。执行制片人乔恩·班纳（Jon Banner）坚持认为，"今夜世界新闻"只是播放了经过充分讨论过后的材料，他说，美国广播公司的新闻节目"十分谨慎"地对待这些议题，就此同伦敦和美国的执法机构展开讨论，并作出自己的判断："这则报道是有新闻价值的。"[240]

那天晚上，美国广播公司"今夜世界新闻"节目应要求并没有在伦敦播出。按照班纳的说法，美国广播公司在这个方面"对伦敦调查者作了无罪推定"。不过，影像最终还是在美国播出了，而且，这些影像在那里一经播出，就被世界各地的广播机构所截取和使用，包括英国的广播机构。这延续了这样一种模式，即：关键性的消息（不管是真实的还是猜测的）在英国还未被提起，在美国却已涌现。

随着第二轮爆炸中的一位炸弹放置者在罗马被捕，出现了另一种不同文化、政治气候的影响。就是那位为艾萨克·哈姆迪（Isaac Hamdi，又名侯赛因·奥斯曼 Hussain Osman）辩护的超级时尚女律师通过在其舒适的环境中发表公开声明和安排采访，从而争取到了赢得人心之战的主动权。这种做法意味着，那些在英国被法律所要求不准公之于众（因尚未裁决）的案件，却同时在意大利和英国广为传播，由此而塑造了受众的态度，并质疑了第二轮炸弹袭击者的意图——应该承认，她的当事人是为政治目的而采取行动的；并确认他没有杀人的动机，而只不过是想制造混乱和造成一个政治焦点。这大概是一种三重战略，即：影响某些穆斯林受众的支持度，影响意大利法庭就是否指控他的当事人做出调查和就引渡他回英国做出审议的氛围。单在引渡这件事情上，她已发表公开声明，这就使得在英国的所谓公正审判站不住脚，因为已在公共领域中广为传播的那些材料注定会影响到陪审团的看法，从而使公正的审判变得不可能或至少是很困难了——这或许是最为严重的损害。英国在影响事态发展上无能为力，这就意味着英国的对手赢得了一种巨大的潜在合法性。正是这位律师的言辞损害了英国未来对恐怖主义的诉讼，而正是她的形象——神情自在、身材苗条、一袭黑发——确保了她的言词得以广播。

想想7月7日，并略加思考一下炸弹袭击被挫败的7月21日，当时，从现场的手机上发出的诸多影像预示了一种新的电视新闻报道现象及转向的出现，广播公司会要求拥有影像资料的人把影像即时传过来，而此时网站则受到审查和控制。虽然如此，但有两件事情是明确的：其一是，每个人仍会转向电视新闻；其二是，即便数字捕获现象泛滥，也并非所有的事情都能被捕获到。就后者而言，被粉碎的炸弹袭击的余波就是例证。就兽性般饥渴影像而言，有一件事是：接受电视采访者提供了视频资料，其中没有更多戏剧化的图片。接受电视采访者的这些视频资料紧随某个事件［譬如，一个被证实是无辜的巴西人让·查尔斯·德·梅内茨（de Menezes）的枪击事件］的发生而来，它们一般都突显出目击证人的存在。然而，在那个特定的案例中，独立监察警方处理投诉委员会（Independent Police Complaints Commission）的调查报告出来后，人们发现，原初目击证人的见证是何等的不准确。不过，由于这些见证是通过电视屏幕的出镜极其肯定乃至于很专断地对我们说的，它们已经形塑了大多数人对发生过的事情的理解。很少有人再费心去读报告中被泄露出来的细节，最终他们连这份报告本身都不会去读的。这类事件发生时，情形往往就是这样。通常紧接着的是，带有新信息的影像会以一种合理化的、全面的方式来冲抵前面的影像，但这不会产生任何效果。那些先前的影像及其解释已制造出了一套主导性的话语。由于缺乏势均力敌的抗衡力量，冲抵性的影像是不可能冲破先行的话语的。不过，斯托克韦尔枪击案的见证者们并不那么可靠。他们中的大多数人所看到的似乎只不过是那位阻止德·梅内茨先生被拖走的警察。此前，另一名警官事实上已经开枪射中了这个巴西人。他们却以为，第一位警官是实际的受害者，因为他们不可能说出那一刻到底发生了什么。

当公众对有关首轮袭击以及后继未遂的袭击的影像和其他信息进行加工的时候，传统新闻媒体在报道上的主导性和重要性依旧不减，这一点是显而易见的。在7月7日和7月21日两天，当有关的消息传出时，每个人都在看BBC的世界报道或类似的广播机构的报道。围绕这些事件，还应该有各种各样的影像资料。互联网和数字传播技术则提供了另外的选择渠道，供人们去发现和评论相关的影像和叙事文本，但还是那些更常规也更为传统的媒体才能赋予影像以权威性和重要性。看电视是如此，使用网站也是如此——当然指特定的某些网站，首先是那些同诸如CNN和BBC等重要的新闻广播电视机构或公认的印刷权威机构相关的网站，它们最有可能吸引那些渴求信息的人。正如菲利普·塞布（Philip Seib）的名著所提示的，面对如此众多的网站，包括数量庞大的博客，对任何人来说，都没法一一去访问——无论有多少这样的网站刊发有关安全和冲突议题的新闻信息。[241]现实情况是，人们转向可信赖的、可靠的品牌媒体，它们通常是得到公认的大型广播电视机构。

不过，在这种情境下，大的网络品牌如雅虎和谷歌的角色正在潜移默化地发生重大的转变，它们都已经发展成为"最大的权势集团"，而传统的新闻广播（电视）机构则变得"无足轻重"：与谷歌和雅虎比起来，BBC和其他任何媒体机构都算不了什么。[242]这些特大级别的网站品牌都在充分利用其地位全力扩张，其受众和营业量的扩张规模取决于与其他媒体机构的合作关系。只有"同广播电视媒体机构合作——对内容做出基本的审查和判定"，同已经站稳脚跟的新闻和动态影像生产者携手，谷歌才能够充分利用它的受众覆盖面（影响力范围）。由此，新的媒体平台和机构不会是那些涉及内容生产的媒体，它们只会关注信息传递。这就把传统的新闻、时事和动态影像的生产者置于实力对比的地位上——虽然会遭受时代变迁的挑战。所有的传统媒体都在探索如何把自身置于同新环境的关系之中，或者，搭建一个为己所用的多媒体平台。譬如，伴随着BBC在线成为世界上同类中最大的网站之一，从新闻报道的角度看，可以肯定地说，一家传统广播电视机构已经有效地成为全球主要的新闻广播稿供应者之一，其文本报道同声音和影像材料结合在一起。作为一种回应，传统印刷媒体开始探索未来成为广播机构的可能性——至少借助网站。那些在传统的报社工作的人"为如何成为广播（或电视）人员、是否能成为广播人员、在多大程度上能成为广播人员而忧心不已"。据说，《卫报》这家英国主要的严肃新闻日报正为其网站而"深感恐慌"，恐慌源自一名有电视新闻背景的调查对象。这些员工操心是否应该"把影片挂在网上"或"进行录音采访"，因为现有的媒体设置能够支持上述这些做法。从有关新媒体及其变迁的所有讨论中，可以清晰地看出：传统媒体在这个媒体变革的时代仍然是表现突出、充当信誉载体。这是因为，传统广播电视机构是拥有公信力的媒体机构，因而是深陷电子信息汪洋大海中——无论是从网站上搜索到的、通过电子邮件新闻推送接收到的，或是作为播客从电脑、便携式个人信息管理器或手机上下载的——的受众和广大公众都会毫不犹豫地首要诉诸的媒体。

新媒体能够为电视的即时性提供可能更有深度或广度的信息，也是那些难以让其剪辑装置刊登出各方面新闻报道题材的新闻记者得以"设定飞兔赛跑"（通过使用网站博客）的手段。[243]鉴于此，新媒体依然是塑造新闻报道环境的一种能动有力而又必不可少的组成部分。最终，这些网站成为制造足够兴趣和注意力从而让各种相关的议题进入主流报道的一种手段，或是成为一条获取权威的支撑性消息以供电视新闻报道之用的渠道。然而，电视新闻才是算数的，只有它能够以一种阐释方式传达给大量的民众，品牌标识和信任感是由各大（广播）电视公司带来的——即便涉及新媒体。正是这种相对传统的广播（电视）新闻媒体占据着突出的地位。这就是本书为何以大量的篇幅致力于建构对传统电影和电视形态下动态影像媒体的公共影像叙事要素——无论是故事性的还是纪实性的——的理解的原因。此外，本书还重点关注对这些动态影像媒体叙事的特定案例的阐释。至于新媒体的贡献——至少从未来的角度看，则只是对常规媒体有所贡献，或是以一种新的形式再造常规媒体，譬如下载播客。由此可见，虽然新媒体对当代战争的合法性和胜利具有重要性，但这种重要性从很大程度上说是有限的，是从它们通告、影响和渗透于传统媒体和常规媒体（尤其是主导性媒体——电视）的意义上说的。因此，重要的是，要了解传统媒体尤其是电视新闻的变迁，了解通过动态影像捕捉战争的各种不同方式。这是下文要讨论的议题。

创作者与把战争呈现在屏幕上的方式：
ABCNNBCBS的电视新闻和时事

虽然数字革命及消息源和播放出口的多样化预示了剧烈变革的到来，但常规的广播电视机构及其播出形态依然保持着足够的重要性。不过，那些广播电视机构和媒体自身不免也要发生改变。当然，虽然变革——无论这种变革有多大——影响着它们，但同时也保留着大量的东西没有变化。在屏幕上塑造和呈现战争的过程中，其中的个人和组织机构继续发挥着重要的作用。即便他们的角色出现了转型，但仍有很多不变的地方。这个章节旨在探讨变革是如何影响到那些参与在屏幕上呈现战争的行为体的——无论是那些寻求与其他组织机构协同一致而又力求保持自身独特性的机构，还是作为主编、记者或主持人抑或纪录片制作者或导演等个人。总之，屏幕上战争世界中的这些"创作者"程度不一地作用于影像被传递的方式，进而框定了武装冲突及其合法性的议题，这将决定着战争的成败。

众多的电影制作者已经开始开发同当代战争有关的作品——包括剧情和写实领域。在某些情形下，这显示出了以各种不同的方式介入冲突的表现手法。而在别的情形下，这也显示出了一种制作当代战争影片的业已成熟的方式。所有这些"创作者"制作出了各具风格的电影，涉及当代战争的方方面面。在大多数情形下，武装冲突都是众多被拍摄的主题中的一种，其中某些电影似乎还是专门针对战争的。我们会挑选出特别有趣的几个案例，但我们并不是想要表明，这种挑选必然是排他性的。我们的用意也不是要用几个章节的篇幅来做更多的事情，而仅仅是确认在屏幕上呈现战争的各种方式及其独有的特性。

在此，我们要考察的是最著名的电影制作者雷德利·斯科特。无论从票房收入还是从社会评论的认同度而言，他都是当代最为成功的电影制作者之一。斯科特的影片题材广泛，远远超出对战争的关注，但对战争的关注是格外凸显的——在其制片过程中，斯各特本人不是排斥而是承认战争作为一个电影主题的存在。这种承认植根于他的人生经历，首先，作为一个孩子，他是在英国东北部燃起的二战炮火中成长起来的，其次，他又是高级军官的儿子。[244]在《角斗士》（*Gladiator*，2000）中，斯科特对二世纪罗马战争的描述带有美国越战经历的色彩，它所揭示的有关当代武装冲突观念和影像的内容远远超过了他意欲描述的实际场景所揭示的内容。[245]最为显著的是，在第三章探讨过的《黑鹰坠落》（在本章中该电影因涉及非洲而再次被探讨）就是斯科特本人所谓的当代战争的"缩微版"。他恰好看到了当代战争——当然包括各种战斗——的方方面面，并把它们压缩成电影中的一场持续18个小时的战役。[246]最后，在他后期的电影《天国王朝》（*Kingdom of Heaven*）中，甚至超乎《角斗士》的是，历史情境无非是探讨当代议题的平台。他制作电影的旨趣显然一直是充分利用伟大的战略家萨拉哈丁（Salahaddin）领导伊斯兰抵抗运动抗击基督教十字军入侵中东的事迹，以此作为手段来影响"9·11"恐怖袭击之后美国领导的全球反恐战争的合法性。这是一个易于被"冲突"文化和文明观所诱导的世界，这个世界依照对事件及其对立面的反应而划分。在这个世界里，难免会把《天国王朝》看作是理解和认同各方品性的一个平台。不过，明星奥兰多·布卢姆（Orlando Bloom）并不能担当起电影的重任，他的弱中心式表演意味着，斯科特的电影从整体上是不可能具有本应有的影响力去开启心智和影响有关它实际报道过的持续不断的当代冲突的观点。

其他两位成功的剧情片摄制者——虽然没有达到斯科特那种在全球范围内大获成功的层次——是迈克尔·温特伯顿（Michael Winterbottom）和保罗·格林格拉斯

(Paul Greengrass），他们都是英国人。前者导演了一个议题极其广泛、风格兼收并蓄而又引人入胜的电影系列剧——如果可以用一个词来概括他的工作，那就是"多样性"。从他始终如一导演趣味无穷的电影来说，他的每一部电影都是独一无二的。就当代冲突而言，《锋火惊爆线》已在第三章讨论过。然而，记者兼旁观者的标准化解说词及其个性化的转换被当作引领观众进入电影冲突场景中的一种手段，这同其他电影至少如《尘世之间》（*In This World*）中极端另类的表现手法大异其趣。那部电影（《尘世之间》）探讨的是当代战争中安全和发展的一面，它讲述的是阿富汗年少的表兄弟俩的故事，他俩是逃离战争冲突的难民，他们从巴基斯坦白沙瓦省的难民营步行出发，前往土耳其，后来，他们采取了与众不同的偷渡方式，冒着被闷死的危险，藏身于密闭的水果运输车作旅行，而后途径欧洲前往巴黎，继而到达法国北部的桑加特难民营。最后，他孤身一人（表兄丧生了）前往英国，终于抵达伦敦。这是一部颇具吸引力的小电影，影片中，两名阿富汗男孩是真人、真名，他们在影片中扮演的角色表演的无非是他们自身的难民经历——作为现代战争的一种副产品——的一种剧情化表达。角色由真正的阿富汗难民出演，来导演一部描述人类逃离战争冲突的电影，这样的决定巩固了温特伯顿作为富有想象力的电影创作者的身份和地位，其创造性还表现在他对战争状况的处理方式上。从某种意义上说，独特的处理方式在他那部毫无冲突内容、要不然则会令人深感失望的影片《若即若离》（*With or Without You*，1999）中同样显示出来了。该影片试图在不涉及"暴乱"（the Troubles，20世纪70年代初发生在北爱尔兰的连续不断的暴力行为）的情况下描述北爱尔兰的一场复杂婚姻内的人际关系——这是一种冒险的处理方式，通常的做法则是要把那场"暴乱"当作时代背景来使用。尽管从片名上看，它同爱尔兰摇滚乐队U2所创作的同名摇滚乐有某种关联，是对分裂和动荡的时代脉动的一种呼应，但影片最为突出的特征还是冲突的缺席。[247]

爱尔兰的冲突还为影片《奥马》（*Omagh*）提供了一种社会情境。这是一部获得了高度评价的电影，它是由拍摄当代冲突的最有意思的电影摄制者之一——保罗·格林格拉斯所拍摄的。他的事业处于故事性剧情片和戏剧性纪录片的巅峰之上。他对真实发生的事件的戏剧化处理是无与伦比的，也许世上还没有第二人能够摄制出《93号航班》（*United 93*）这样的影片来。他讲述的是"9·11"恐怖袭击中出事的第四架飞机的空难故事。当时，机上的乘客发起了抵抗，而结局却是，这架美国联合航空公司的飞机坠毁在宾夕法尼亚州的旷野上,而并非击中了它的目标——依"9·11特别调查国会委员会"的推断,这个目标应该是美国国会大厦。[248]在2006年电影发行之前,对这部电影的批评之声铺天盖地,说它做得太仓促,因而不可能在一部故事片中处理好那天所发生的事情。[249]而一旦影片被发行后,在众多批评者和受众当中则有了这样一种普遍的认识,那就是:它做对了,正是这部影片的成就最高。[250]

格林格拉斯的创意体现在探索性纪录片一派当中,该派围绕格兰纳达(Granada,西班牙地名)的系列电视纪录片《世界在行动》(*World in Action*)而形成。这部系列剧引领了戏剧性纪录片的潮流,与之同行的还有莱斯利·伍德黑德(Leslie Woodhead),他导演了首部这一类型的电影,该片是根据苏联异见分子杰纳勒尔·格里戈伦克(General Grigorenko)的日记拍摄出来的。[251]伍德黑德本人还有功于与当代冲突中的暴行密切相关的一系列电影。这是他献身于人权电影(可追溯到《世界在行动》的那个时代)的努力的一部分。《哭泣的坟墓》(*A Cry From the Grave*,1999)详细讲述了1995年7月大约7000名穆斯林男人在波斯尼亚和黑塞哥维那的斯雷布雷尼察(Srebrenica)被塞尔维亚的军队所屠杀。这部著名的电影受益于便携式摄像机,乃至于移动电话等数字技术的出现所带来的"影像收集的大众化",譬如,第四章所探讨的影片《南斯拉夫之死》(*The Death of Yugoslavia*)就是如此。2005年,伍德黑德还导演了一部追踪式电影来纪念大屠杀十周年——《斯雷布雷尼察:永不再现?》(*Srebrenica: Never Again?*)。该片广泛地收集到大屠杀死难者或以为遇害了的那些人的亲属的故事,所有这些人在前一部影片中也出现过,但这部影片设置了一个相对乐观一点的结局。此外,在同一时期,伍德黑德还导演了一部关于别斯兰(Beslan)人质危机的电影。虽然导演本人坦率承认,令人叹为观止的《别斯兰儿童》(*Children of Beslan*)最要归功于制片人埃瓦·尤尔特(Ewa Ewart),但他花了大量时间和孩子们在一起,帮助他们树立起信心,这使得影片有可能捕捉到这些经历的影像和表达所呈现的痛苦和愤怒。[252]在所有的影片里,伍德黑德都试图以对战争冲突中的受害者的博爱和理解来处理最骇人听闻的人类苦难。他的电影总是聚焦于内容而非风格或方法——面对任何最令人发指的素材,他都不会成为采用耸人听闻的手法以追求轰动效应的人。

同伍德黑德持有同样风格的是唐·瑞德（Dan Reed），他运用一种开放而明智的方式来导演有关当代武装冲突的电影。在他的作品中，有两部影片尤为突出，其次是电影《9·11骗子》（The 9/11 Liars），该片并非如许多人从其片名中所期待的那样，它是令人失望的。《莫斯科的恐怖》（Terror in Moscow）颇具当代冲突的风格，要特别指出的是，该片同第三章讨论的有关车臣和北高加索的故事性剧情片有很大的关联，它使用了2001年莫斯科剧院被围困中的当事人所拍摄的胶片。剧院及其演员和观众被恐怖分子所占据和被抓捕的情景存留在底片上，难以忘怀。还有一些场景是，俄罗斯当局有限度地做出努力，通过施放杀害了众多人质的毒气而结束了剧场的被占状态。影片《山谷》（The Valley，1999）提供了一幅关于科索沃冲突的完整的人种志图景，全片结构严谨，有塞尔维亚人与阿尔巴尼亚人之间的对比场景，如葬礼、准军事训练等方面。塞尔维亚人是以一种审美的眼光被拍摄的，"刚好提供了一种同恐怖事件相反讽的视角"，[253]它没有直接的旁白叙述，屏幕上偶尔只有字幕出现。由于该片找到了冲突各方之间意义相同的表达法，因而，它是一个呈现艺术而非讲述艺术的鲜明例子。

瑞德凭借冲突中更为传统的、人道的、充满情感而更具文化味的维度，以呈现来讲述的方式表达出各种族之间的强烈对比、反差，另一位导演道奇·比林斯利（Dodge Billingsley，参见第四章的讨论）则同样肩负着呈现的使命——不过，比林斯利的呈现方式至少有两点不同。首先，他通常致力于制作那些屏幕或旁白叙述都被予以回避的电影。其次，他力图捕捉和呈现出那些旁落于常规的制片领域之外的战争——尤其是战役——维度，以求反映真实的战争实况——军火给身体带来的影响（人们习惯于将此理解为"现实"）远不及真切而直接的战争体验。《少爷兵》（Virgin Soldiers，在第四章讨论过）是当代常规战争电影的"反题"，它力求捕捉到对战争的观察和体验的本真性。除了这部电影，比林斯利的电影记录还包括他对那部令人惊悚的《战争之屋》（House of War，2002，由保罗·尤尔导演）的摄影体验。他同他的同事及另一个工作团队因此而赢得了2002年罗里·佩克奖（Rory Peck Award，他于2003年因对《少爷兵》的贡献而再度获得提名）。2001年11月，在阿富汗马扎里沙里夫（Mazar i Sharif），这些人一同拍摄了发生在恰拉疆（Qala I Jangi）堡垒的事件。这次拍摄包括同特种部队、同在堡垒里的两位中央情报局特工人员进行接触。这个地堡充当了塔利班的监狱，在那里，有一位中央情报局的人在囚犯造反时被杀害。造反始于有人制造自杀性爆炸，导致美国B-52飞机把一个联合制导攻击武器的2000磅炸弹直接投掷到自己的特种部队的地盘上。比林斯利拍摄了此类的连续镜头，这在任何其他记录性的战争电影中是看不到的——炮弹投掷到地面上，子弹在头顶上呼啸而过。比林斯利同他的同伴直接陷入从地堡一端延伸到另一端的交叉火力网内。[254]就其几乎完全致力于拍摄同战争与国际和平和安全等议题有关的影片而言，比林斯利是非凡的。这一聚焦点也使他成为一种特别的现象，因为他不仅是电影摄制者，同时又努力地去拍摄一类作为学术辩护和外交分析形式的电影，而不仅仅是作为新闻的形式。对这类电影而言，在一种近乎后现代主义的意识中，显而易见的是：

> 有关拍摄和报道冲突往往受制于其自身的困惑和龃龉，这就好比这些思虑支配了军方对战争自身的理解。不可能把握整个图景，更别说去描绘整个战场、战区或战争。如同困惑和龃龉会介入到军事行动过程之中，在使用动态影像来报道、描述或解释冲突或战争的过程中，它们也在所难免。[255]

然而，一方面，纪录片展示出用影像更加严谨、详尽而充分地解释武装冲突的机会——如同某一部分的受众和公众所期待的[256]——或是纪录片的本性使然，如同比林斯利的看法所支持的，或是更具有问题意识的电影摄制者所持有的作用于论辩任何一方的视角使然；另一方面，纪录片只会也只可能折射出当代冲突中的某些维度。即便比林斯利尤其是伍德黑德和瑞德及其他纪实片和剧情片导演们，所呈现的也只是会对未来产生某种影响的令人关注的作品。尽管他们所能提供的动态影像叙事更为先进，但他们所制作的影片很少——如果会有的话——具有电视新闻报道中所具有的那种覆盖度和影响力——即便电视新闻报道是短暂的，它通常在未经更长时段编排而不被强化的情况下就在转瞬间被遗忘了，因而存在某种局限性。长时段编排的电影会比书籍接触到更大面积的受众，但还是达不到电视新闻所拥有的那么大的受众规模。从其传递出影响当代战争合法性的影像和议题而言，电视新闻使得动态影像媒体要素成为最为重要的要素。

国家的整个性质已经被当代全球化进程所改变（无论从通讯、经济，还是从政治、价值规范的角度上看），不过，国家却依然是政治领域内最具主导性的一种要素，同理，电视新闻的地位被同样的当代进程所改变。当然，电视新闻依然是反映、影响和平和安全议题的整个通讯媒体系统中最为重要的媒体因素。在电视的鼎盛期，大约从1950年到1980年，电视几乎完全主宰了少数同功异质的广播机构并存的时代，但与此同时，光缆和卫星广播的增长以及数字产品的空前膨胀从根本上改变了电视的地位。从前，所有的人可能在同一时间都转向某一种媒体，而自20世纪90年代以来，实际情况发生了变化，人们推崇的媒体多样化了，同时出现了各种各样的替代性媒体。从前在越战期间，整个美国都将目光转向沃尔特·克朗凯特主持的哥伦比亚广播公司"晚间新闻"，花15分钟收看节目（后来扩展到30分钟），而到了21世纪初期，各大广播电视网主要的晚间新闻主持都面临来自其他广播电视网的竞争。这种新的竞争不仅横向地来自于数量越来越多的电视频道，同时也从其他各个方面来自于新兴的电视24小时新闻频道，以及资讯（无论是对的还是错的）可以借此传输的其他媒体，尤其是那些利用互联网的媒体。尽管从许多方面看，消息供给、消息源、媒介和市场越来越碎片化，但最为确定的是，在作为当代武装冲突核心的合法性之争中，处于适合位置上的各方的重要性不断增加，但是，仍为至关重要的则是，到底由谁来传递紧要的影像和讯息——是由人还是由媒体品牌。

在其中的一种方式中，由谁来传递紧要的影像和讯息变得最为显著，这种方式就是新的媒体品牌——半岛电视台——的出现。[257]这家位于卡塔尔的阿拉伯卫星新闻广播电视台发展成立了"半岛国际"，这是一档以英语为基础语言的频道。半岛电视台围绕"9·11"事件所作的原创性报道产生了轰动性的效应，这就好比是，国际社会对1990年伊拉克入侵科威特的处置被认为成就了新生的美国有线电视新闻网（CNN），它使得24小时全天候报道变得极为重要，因为在人类历史上首次出现了如此重大的世界事件，以至于观众以及那些通过自身的报道来转播CNN的镜头并推广其媒体品牌的其他广播电视媒体不得不加以关注。同样，半岛电视台是在英国广播公司（BBC）关闭阿拉伯分台（这发生在涉及沙特阿拉伯有关联的事业部广播了在沙特阿拉伯斩首人数的节目之后）后成立的。该电视台完全是由卡塔尔年轻的埃米尔资助的，它在电视台自身的反美主义与埃米尔的亲美倾向之间制造出一种有趣的潜在张力和明显的矛盾冲突，从而给美国提供了一个在中东主要基地。由于广泛报道了对美国的恐怖袭击以及美国所领导的后续反击情况，半岛电视台在西方世界确实成了一个家喻户晓的名词。

半岛电视台是因为给观众提供了他们想要的东西而产生其影响力的。其观众首先是阿拉伯人，因为它所使用的语言（阿拉伯语）排除了其他大多数人（虽然就通过影像收看半岛电视台的这一现象并不鲜见[258]），而这些观众总是想看到一种不一样的报道视角。这种不同的报道视角得以呈现的方式包括对大屠杀的更持长、更详尽而更开放的情景再现，由此，它呈现出了人类受害和遭受灾难的影像。对此，西方相对传统的媒体机构则往往基于其自身对主要受众的敏感性的理解、认知而对自身的报道予以自我审查。[259]这种报道方法包括把伊拉克当地暴动者或基地组织成员反伊拉克政府或政府联盟的自杀性汽车爆炸行为的视频拍摄成影片予以播放——虽然这类拍摄、播放和斩首视频的拍摄、播放因美国的压力而受到压制。[260]半岛电视台得以出名的另一种非常突出的报道方式就是，公开基地组织领导人本·拉登或扎瓦希里（Ayman al Zawahiri）的独家录像带。如同广播电视媒体向广大受众提供有关政治领袖（尤其是类似于这两位基地组织领导人那样的领袖，他们的消息发布行为本身就具有新闻价值，更不用说，他们实际所说出的内容）的具有新闻价值的独家素材，半岛电视台在新闻制作上发挥着关键性的作用，因为它所报道的内容总会被世界各地的广播电视媒体所转播。这同时显示出新闻报道的变化和连续性来：半岛电视台出名了，它与众不同，但它出名的方式是通过品牌的市场化来实现的——如同在它之前的CNN所做的那样，因为世界各地所有主流的广播电视媒体都在显示其标识，都千方百计地避免该频道与其他频道雷同。这里存在这样一种趋势，它反映了该频道某些（绝非全部）编辑人员亲伊斯兰主义、亲基地组织的倾向性，即便美国施压导致半岛电视台没有播放所有的视频——而只是播放了其中注定会具有新闻价值而可以被援引的部分，这种倾向性依然存在。

半岛电视台国际频道的出现就是为了树立品牌。[261]不过，并不明确的是，到底谁是它的首要的目标受众。要把原初的传播内容提供给不说阿拉伯语的穆斯林人，制作出英语版来是必要的。半岛电视台带来的独特之处能够让国际受众兴奋起来，触达这些受众似乎可以让半岛电视台获得规模要大得多、也更为诱人的广告收入。从各种意义上看，另一种战略似乎被招募高级人才、广纳西方公认的声音这一趋势所体现，这些人才包括富有开拓精神的大卫·福斯特、来自诸如BBC国际部或星空集团等新闻媒体机构的公认的记者。这一趋势还被奈杰尔·帕森斯（Nigel Parsons）

所证实,他是半岛电视台国际部的英籍主管。据报道:他曾告诉澳大利亚一期"星期日早间脱口秀"节目:

> 如果你走到世界任何一个地方,随手拾起一张本地的报纸,你定会对世界正在发生的事情持有一种完全不同的视角。这就好比戴上一副完全不同的眼镜。卡塔尔是中心。它赋予我们一种对世界事件360度全方位的看法。[262]

当半岛电视台这些"新宠"成长成为国际新闻广播电视媒体景观中公认的一部分时,某些编辑人员的伊斯兰主义政治倾向性是怎样的,是否拥有阿拉伯语部,是否取消英语版,这些都有助于确定电视台在多大程度上有可能保持其重要性——即便面对巨大的变革。正如24小时全天候新闻播送没有取消关键的、主流的新闻广播作为新闻广播领域的最重要部分的地位,新的24小时全天候新闻广播机构(它们能够通过弥合新闻市场鸿沟和激活一种新的消息渠道来参与竞争)的到来也不会取消这种重要地位,同样,它们也不太可能取代现有的24小时新闻频道。新闻广播景观中不断有新增的媒体以一种农业的、进化的方式涌现出来。

其他的变化也参与到同连续性之间所保持的这种平衡之中。譬如,24小时新闻频道为广播环境增加了一个战争参与其中的重要维度,结果是,出现了诸如滚动新闻和插播新闻(只要事态有重大进展)等现象。这就创造出了一种情境,在其中经常出现像尼克·高英(Nik Gowing)所表述的"插播性传闻"这样的场景。[263]当时,主持人和嘉宾经常都长久地沉浸在不同形式和不同层次的猜测当中,等待着被描述的消息得到证实的那一刻。嘉宾们在节目制作方的压力下都会参与到猜测的潮流中——如同某调查对象所言,就是"就此随便说点什么"(在难民护送队被击中、据说有300人遇难的这个新闻案例中,在一个小时内竟然插播有三个两分钟的节目)。[264]无论"嘉宾"具有作为同一组织内主持人的新闻同行所具有的"乱伦"性专业知识(这是一种不断增强的趋势[265]),还是对一般的专家、某位学究式人物、非政府组织代表或一般的新闻记者而言,这种压力是普遍存在的。许多学术"专家"最初或许都认为,他们发挥了重要的"公共教育"作用,这种作用的发挥有时还得到了个人的或机构的市场作用的支持,[266]但还是出现了一种严肃承认的倾向：虽然媒介意味着在某个层面上抵达大量的受众，但几乎可以肯定的是，消息自身并未自动地抵达也不可能（在多数情况下）自动地抵达受众。还有一种共识，那就是：在谈话者的领域中存在着等级关系——在新闻广播电视媒体的心目中，政府或其他著名的政治人物总是居于各类专家之上的优先地位。后者（专家）就是被用来填补有关谈话者的报道中的知识鸿沟，或是用来提供关键的15秒引证来支持记者所提供的整个内容（包括对事件的报道和阐释），或者乃至于用来阐明相关议题，不过，他们（专家）在新闻生产的社会等级秩序中总会低于政治家——即便政治家除了出场确实就没有什么可提供的。[267]然而，虽然就嘉宾而言，变化是始终存在的，与主持人或主出场人的这些对话者仍然是电视新闻呈现的一种主要依靠。

在一个变革的时代，美国主要的新闻广播机构似乎都深知这种媒介处境。作为向范围更广、人数更多的公众提供新闻和时事的机构（超过任一自由民主政体内任何其他的消息源），[268]美国广播公司、哥伦比亚广播公司和全国广播公司把战争与和平的影像之间的均衡都考虑到了，它们通常有2200万至2500万的观众规模，这一直令美国有线电视新闻网在收视上的成功也是相形见绌——在2001年"9·11"事件发生的那一周内，平均每24小时，美国有线电视新闻网都会赢得美国330万观众（是其通常的观众数的10倍）。然而，这还是被那天发生的事件给这全球三大传统新闻广播机构的主要晚间新闻广播所带来的8000万受众所远远赶超。[269]不过，与此同时，它们都对新闻和时事消费市场的变化做出了反应，还经历了重大晚间新闻中最新消息报道所要求的人事转型。令人惊讶的是，尽管新闻企业的市场份额和商业面向发生了变化，这些晚间新闻报道仍然保持着作为媒体品牌旗手的核心重要性。数十年间，熟悉了汤姆·布罗考（Tom Brokaw）、丹·拉瑟（Dan Rather）和彼得·詹宁斯（Peter Jennings）的老面孔后，一切都变了。不过，从几乎所有的方面看，尽管做出了很多变革的努力，但最终结局都一样——如下所述，只有哥伦比亚广播公司的著名试验是一种例外。

那几家拥有观众所熟知的、权威而可信赖的主持人的晚间广播，经过变革期，仍保持——或许还增强——它们的重要性。而就新闻业务而言，早在21世纪初就出现了一种明显的转向，即从晚间新闻转为早间新闻。在收入上，大型早餐广播电视节目完全超过了其他时段的新闻和时事节目。早间节目大约贡献了四分之三的新闻节目利润。[270]布赖恩特·冈贝尔（Bryant Gumbel）在哥伦比亚广播公司勇敢地做出了各种努力来直播"9·11"恐怖袭击事件（对此，在第四章有讨论），尽管冈贝尔拥有体育运动报道的背景，而非政治和安全等核心议题报道方面的背景，但他的报道背景并不具有代表性。相反，某些最严肃、最倔强的广播电视记者，譬如美国广播公司的查尔斯·吉布森（Charles Gibson），都是早餐节目的主持人，他们把新闻和奇趣娱乐报道混搭在一起。吉布森在主持"9·11"事件中的表现极其卓异，他的主持紧扣事件实际发生的线索，广泛吸收各大媒体组织——无论是美国广播公司、哥伦比亚广播公司、全国广播公司、美国有线电视新闻网、英国广播公司、星空广播公司、半岛电视台，还是任何其他类似的新闻广播电视机构，也不管是早餐广播、晚间广播，还是午夜广播——中优秀主持人共同具备的诸多品质。布莱恩·威廉斯（Brian Williams）是第一位"后现代主持人"，也是继越战一代（全国广播公司汤姆·布罗考就是这一代的主持人）以后的新一代中的第一位主持人，他是在一个消息源和获取"新闻"手段多元化的全新环境下进行报道的，他用以下的话来向新闻专业的学生讲解主持人角色的要求，包括对或许从来就无须被广播的报道的演练：

> 你们中间那些要从事我现在所做的事情的人要保证：一旦被召唤，你就能加入进来，坐到课堂的前面，花30分钟的时间向我讲解最高法院、当前的正义、福特总统、里根总统和教皇等方面的内容。由于这是你思想上不得不为之训练的事情——在这个不存在讲词提示器这样的东西的时代……你只能对这个广播网负责……这就是你要接受考量的时刻了。[271]

正是这些品质使世界各地的大牌新闻主播变得如此重要——尤其在战争（也许是最激烈的事件）的呈现中。正是这些人担负着权威性，他们被认为为一个困厄的时代提供了良知和安稳感。他们同时被认为是在传播最重要的事件中发挥了核心的作用，他们使这些事件变得明朗，并指示了思考问题的方向（却从未屈从于公开的政治评论），从而打消了处在灾难时期的公众的种种疑虑。这些人物在世界各地——首先是在美国家庭里——都是可信赖的形象焦点。

放弃还是倚重主播：广播网新闻中的延续和变异

那幅极棒的彼得·詹宁斯木偶漫画出现在马特·斯通（Matt Stone）和特雷·帕克（Trey Parker）对美国和当代国际安全的激愤而滑稽的洞见成果——电影《美国战队：世界警察》（*Team American: World Police*）中。[272]在这部影片中，木偶詹宁斯主持播出"晚间世界新闻"节目，这是对美国广播公司的"彼得·詹宁斯聊今晚世界新闻"节目的一种讽喻。[273]这个节目把詹宁斯当作极端"左"翼的自由主义报道派的代言人（这种报道倾向当然存在，但它总是表现在关于报道规范的十足的职业伦理中）。而现实的情况则是，詹宁斯获得了绝大多数观众的信任，同时也赢得了其他人的尊敬。其竞争对手全国广播公司的汤姆·布罗考和哥伦比亚广播公司的丹·拉瑟也是如此。然而，詹宁斯的病痛和逝世迫使美国广播公司新闻广播发生变化，这种变化就发生在布罗考做出退休的决定之后。布罗考是一位具有传奇色彩的节目主持人，他使节目多样化，从新闻主持到对美国的电视阐释和书面阐释，再到其他的节目样态，他给予了美国人"伟大的一代"的观念。与之相对，拉瑟作为哥伦比亚广播公司"晚间新闻"的主持人的离去则引起了麻烦，这表现在信任在同事当中——还可以认定为，在观众当中——的流失上。

哥伦比亚广播公司的"晚间新闻"的变革并不是一件容易的事情。在拉瑟郁闷地离开（被解雇）之后，哥伦比亚广播公司对自身作为或许是美国广播新闻的"黄金标准"而引以为自豪的纪录性庆典活动冷落了他。这些庆典只指向爱德华·默罗（Edward R. Murrow）所代表的传统，他在第二次世界大战和20世纪50年代期间的工作被认为是卓越广播的衡量标准，他的专业主义独立性既赢得了导演乔治·克卢尼（George Clooney）在其电影《晚安，好运》（*Good Night, and Good Luck*）中的赞誉，同时也获得了沃尔特·克朗凯特（Walter Cronkite）的颂扬，克朗凯特是经历了肯尼迪遇刺和越战都发生在其间的60年代的主持人，其权威性——尽管具有讽刺的意味——在更为广泛的文化界得到了认可，以至于被鲍勃·迪伦的那首诉说一个冤案的歌曲《飓风》（*Hurricane*）所引用。只要是再早一点，作为克朗凯特继承者的拉瑟很有可能就被纳入到这同一个圈子里。然而，他对新闻报道的那份热忱在那个选举年里有意地贬损了乔治·布什总统，因为他播报了布什的国民警卫队服役记录是伪造的，这导致他名誉扫地，因为他的报道在无意中依据的恰恰是伪造的文件。

这是一个重大的判断错误,他在几个月后辞去哥伦比亚广播公司"晚间新闻"高级编辑和主播的职务时,被迫承认其错误。尽管事后他被认为继续参与了那档时事"60分钟"节目的制作,但哥伦比亚广播公司的新闻报道与拉瑟似乎不可能再一道被认同或令人满意地制作广播节目了。自入职40年后,拉瑟终于脱离了他曾在此期间的大部分时间内所主导的哥伦比亚广播公司的轨道,2006年7月,他最终彻底同哥伦比亚广播公司脱钩。鲍勃·希弗(Bob Schieffer)向拉瑟表达了推崇而远非谄媚的敬意,他对拉瑟的赞扬恰好同人们对拉瑟会"继续干下去"的期待背道而驰。[274]

哥伦比亚广播公司的新闻广播在拉瑟离职之后明显呈现出翻转的迹象。资深政治家鲍勃·希弗是哥伦比亚广播公司长期驻华盛顿的记者和节目"面对国家"(*Face the Nation*)的主持人,他临时性地扮演了主播的角色。他那温和的南方风格,严肃而慈祥,他显然成了赢家,转向他所主持的节目的观众人数不断增加。拉瑟那种时不时浮华的叙述让位于柔和而友善的微笑和闪烁而幽默的眼神,而且,在这种微笑和眼神中,分明还保持着一种强烈的好奇感和解惑欲,这使希弗成了一位在星期日早晨向政治家坚韧而礼貌地提问的探究者。这样的一种角色是他在完成18个月主播的任期之后回归的。在回到正常岗位后,希弗继续充当哥伦比亚广播公司"晚间新闻"的一张面孔,他不仅是公司驻华盛顿的记者,同时也是那档被称为"自由发言"(Free Speech)的新的晚间节目的每周评论员。在这档节目里,这位慈祥的老人会表达出清澈透明而强有力的洞见和判断,向人们娓娓地讲述如何去思考一个论题,诸如迷失方向的美国国会中的道德堕落现象。对那些观众来说,这种讲法比拉瑟那种极洪亮的嗓音可能产生的传播效果要有效得多。

希弗处于等待状态的任职阶段,它绕过了拉瑟的当然继承者——优秀的约翰·罗伯茨(John Roberts),罗伯茨播报星期日晚间新闻报道,同时出任白宫首席记者,他还是拉瑟的日常代理人,主持工作日的节目,或飞赴突发事件的现场,如在2005年7月伦敦交通线爆炸案发生后赶赴伦敦采访报道。显然是由于受到公司决定的损辱(要不然,他本应接替拉瑟的职位),罗伯茨把他的那副好形象和那份卓越的才能"转卖"给了美国有线电视新闻网(CNN)。希弗的就任不仅仅在于维持日常运转,直到出现一张更永久的面孔来播报不断涌现的新闻,而且还在于提供了一种稳定性,把新闻业务交托到这双安全可靠而更老练的手中。为修复哥伦比亚广播公司的信誉,这种做法确实是必要的。新闻业务转向一双更为老练而安全的手上，也发生在美国广播公司。在美国广播公司里，在经历了另一种过渡期之后，查尔斯·吉布森最终成了"今夜世界新闻"的资深编辑和主播。而该节目在他掌控数星期后就在其照管下变更为"世界新闻"。

在这场变革的途中，权威的人物和面孔向成百上千万的观众讲解如何去理解他们置身于其中的世界所发生的一切，激进的变革在青春和性别等核心议题下被探讨。[275]希弗在完成其临时性的职责后，他把职责移交给凯蒂·库里克（Katie Couric），她是首位独立的全职女主播。在哥伦比亚广播公司对她的任命正式宣布时，她告诉全国广播公司"今日"（Today）节目的观众，她将离开全国广播公司。对此，却是作为美国广播公司"今夜世界新闻"节目主播的伊丽莎白·瓦尔加斯（Elizabeth Vargas）予以报道的，尤为引人注目的是，她欢迎库里克——尽管是个竞争对手——加入到女主播的创业世界中来。[276]瓦尔加斯很早就是美国广播公司事实上的主播——虽然在形式上她的主播岗位是同其同事鲍勃·伍德拉夫（Bob Woodruff）成对排班的。然而，早在这种主播岗位共享的安排期间，伍德拉夫在伊拉克遭遇重伤，留下瓦尔加斯独立主持节目。在2005年12月5日播报最新消息时，他们两人联合宣布了他们新的节目主持方式，新方式将在下年1月试行。他们两人"无比激动，深怀一种责任感"，在此，他们只能够"保守着观众可以信任而引以为傲的广播传统和准则"。他们还说，广播会不断地发展变化，有单独的西海岸现场直播，有每天下午的网络广播，还有每天新闻在线中的特写，大多数的节目都是他们共同承担的。"但未来更多的时候，是我们中的一个会随机独立承担。"进入新角色尚不足一个月，伍德拉夫就"随机"（意外）遭遇到路边爆炸，丧失了行动能力（参见后面）。

美国广播公司的双头（主播）协定早已开始了，在当时数月内，他们两个人都已是即将离世的彼得·詹宁斯的支柱性替代，同时吉布森、偶尔还有其他人也是增补。正式说来，瓦尔加斯放弃了独立主播的职位，因为她正在休产假生第二个孩子。然而，她回来主持晚间新闻这回事似乎并没有被美国广播公司管理层加以考虑。在休完产假后，她却返回到原来的角色主持时事新闻节目《20/20》。这不仅令她的"粉丝"失望——在这些"粉丝"中，肯定有很多正当中年的男人，他们不仅欣赏她的睿智和悟性，而且还赏识她温和的微笑和姣好的面容；也让任何一个渴望打破美国新闻广播中那种扎实、老套的男性模式的人失望。这种新闻播报模式也近似地出现在其他国家，比如20年前乃至于更早时期的英国——尽管其间有着关键性的差异：在美国，主播同时也是资深编辑，可以就哪些上新闻条目以及如何处理这些新闻条目做出最终的决断；与之相对的是，在英国，编辑的角色与主持的角色是截然分开的。[277]这就使美国的主播成为世界上最为显要、也更具权威性和更专断的主播。不过，从一个层面看，瓦尔加斯确实始终是一缕新鲜的空气；而从另一个层面看，无论是这两张较年青的面孔和双头（主播）制还是瓦尔加斯本人似乎都没有满足美国广播公司的观众的需求。这些观众在后詹宁斯时代一点点地流失了。无疑，美国广播公司观众人数的下降可以部分地从哥伦比亚广播公司公众份额的增加来加以解释，况且相对来说，全国广播公司也处于更为强势的地位，相比于其竞争对手，该公司通过聘用布莱恩·威廉斯做"晚间新闻"的主持人，更早——或许也更好地——实现了转型。威廉斯很快就树立起了成熟而极具权威且不失青春活力的形象，他同晚间新闻观众中的年轻群体形成一种亲密的关系。尤其是，威廉斯在整个卡特里娜（Katrina）飓风危机期间从新奥尔良飓风中心现场发回报道，在其他人都开始撤离时他仍继续留在新奥尔良进行跟踪报道，他因此还制作了极具个性的纪实节目——"亲口所述：布莱恩·威廉斯谈卡特里娜飓风"，由此，他顺理成章地赢得了属于自己的声誉。其节目承载着与遭受大难的个体的情感维系，他就是靠着这种情感维系来报道这场灾难的。这标志着他作为一个新闻人从广度到深度的转向，同时也把他同广大的受众紧密地联系起来，从而使他所主持的全国广播公司的广播成为"头号广播"。[278]

变革中的真正考验落在哥伦比亚广播公司的"晚间新闻"上，尽管该公司对库里克的任用同时也是积极的，而且显然是有保障的。之所以有保障，是因为，历经14年来在全国广播公司主持《今日》节目，库里克已经成为美国电视中最家喻户晓的人物之一，据报道，全国广播公司向她支付了2100万美元来同马特·劳德（Matt Lauer）共同主持《今日》节目，后者也是一位有一定影响力的人。[279]由此可见，哥伦比亚广播公司似乎是在对一位赢家、一张熟悉而友善且不失权威性的面孔下赌注。其实，全国广播公司在早间新闻中长期的"头号"地位一直在遭受着威胁，在此期间，多年以来，美国广播公司由吉布森和戴安娜·索耶（Diane Sawyer）主持的《早安，美国》节目一直在提供最新消息。这对搭档被配置好后，最初是作为一种三个月的过渡性措施，其实，他们给观众带来了更快速也更可靠——至少在节目的前半小时内——的新闻条目。《今日》节目的失势要归因于库里克在观众当中不再广受欢迎，这或许是出于她对观众来说太过于熟悉和她本人对其身份也产生疲倦（在全国广播公司担任同一角色达14年之久后，她深感疲惫，因而表明了对寻找到一个新身份的兴趣）所致，或者是因为观众对有关她的收入和谣传（指称她对同事态度傲慢）的报道的态度发生了改变。不过，鉴于库里克仍然深得人心和被人信任，哥伦比亚广播公司的主播身份应该是她重获新生的一条可能的途径。而对哥伦比亚广播公司来说，这可是紧随拉瑟离去、希弗从事灰暗时期修复信任的工作之后最为关键的一步。希弗曾在退出主播岗位的最后一天停止播音时提到了这一点，以此作为引荐库里克作为其接班人的一个前奏。[280]对哥伦比亚广播公司来说，继美国广播公司瓦尔加斯休完产假从主播岗位转回到时事节目主持人的旧身份之后，最大的考验是，主流媒体晚间新闻（而晚间新闻是传播一天当中重要的政治和社会消息的主要渠道）的广大观众是否会积极地拥戴库里克为无限期的主播。而她在全国广播公司早间新闻所积聚的人气能否有效地转移到哥伦比亚广播公司晚间新闻的观众当中？真正的问题是：相对保守的公众是否愿意把一位女性接受为报道全球战争与和平题材以及来自美国本土的新闻题材的焦点渠道。除此以外，还有一个重要的问题是：假如他们真的愿意接受库里克扮演那样的角色，那么，她的个性特征是否会对如何呈现事件产生影响，甚而，进一步对战争和政治合法性的塑造产生影响？

　　无论事后证明库里克是否是成功的，主播的个性特征在框定战争与和平的新闻报道中发挥着至关重要的作用。就战地报道而言，确实如此。在战场上，有一个人呈现出来，他面对镜头，由此而制造的身临其境感是把观众同现场（无论它是在什么情况下或处在何处）紧密联系起来的一种关键影像——尤其是，如果那张脸是老练的、被认可的，而且，是清晰而有权威力的，那么，它承载着主要新闻渠道所能提供的信誉担保。不过，在一个不确定性和流动性不断增大的环境里，对新闻工作者来说，对亲近性的追求意味着比以往记者所经历的要大得多的风险。这在一定程度上说明，就是因为报道某些题材就意味着深入其风险之所在；另外，这在一定程度上是因为：由于以各种方式传递这些题材的影像和媒体成为战争中最重要的手段，由此，这些信使以一种他们从未体验过的方式自愿或非自愿地成为主角。新闻工作者成了冲突的一部分，因而最易受冲突中任何一方的伤害。正如独立电视新闻公司（ITN）的特里·劳埃德（Terry Lloyd）的家人和同事发现，他与独立的、非嵌入的三人新闻采访小组中的两位成员遭到杀害，就因为他们在未经确认的情况下就骑车进入伊拉克控制区内，被害于2003年进驻伊拉克期间的联盟的前线前面。[281]三年之后，共有80多位新闻工作者被杀害。记者们越来越被视为敌方的实际的或潜在的工具：即便他们实际上并未完全处于A方的控制之下（譬如，他们被嵌入到A方当中），那么，他们仍会被认为是B方的敌人；反过来，要是他们没有被嵌入到A方当中，他们就要冒被认为同B方有染或附属于B方的危险，那么，他们就会被A方认作是攻击的目标。

报道从前线（其实，并不必然地存在前线，譬如在当代战争中）发回个人素材的重要性和危险性可以从伍德拉夫（美国广播公司）和哥伦比亚广播公司记者金伯利·多齐尔（Kimberley Dozier）的个人经历中看出来。这两个人在从伊拉克发回报道的过程中都遭受过重伤（起初伤得很致命），当时随他们派遣了新闻采访小组。2006年1月29日，美国广播公司最新任命的双主播之一鲍勃·伍德拉夫和他的摄像师道格·沃格特（Doug Vogt）为从伊拉克发回的报道拍摄镜头时遭遇致命伤。搭载他们的伊拉克军用装甲车被路旁的土制炸弹（IED）击中。在报道这一事件时，哥伦比亚广播公司的记者伊丽莎白·帕尔默（Elizabeth Palmer）把伊拉克描述成对记者来说的"地球上最危险的地方"，她提到，自2003年以美国为首发动的军事行动开始以来，在那里共有60位记者遇难。哥伦比亚广播公司的《晚间新闻》节目追踪了帕尔默发自巴格达对伍德拉夫和他的摄像师的报道，在那里的演播室里，由拉腊·洛根（Lara Logan）制作出一整套拍摄好的节目。洛根刚从伊拉克返回，他领导拍摄了一整套含有戏剧性效果的影像，涉及的是帕尔默和她的团队于2004年从阿富汗发回报道的同时又冲进了两座矿井的情景，在那里，她隶属于美军的第10山旅，她声称，影像是至关重要的——尤其是，如果要个性化地从事新闻业。引人关注的是，后续有关自2003年以来死亡人数（美国和伊拉克的平民）的整套节目报道，其结尾在思考这样一个问题：一位著名的主播所遭遇的重伤是怎样引起人们聚焦伊拉克的死亡现象，又是怎样极有可能地对布什总统的悬而未决的国情咨文产生某种影响。这一媒体中心化的问题的答案是"一点儿也没有"。这一结论也适用于多齐尔的遭遇。哥伦比亚广播公司自身的记者金伯利·多齐尔步了伍德拉夫的后尘，她在伊拉克事件发生后就处在危险的境地，当时，也就是在2006年5月29日即美国阵亡将士纪念日，她和她的同事连同她们跟随的部队遭遇了汽车炸弹袭击。这导致了一名士兵、一名伊拉克翻译、两名哥伦比亚广播公司的同事保罗·道格拉斯（Paul Douglas）和詹姆斯·布罗兰（James Brolan）（他们分别是摄影师和音响师，都是英国人）遇害以及哥伦比亚广播公司记者多齐尔和六名上兵重伤。尽管这些报道题材本身比较缺乏影响力，它们不时会作为晚间新闻报道的一部分内容被刷新，但新闻报道机构还是在不断搜寻个人化的、有摄像的、而尽可能贴近行动本身的报道内容，因为这样共同给予的对事件本身的贴近性和权威性是至关重要的——无论是对提供媒体所渴求的影像，还有对强化与合法性有关的电视新闻所发挥的作用。

　　动态影像媒体的性质——就是如此以人的关切和经历模式进行配合，以至于一些议题在同其他议题的竞争中总会处于劣势。这些媒体在塑造当代国际安全中的合法性上发挥了重要作用，其运作方式则意味着：除了前面章节探讨的影像叙事结构和人的经历，某些特定的因素对理解（合法性）来说也是很重要的。其中之一是，某些地区，譬如整个非洲，就会不如其他地区——如中东——那么被人所理解，即便它拥有最为引人注目的影像，因为如前所显示的，西方新闻广播机构及其受众不会顾及那些受到质疑的特定媒体分支机构。还有另一个因素是，就覆盖面和潜在的影响力而言，在战争合法性的争夺中，电视新闻仍然把持着动态影像媒体中的主导地位。传统的、主流的广播电视机构担负着比24小时全天候卫星或有线电视新闻频道要大得多的重要性。不过，24小时新闻频道以及其他各种源自数字技术的新媒体也都发挥着重要的作用，尤其是在重大危急关头和安全事件突发之时。传统的电视新闻仍是广播新闻媒体领域中最重要的要素，但它们都处在同其他媒体的互动之中。在其他的媒体中，一位博主就可能开办一家大型新闻机构，或者，一部数字移动电话（手机）的照片就可以记录一场恐怖袭击事件，反过来，一家重要的小型广播电视机构就会成为通过动态影像光谱所再生产出来的资料之源，比方说，半岛电视台就拥有有待所有其他广播电视机构来采集的信息资料。传统的广播电视机构仍然极其重要，这是因为它们保持着一种信心——即便自身存在问题，比如哥伦比亚广播公司的新闻广播。此外，即便主流电视新闻的重要性不如其从前，其所取得的进展还是表明：信任和权威性仍在于个性特征——无论"创作者"是长时间节目（或剧情性或纪实性）编排工作的领导，还是日播新闻的主持人和记者，也不管他们是以何种方式扮演自己的角色。记者们都试图以其个人的权威性从战地做至关重要的报道,为公众提供一种贴近性,此时,他们在火线上越来越易受伤害。作为"创作者"的主播仍是支柱,由他们来主导:如何去诠释影像及其他信息——尤其是同美国有关的影像和信息。除了贯穿本书所明确的影像和经历的主要方面,上述方面也都是重要的因素,正是由它们形塑了21世纪早期武装冲突中的合法性。

第七章　影像与亲身经历：合法性与当代战争

本书用大量篇幅关注了动态影像媒体的性质或特性，它首先依赖的是图像自身，其次依赖于作为决定其内容和意义的因素——人类亲身经历。这最后一章把本书的剩余部分的内容整合在一起，同时也开始返回到当代战场的智力空间。本书前面的章节考察了作为动态影像环境内的武器的影像的性质，而本章则更为充分地探讨当代武装冲突的性质，以及作为成功的合法性概念，此外，本章还介绍了"多维三位一体立方次相加"概念，进而把影像作为武器的作用置于其中。本章包括三部分：第一部分考察了当代冲突、合法性和战略成功之间的相互作用；第二部分考察了动态影像的动力维度，并确定了战略影像遏制、压制和控制的原则；最后一部分对全书做出一个总结，它把纳入本书的不同内容要素统一起来，并在反思的基础上证实了我们的一个观点：由于当代战争中的成功有赖于"三位一体立方次相加"情境下的合法性，而影像是影响"三位一体立方次相加"的最显著的手段，因此，影像是当代战争中最核心的武器。[282]

当代冲突、合法性和战略成功

当代武装冲突的性质和特点不同于传统、常规的战争的性质和特点——尽管如同我们在下面要指出的，有些方面没有太大的改变，有的只是在某些特殊方面的变化。当代战争的特点意味着，各国正规武装力量之间的常规战争让位于为争夺其他各个要素所展开的斗争，其中，就当下的目标（譬如，缺乏空间）而言，最重要的要素或许根源于像鲁珀特·史密斯（Rupert Smith）所作出的分析那样：当代战争不是为胜利而战，而是为创造政治或战略条件而战。非国家行为体的表现尤为突出，战争的核心在于为"人民"的意愿而斗争，因为战争就发生在人民当中。[283]自然地，在某种意义上，总归如此的是：正如菲利普·博比特（Philip Bobbitt）以一种无可挑剔的直觉所断言的，法律或合法性与战略一直是胜利这枚硬币的两面——人们总是诉诸法律来确认军事上的成功；反过来，从历史上看，人们又需要用武装力量来强化法律主张。在当代情境下，合法性比以往更为鲜明地成了成功的关键所在。不过，在当前这个战争时代，合法性受到多重选区选民问题的影响，它曾经被局限于反叛乱，现如今成了后现代战争的最显著特征。[284]

在此所讨论的这类军事行动的多维特征意味着，对一支合适的军队该被组建的方式以及在组建过程中如何确保其成功予以考虑，是很重要的。理解成功问题的关键是合法性这一概念。而要理解合法性与诸如此类的所有军事行动之间的关联，则有赖于确认这些军事行动是在战略的层面上展开的。[285]军事行动总是关涉并影响到决定动用武力的一方的战略主动权。不过反过来，至关重要的是，武力一旦被动用，就必须确保其合法性。这是一个多重要素掺杂在一起相互作用的过程，许多要素还是外在于被动用的武力本身的。其中，两大要素至关重要：被动用武力的军事文化与武力（尤其是其政治和军事首领）能够在我们所判定的"判决性时刻"夺取战略主动权的程度。

方式是当代战争的核心所在，在当代战争中，主要的武装力量之间事先精心部署的主要战役已经不再像以前那样重要了——尽管这并不意味着它们已变得毫无意义。军事行动环境变成了这样一种环境，在其中，为使武力产生效果而需要使用狡诈的手段，这种更大的需求取代了能够施加破坏的武力本身的运用。一方面，战争在原则上是以为整体战而创生武装力量为特征，但另一方面，从拿破仑时代到冷战期间（在此期间，核武器的出现开始改变战争的模式），战争的目标始终是，通过在敌人的重心处使用更大量的武力来战胜敌人。而到21世纪初，这一切已然改观。不同于寻求通过动用更多的武装力量来消灭敌人，战争的目标变成了确立一系列条件（情境），换言之，其目的在于谋取一种品质而非客观、物质上的需求满足。威廉·林德（William S. Lind），而后托马斯·哈姆斯（Thomas G. Hammes）把战争的这一转向说成是"第四代战争"；正如第　章所提到的，当劳伦斯·弗里德曼在《战略事务的转型》（the Transformation of Strategic Affairs）一书中写道，胜利关乎的是叙事而非纯粹的蛮力。[286]研究当代战争的理论家主要是从美国人的角度聚焦于最先进的技术发展连同对战争的文化维度的理解是如何的，这意味着：在一个由网络主导的多元传播环境下积聚各种视听要素以瓦解敌人而非发动决战去推翻敌人，这业已成为士兵们的职责和使命。[287]概而言之，这是一场基于视听材料的战争，在这场战争中，讯息如同导弹一般重要——"导弹"只有传递出恰当的信号才能致效（达到目的）。

意义和讯息的互动让人联想起"导论"中弗里德曼对"战略叙事"的讨论。用美国前助理国防部长和极具影响力的知识分子约瑟夫·奈的话来说："不是谁的武器赢得胜利，而是谁的叙述赢得胜利。"[288]奈是在美国全球反恐战争的背景下说出这句话的。他指出："史上最棒的通信系统之所"竟然被"那一帮隐居山洞里的人挫败了"。与之相参照的是，"至幸协会"（学生自治组织，UBL）成功地讲清楚了自己的意思，尤其是成功地利用了半岛电视台。不过，他认为，基地组织所提出的相关叙事是可以被驳斥的。真实的情况应该是联合国开发计划署关于阿拉伯人权发展的那份报告，它带来了一种积极的国际关系讯息（尽管我们要指出的是，它完全不具有新闻价值）。这一讯息是同基地组织诉诸阿拉伯人的被剥夺感正相反的。正是在这一情境下，奈对美国当局转而动用"软权力"助力于武力的运用表示欢迎，[289]他指出，公共外交预算被大规模地追加，从1.5亿美元增长到250亿美元；但他同时也指出，这些数字还只是国防预算中很小的一部分。这就表明：为求实效而均衡用力的做法还是不合时宜的。当然，这也证实：美国国防部长唐纳德·拉姆斯菲尔德（Donald Rumsfeld）所倾心的那条衡量胜利的简单尺度——所除掉的基地组织的成员及其附属组织，在数量上要多于至幸协会和它的追随者们所能招募到的成员（这一看法甚至在一定程度上得到了约瑟夫·奈的支持）——并不是当代战争中赢取胜利的真正标准。确实，无论在伊拉克战争还是更为广泛的全球反恐战争中，我们都没法看出，只要杀敌的人数超过被招募的人数，这一点就在发挥作用，或那就是战争合法性的特征。在这两场战争中，影像都对战争的合法性提出了尖锐的挑战。

对行为的解释变得比行为本身更为重要。这一点连同其他诸多因素赋予了战争一种新的特性。在设法屈从于那些他更愿称为"人民战争"的战争中关于武力使用的议题时,鲁珀特·史密斯(Rupert Smith)总结出了这个新的战争时代的核心要素。他所确定的战争的六大特征是:

其一,战争的目的从追求大获全胜转变为在特定环境下营造特定的状况。

其二,战争发生人群当中,这一趋势历经150–170年,直到第二次世界大战及其后,战争不再关乎战场上代表各国参战的常规部队,战争和与战争有关的政治走进了更广大的人群——他们或是游击队员,或是叛乱的非常规武装部队——当中,它成了战争的主题。战争对平民或非战斗人员产生了影响。在此,由于胜利不再仅仅意味着在战场上获胜,因此,两者(战争与平民)之间的界线模糊了。

其三,冲突是无时间性的——因为目标不断改变,因为战争在人群当中展开的方式是不可能有一种绝对明晰的胜利的。因此,不可能确定一场交战会持续多久,也没法做出任何承诺,比如说:"我们就打6个月",因为许多使命的完成几乎是没有休止的。

其四,从西方人的角度看,作战的手段很宝贵,尤其是作战的人是最宝贵的——鉴于招募、训练乃至于保留他们所要付出的时间和金钱而言,因此,在作战中,西方的首要目标是不损失战斗力本身。相对于直接生存濒于毁灭,因而愿做出更大的准备去牺牲的另一类冲突来说,它希望通过综合作战来赢得可变的条件而绝对不愿意去遭受任何损失。

其五,旧式的武器被用来服务于新的手段。基于适应性是成功作战的核心所在,这无疑是一种一直在发生的适应性。不过,由于所谓的克劳塞维茨式的机械作战必然被改造而用于当代人的冲突中来,因此,这里涉及在程度上大得多的适应性。

其六,几乎概莫能外的是,冲突涉及非国家行为体。这并不意味着,国家或国家行为体根本就不会卷入其中。它只是表明:有众多的非国家行为体出现并活跃在冲突当中。非国家行为体可能意味着结盟、联合和合伙,其中也包括联合国这样的非国家行为体。通过联合国,大多数国家同其他国家一道行动,部署和调遣武装力量(当然是在史密斯所关切的西方世界情境之下),这些国家的武装力量通常与其他国家的武装力量共同采取行动。在这种情形下，明显的政治控制焦点消失了，这就意味着明确的政治目标和政治视角更加难以确定和维持。此类国家力量参与其中的环境同时也是一个拥有非国家行为体的环境。这往往处在国内冲突或国内、国际冲突交织的情境之下，或许，在这种情形下，行为体具有一种跨国界的性质，诸如基地组织。非国家行为体还可能意味着：跨国的、次国家的行为实体（或共同体）会卷入到相互敌对的状态下，一国的各种力量或各种联合力量都介入到多国军事行动中。[290]

这些特征中的每一项——首是，所有这些特征——意味着：战争的特点是不同的，对将军的要求随之也发生了改变。每一次行动上的决断都要参考多重利益相关方的诉求来做出。[291]这同以往战事的清晰性形成了鲜明的对照，在以往，战场上的指挥官动用他们所效忠的国家的武装力量来追求该国的政治目标，以对抗另一个国家。在当代，对手则很少是一个国家，即便在诸如西方世界与塞尔维亚或伊拉克的交战中，虽然对手在形式上是一个国家，但交战的重点却是把统治精英（作为真正的敌人）同其民众（他们中的大多数人被当作是受害者、囚犯或被误导的领袖）分离开来。于是，赢得"人心"就成为战争的焦点。但在支持者那里赢得"人心"还是不够的，决策还得从被分离出来的目标国公众、指挥官自身所服从的政治领袖和所属的社团及与指挥官共事的伙伴和盟友的角度来决断。除了上述这一切，还要考虑国际舆论这一"旁听席"。国际舆论在政界、安全部门与普通公众之间不同的层面上产生了分化，它或者通过显性或隐性的压力，或者通过对事件的认知和解释，从而以约束的方式对军事行动产生影响。在当代战争的情境下，胜利会受到来自多方的高度制约，而见证战事走向失败的可能性却是很大的。

所有这一切都同著名的克劳塞维茨"三位一体"说相关联。[292]克劳塞维茨关于政府、武装力量和民众的次级三位一体说依然同现代战争有着一定的相关性——尽管被宣称为过了有效期，且引发了错误的"后克劳塞维茨"观。[293]只需稍加改造，"三位一体"的本质属性就会同当代战争的合法性和人心向背的重要性相关联。在一项名为《论未来战争》（*On Future War*，出版于1991年）的重要研究中，马丁·凡·克里弗尔德（Martin van Creveld）或许是最先把克劳塞维茨当作一堆垃圾[294]的人——却敢于援引克劳塞维茨的经典研究之名。这是一项具有前瞻性的研究，虽然运用了故意给人以错觉的风格和结构来说明某些方面的问题，但它确实具有实际的价值。在这项研究中,克里弗尔德宣称,克劳塞维茨式的战争已经过去了,战争的三位一体说不再适用。然而,他错了。一方面,如同其他许多人一样,他正确地认识到:那种传统的、直接的、国家对抗国家的战争形式(一直作为19世纪乃至于20世纪思维的基础)不可能具有重大价值,但他却错误地推定:这意味着克劳塞维茨的战争原理不再具有影响力。事实上,这些战争原理变得越来越重要了。如果考虑到"人心向背"问题,或许可以说:拥有常规武力的常规国家是唯一的或者起码是主导性的行为体。而"三位一体"说仍会在任何一种情形——政治领袖、武装力量和共同体——下发挥作用。

然而,比三位一体的持续价值要重要得多的是,它实际上还在拓展,因而其重要性还在增加。在我们这个时代,存在着一种多维的三位一体。克劳塞维茨的心里装的是政府、军队和国内民众。这是一种单一的三位一体,它反映的是19世纪国家的基本方面。在21世纪,一种更为复杂的、多维的三位一体立方加[用一个公式来表示就是:多维 $Trinity^3(+)$]在运行。首先,在每一种情形下都存在一条国内战线,它包括政治领袖、武装力量和共同体。其次,敌方的政治领袖、武装力量和民众之间的三角关系中的任何一方也都需要受到影响,而且,这种影响应该是同时发生的。第三,还存在多重的全球受众,所有这些受众都接受同样的信息和影像,都会对战略性的战役行将展开的环境施加影响。

如同史密斯正确宣称的,争取人心的斗争已经从军事行动的支撑性活动转变为军事行动的核心目标。[295]当代战争的核心方面是意愿之争——或者说,我们应进一步改进史密斯对战争的分析(该分析激活了克劳塞维茨的战争分析),并把21世纪冲突的核心界定为多重意愿且其同时展开多重的斗争。如果说作为信使的动态影像媒体不是展开斗争的唯一场所,那也是一个主要的场所。消息——或更恰当地说,影像——是在争夺合法性的战场上最重要的手段。

在现代战争的合法性之争中,坏事往往要比好事突出,坏事几乎总会发生。从拉塞尔(Russell)发自克里米亚的报道中可以清晰地看出,总会有事情出差错,因此,最根本的是,要通过确保最大限度出色的、恰当的行为来尽可能地避免差错;差错一旦出现——如同历史上经常发生的,那么就要愿意承认错误并积极地对其加以处理。[296]坏事总是发生在执行远征任务或平叛使命的情形之下。这也许反映出高等院校和研究机构缺乏恰当的教育和准备,没有学会从历史中吸取具有普遍意义的教训。不过，这也表明：可以预期此类事情迟早会发生和到来——当军事行动如此敏感和复杂的时候。值得指出的是，确立一个恰当的角度来看待问题是很重要的。由此可能产生的印象是：坏的或无能的行为是常规的，而其实它几乎总是一种例外。[297]在服从原则和在其中运作的法律造成更大的脆弱性的自由民主制度下，作为一种例外的坏行为变得极其重要，而且是判决性的。

同样地，在当代武装冲突的情境下，影像和议题在其中广泛传播并产生影响的诸种环境使问题被分解式地无限放大和倍增，其中包括被那些很少对守法心怀敬畏的人所利用，他们利用自由民主国家对法治的基本信奉来反对法律。内含信仰体系的各类共同体极其相似。受众研究表明：他们都持有立场，这些立场通常不会被官方公布的消息或被电视新闻所改变。[298]他们要么以一致同意或不同意的方式来承认某条消息——取决于与其信仰和价值模式的契合程度，要么无视所公布的消息（如果与其信仰和价值观模式相左），调换电视频道或干脆关掉电视。很少有事情能够让人民直截了当地改变态度。纽约双子座的影像就是这样的一个案例，该影像显得直截了当——至少短时间内是如此，因为它如此不同寻常，以至于人们都不知道该怎样去应对。困难在于，消极的案例虽然只是大海中的一滴水，但就是这一滴水包含着毒物或钚，足以污染整个大海。

合法性乃战争胜利的核心所在。消极的点滴影像"毒物"般侵袭了当代军事行动的合法性。从很大程度上讲，破坏性的暴力可以通过搏斗赢取战争的胜利，事实上，它可以控制领土和对领土上的民众实行肉体上的征服，然而，现代世界中的胜利却只有拥有合法性才是可能的。社会政治因素容许那些为某种政治目标而采取军事行动的人赢得民众的群体支持，这些因素的复杂性恰恰是军事行动所必需的。

合法性是一个复合的概念。[299]这是一种性质或现象。这是一种趋于合法或合法化过程的结果。这个复合概念拥有三大要素：基础、表现和支持。这个基础包括规则、准则、法律和声明。它们或是清楚、明确和公开的，或是含蓄、暗示和不公开的，它们或是自我归因的，或是被他人所归因的。合法性的基础不仅是行为人自身的信念，更是他人的信念——他们认定行为人的所作所为或认定其应该作为的。合法性还关乎表现。通常，单是良好的表现就可以克服（瓦解）脆弱、晦暗乃至于可质疑的合法性基础，正如良好的基础可以缓解（淡化）糟糕的表现一样。但如果两方（基础和表现）中的一方遭到严重损害，那么另一方就不可能维持下去。这两方都同复合体中的第三个要素——支持——相关联。

合法性是一种积极的性质，但它并非是一个易于明确加以评估的东西。[300]明确评估合法性的努力要遭遇到诸多困难，如短暂性问题（如果测量的是意见——尤其是建立在民调数据基础之上）、推断价值观信仰的困难[301]，或是在复杂社会中确认一致意见的问题等。我们必须在多大广度或深度上来认定合法性？面对严峻的挑战，到底可以到哪里去确认这种合法性。长久以来的事实表明，人们最有可能"感受到的是合法性的缺失"，而并非力图明确肯定它。[302]合法性问题确实也恰恰是在"缺席"的情形下被测度的。当合法性成为一个问题——也就是说，出现合法性危机——时，合法性这一概念才得以被确认。用尤尔根·哈贝马斯那套准医学、准马克思主义的话来说，合法性的考验在于危机——严峻的挑战，即类似于心力衰竭式的信任危机，即是否有能力经受住这种冲击而威力不减。[303]承受力和抵抗力就是对合法性的考验。

由此，围绕军事介入及其烈度的合法性讨论构成了合法性在多大程度上被质疑的衡量尺度。这就使（尤其是）电视新闻和同类的媒体变得至高无上。电视新闻聚焦于某一个议题，如果采用的是一种批判性的报道方式，那么，这有可能被看作是对合法性的突出挑战的一种表征。这些当然不会是是非成败或合法性议题得以被阐明或判定的唯一平台。但在西方世界及其他大部分地区，电视新闻和电影在其中主导的动态影像媒体，还有数字技术，包括数字电话视频，都将成为在多数场合下、多数时间内最主要的也是关键性的面向。合法性是政治、法律和战略因素互动的一种效用。所有这些因素都会围绕相关事件展开讨论的焦点所在。但正是这些影像行将界定并主导所有的细节。当诉诸战争的正当性遭到质疑时，战时的正当性也会变得更加脆弱。总而言之，这就意味着合法性会趋向于愈来愈弱。在21世纪的任何一场军事行动或军事政治使命中，这都将是一个必然的趋势，因为未来不太可能存在任何一种旧式的、轮廓鲜明的情境。

在全球范围内，人们对阿布·格莱布监狱虐囚事件的关注是由那些令人愤慨的图片激发起来的，相关的电视报道提供了一个绝好的案例，它表明：有关某个议题的电视新闻报道的密度和集中度是如何确证并构成了一种致命的合法性挑战的。不仅是先前的报道引发了关于合法性的重大质疑，而且上述影像的更长时间的持续突出显现，加之对虐囚的谴责，更是显而易见的佐证。在此过程中，无论是政治话语还是新闻媒体都以虐囚丑闻作为一大议题。西方的伤亡人员包括死难者都被有意地归因于这件丑闻本身，或是被归因于其他某个被指控的虐囚事件，譬如涉及英国皇家陆军兰开夏步兵团的虐囚事件。[304]有关被指种族屠杀图片的发表的直接关联性也适用于有关英国士兵被认定施予暴行的伪造图片，它们最初出现在英国的《每日镜报》上，该报受到哄骗而购买了这些图片，其主编皮尔斯·摩根（Piers Morgan）不得不因此而离职。[305]这些涉及极端合法性挑战的消极案例恰好确证了影像的破坏性威力，同时也证实了广播媒体的能量，它们足以毁灭在战场上获胜的希望。这些影像是透过多个维度、面向的多棱镜而运作的，它们不仅影响了国内民众的态度，同时也产生了国际影响——尤为关键的是，无论这些影像自身的运作发生在何处。广播媒体为这些"武器"（影像）提供了传输机制——无论是被称为"善意胶片"的影像（如阿布·格莱布恶行的自虐性毁灭和虐囚图片）不经意间泄露出来，还是对1992年10月美国游骑兵的尸体在摩加迪沙被拖行的影像的刻意展示。它们还提供了一个影像的影响力在其间持续不断而得到确认的讲坛，因为影像的作用通过重复在不同论坛和文化情境内的政治发展过程中被放大了。

由此，"三位一体立方次相加"同影像有着特殊的关联。有必要留意多重的受众及其在国际公共环境内扩散的方式。至关重要的是，务必注意跨国的共同体——这是一种更重要也更贴近的因素，它突破了传统的国界，不过也带来了众多其他的问题。意识到媒介一直是一个复数名词——虽然它通常被当作单数来使用，这一点要比以往更为重要。在这种情境下，影像成为一种越过任何其他事物而直达受众的简便因素。不过，尚未有相关的讨论和解释会去补救某一影像的在场或缺席。虽然影像是被误导的"导弹"、是不可控的"火箭"，但它们成了当代武装冲突的关键武器。要是考虑到要避免合法性危机，影像当然也成为合法性的关键所在。最终，无论是在本土层面还是在国际领域，争夺合法性都成为当代武装斗争的重要特征。

动态影像、动态力量：影像环境的控制、遏制和压制

顾名思义，动态影像是动态的。其叙事结构当然是动态的。这种内在的动态性并不等同于爆炸性的、破坏性的动态力量。但是，当"三位一体立方次相加"的各

种不同的维度处在危机当中,就有必要避免因其消极的效果而丧失合法性——如果没有通过其积极的效果去促进和扩大合法性,此时,这种动态武器无疑有一种对应的动态效果的。电影的动感力量很强烈,具有一种潜在的判决力。单有影像并不一定就够了,它们可能还有叙事上的或其他方面的补充性内容。但在给予对方致命一击上,它们又是必不可少的。在波斯尼亚-塞尔维亚集中营带刺铁丝网内羸弱的穆斯林囚徒的情景,被英国独立电视新闻公司的记者们抓拍到,并通过各种不同的新闻媒体传播到全世界,这些影像决定了当代战争中合法性的平衡。实际上,常规军事手段——如子弹、炮弹、火箭等等——的爆炸性动态很容易就被动态影像的象征性动态所超越。影像并不会摧毁一座桥梁,它们自身也不会消灭一个士兵,但在现代世界更为广义的战争情境下,它们却往往是更强大的武器,它们可能造成巨大的伤害,远远盖过战场上取得的常规而持久的胜利。

　　动态影像的重要性可以从20世纪90年代爆发的南斯拉夫战争中清晰地看出来,在这场战争中,动态影像构成了由战争各方针对冲突所展开的战略性媒体管理内容的一部分,同时也在无意中被用于对合法性施加影响。[306]首先,正如先前在第四章中所表明的,斯洛文尼亚有一套用于制造事端的有机的军事-媒体战略,这些事件有可能被世界各地的电视新闻和广播所捕捉到而产生巨大的效应。为确保信息包括影像的顺畅传播,斯洛文尼亚人在首都卢布尔雅那建立了一个重要的媒体中心。前国防部副部长和当时的信息部长杰尔克·卡辛(Jelko Kacin)毫不隐瞒地向记者和摄影师通报各个事件,这些事件却并未构成整个真相。譬如,他会把这些人引向燃尽的装甲车,而不是引向点燃一辆被废弃的航天火箭的孩子们,受众从而认定这是反装甲火箭成功的结果——这样制造出来的成功的影像无疑是强有力的。最伟大的动态影像之举或许发生在1991年6月27日斯洛文尼亚首场激烈的冲突事变中。当时,一架向军队运送面包的南斯拉夫军用直升机在首都卢布尔雅那上空被击落——斯洛文尼亚人就曾这样威胁的,南斯拉夫军队并不相信斯洛文尼亚人真会实施其威胁,他们原本想给军队提供补给,同时还想迫使斯洛文尼亚人亮出底牌。然而,事件发生的时间完全是事先安排好的。被击落的直升机的影像连同其他有关斯洛文尼亚人挑起事端的影像,譬如在那短短的几个小时内,坦克就把道路上的公共汽车撞飞了,这些影像成了全欧洲各大晚间新闻栏目的头版头条和作为开场白的镜头。没人愿意花时间去核实细节,真相则是,持有亲塞尔维亚倾向的南斯拉夫人民军碾碎了小汽车，掀翻了公交车，还用坦克炮向克罗地亚尤其是斯洛文尼亚开火。这些影像是致命性的，因为木已成舟，从一开始，贝尔格莱德的军队就注定要输，因为原初的动态影像给了它致命一击，它是很难从这种打击中恢复过来的。

斯洛文尼亚的策略在于，展示出面对凶残侵略者的英勇、成功的抵抗形象，而贝尔格莱德的军队也遵从同样的策略。后者在长达四年的时间内制作了大量关于克罗地亚和波斯尼亚的负面影像。一个火力被对方压过的小国往往会一心想尽可能地展现出勇敢自卫和寻求援助的形象，然而，与此相对的是，克罗地亚和波斯尼亚则都扮演了无助的受害者形象。当然，这两者在很大程度上确实都是受害者，他们中的每一方在军事上都要弱于与之对抗的塞尔维亚军。在他们作为受害者的身份上，其境况还是存在明显不同的：波斯尼亚的灾难性命运显然不是自身的过错所致，而克罗地亚则至少是引发战争的鼓动者之一，其民族主义情绪转化为政治权力，驱使其要从南斯拉夫联邦中独立出来。克罗地亚似乎有意地贯彻一套受害者策略，这最为鲜明地表现在它把自身扮演成处于围困之下的古文化名城杜布罗夫尼克（Dubrovnik）和武科瓦尔（Vukovar）东方小镇的形象。受害者策略在武科瓦尔地区体现得最明显，在那里，小镇里的一小股力量抵御着远远强大于自身的敌军，敌军包围了小镇，并用大炮轰炸它。面对残暴的塞尔维亚包围而惨遭损毁和孤立无援的形象构成了受害者策略的一部分，在萨格勒布（Zagreb）的政府竟然没能向小镇提供补给和增援——即便可以穿过周边玉米自由地出入。被遗弃的武科瓦尔最终被夺取，从而让世界看清了塞尔维亚军队的强取豪夺。在波斯尼亚，塞尔维亚的军队并没有给自身带来什么好处。波斯尼亚人在很多时候都处于一种弱势，有时他们力图操控影像朝有利于自身的方向呈现，但几乎总是做不到，因为他们任何一点挑衅行动通常都会被联合国军队发现，这在很大程度上激起了波斯尼亚政府的怒火。然而，波斯尼亚在很大程度上确实是受害者，是塞尔维亚的暴行和攻击造成它成为受害者，譬如，对萨拉热窝马卡勒市场的那场震惊世界的袭击，这就意味着，影像总归是由塞尔维亚的行动制造出来的，这就强化了波斯尼亚事业的合法性，最终引发北约和联合国动用武力。[307]

在20世纪90年代末南斯拉夫战争中的科索沃战争阶段，影像再次变得至关重要。由欧洲安全与合作组织和科索沃调查团（OSCE–KVM）所展示的拉卡克（Racak）尸横遍野的影像场景（1999年1月，塞尔维亚军对阿尔巴尼亚族人实施了种族屠杀）激发了对科索沃所采取的国际行动。那些被处决的尸体和科索沃调查团团长威廉·沃克（William Walker）苍白无力地表达的影像都是强有力的工具，其深刻地影响了世界各地的人们对事件的理解。这些影像对北约后来为战略性地制止种族清洗而空袭科索沃也产生了重大影响。有时，由于没能声明动用武力的明显的合法性依据，北约这些军事行动的合法性已遭到质疑，有时，还要遭到有关其所制造的失误的影像的挑战，譬如，误炸了一队行走在路上的难民、一列跨越大桥的火车或一幢公寓等。然而，对北约军事使命的合法性的种种挑战并没有击中要害，因为在影像中贝尔格莱德给予自身的打击力要强得多——譬如，在枪口威逼下把成千上万的阿尔巴尼亚人驱赶到火车上，然后把他们押送到马其顿的边界，这些行动所制造的影像不禁使人想起纳粹，因此，鉴于贝尔格莱德在斯洛文尼亚的最初行动，塞尔维亚这一方完全败落于国际舆论的争夺中就不足为奇了。

　　南斯拉夫战争中的诸多例子进一步表明：在动态影像的领域内有必要尽可能地同时做到自我保护和抓住主动权。由于控制事态极其困难，而确保行将发生的事情几无可能，因此，从实际的角度看最有可能做到的就是，去确认正在发生的事情到底是什么，这也就意味着，要尽可能地制作出一幅配有文字的影像，不过，这必须是一幅真实的影像。从很大程度上说，1991年对伊拉克的空中打击很成功，只是因为这些打击被认为是成功的，而之所以被认为成功，是因为美国空军可以制作出具有瞬间冲击力而史无前例的武器头影像。它不仅提供了用以描述击中目标这一军事成功的语词而至关重要的影像，而且给出了在技术上成熟且具有客观性的竞选活动的一种印象——总是精准地击中目标，总是把意外死亡和损害降到最低。当然，正如后来显示出来的，这种被制造出来的印象并没有反映出整个现实来。[308]不过，在当时，就军事行动本身和深入人心的影像而言，关于战争胜利的认知还是内在于关于军事行动的影像之中。

　　有关认知上的胜利的另一个例子是2005年夏以色列从加沙撤军。这个案例得到了很好的展现——无论完全有意还是无意的，它显示出积极的影像是如何制作出来的。譬如，就在撤军结束后，在电视讨论中，以色列国防军据说是"极其专业主义"的，人们没有看到他们使用过暴力，用新闻评论员珍妮特·戴利（Janet Daly）的话来说就是：只有"为媒体全力以赴的种种行动"。[309]撤军的影像是鲜明有力的，它对观众也极具劝服力。

围绕定居者所说的话语总是给他们贴上"犹太人"的标签。不过，名词在技巧上的这种精确使用是困难的、危险的，也是误导人的。一方面，它突出了议题以共同体–种族之内为特征的民族–宗教维度，另一方面，它没有击中国家的地位这一核心要素，其实，在那里的定居者是作为以色列国家未来扩张的一部分而存在的。定居者是作为以色列人为最大限度地实现犹太复国主义战略目标而存在的，这个目标包括了从约旦到地中海的整个巴勒斯坦地区，而不是分离者所界定的领域。与之相对，评论家们则总是用国家宣誓人的标签来指称巴勒斯坦人，而不使用含有宗教内涵的标题。语言的使用同时也反映在以色列总理阿里尔·沙龙（Ariel Sharon）从加沙撤军之初所定的基调上，当时，他警告"犹太恐怖分子"——而非"以色列人"——不要破坏撤军进程，他坚决要求对他们予以惩处，因为其行为是不可接受的。沙龙的处事方式包含了一种相互性（对等性）的表达。这就意味着，他期望借此从巴勒斯坦领导人马蒙德·阿巴斯（Mahmoud Abbas）那里得到相应的回报，即要求巴勒斯坦当局对其武装力量如在驻守加沙的哈马斯势力加以管控。

从加沙撤军通常被认为代表了一种实际的改变，为对未来的乐观预期奠定了基础。有关以色列国防军用推土机铲平定居者家园的影像提供了这种乐观主义预期的关键所在。用BBC记者奥拉·古厄林（Orla Guerin）在撤军现场的话说，以色列国防军是在"抹去过去的痕迹"。在一个层面上说，这或许可以被看作是所发生的事情的一种消极表现，这同她所报道的许多其他的方面（曾给BBC制造了麻烦）却是一致的。与此同时，算不上什么见地的看法认为：这种做法"在抹去过去的痕迹"，而更重要得多的是，它为渴望获得影像的广播机构恰恰为讲述故事并配以解释提供了图片——伴随而来的是决断性的行动，而没有留有回旋的余地。其实，以色列军队本来可以更宽宏大量一点，把房屋留下来当作礼物送给巴勒斯坦人享用。正如古厄林所指出的，当时确实留下了一些"礼物"，同她所说的"抹去过去的痕迹"有所矛盾：一些学校、社区中心及犹太教堂原封不动地留下来了。不过，不管怎样，从加沙撤军肯定为约旦河西岸和耶路撒冷地区的未来进展开创了一个可能的先例。从以色列方面看，具体的撤军行动历历在目地呈现出来，令人信服；从巴勒斯坦方面看，它创造了机会来显示其责任和能力，包括管理边境、确保边境之内的法制、秩序和公共安全以及边境之外的以色列的安全。

1999年科索沃战争期间，出现了武力与电影这两种动态手段的成功结合——

尽管在北约各成员国和策划者当中就是否要对贝尔格莱德市中心的目标实施打击存在质疑和争议。[310]争议的实质在于，这样做会对尤其是贝尔格莱德及塞尔维亚其他地区的"人心"造成何种影响。争论的一方担心，对贝尔格莱德市中心商业区的打击会离间当地人（其给予的支持有必要被排除或被保留）与贝尔格莱德当局之间的关系。这种担忧扩散成另一种更大的担忧，那就是：在这个问题上的分歧会消极地影响到同盟各成员国之间的关系，进而在更多的层面上损害到打击的合法性。争论的另一方则认为，在贝尔格莱德中心区对预定的与军事有关的目标的打击会使冲突对那里的民众来说也是实实在在的，他们本来是可以远离其政府卷入其中的多年战争的直接影响的。这种打击同时也表明：打击针对的只是军事上的、安全上的及与政权有关的目标，而不是针对整个民众。争论的第二方的观点证明是重要的。空中打击对当地人产生了巨大的影响，因为空袭不可避免地会在塞尔维亚的电视上予以报道；与此同时，当北约决定打击位于贝尔格莱德的内政部（MUP，是首字母缩略词，它通常也被用来指驻守在科索沃由贝尔格莱德来动用的半军事性特种警察部队）和军事指挥部时，空袭所产生的影响也是国际性的。

就上述两种动态形式的创造性结合而言，最引人关注的案例或许是1995年5月鲁珀特·史密斯（Rupert Smith）蓄意对波斯尼亚塞族要塞培尔（Pale）外的军火库进行空中打击。这是一个小事件，但又是最重要的事件，因为此类小规模的军事行动对西方武装力量来说恰好是当代战争的核心所在，在此，对武力的动用通常必须是在策略层面上进行——即便想要产生战略上的影响。当1995年5月26日鲁珀特·史密斯在波斯尼亚指挥军队时，他做出了一个有预谋的、周密的决定，要对培尔外的军火库进行空袭，而且在第二天还要继续打击。从其他的理由来看，他之所以这么做，是因为会因此而制作出出现两大缕烟雾的两大段影像，它们不仅在现场情境下向观众传递出一种无可争议的讯息，而且也会上传到电视上，让每个人都可以看到他的所作所为。[311]史密斯的这个例子很突出，是因为它把握住了在其中需要慎重地做出策略层面的动武决定及其后续的影像如何产生影响的那种情境。这个例子的关键在于，使用武力所造成的影响是如何被其后制作出的影像产生出来的积极效果所合理化的。在当时的情形下，这种合法化的成功被史密斯的上司们的所作所为所弱化，他们削弱了他的作为，损害了其本应取得成功的程度，同时也阻碍了他对另外三至四个月时段的重新战略部署。在当时，史密斯完全可能让北约空军再度发挥效力。[312]

与之相对，如前所述，当伊拉克盟军准将金米特（Kimmitt）于2004年1月说出阿布·格莱布监狱涉嫌虐囚及对此事件展开调查时，他要是只展现了当时此类虐囚现象的一个样本影像，而突出强调军事到底是头等大事，那么他当然会抓住某种机会，去冲抵新闻记者们最终呈现出来的所有影像所产生的（消极）影响。新闻记者公布影像只是有助于强化事态的消极面，从而抵消了军方数月前站出来告知对虐囚事件所作出的努力，它所造成的印象似乎是：虐囚事件被美国军方所掩盖，或更为严重的是，虐囚似乎是美国军方的一项政策。缺乏本真而尖锐的影像先行介入则已；一旦相关的影像不可避免地出现，美国军方和决策者就会退居守势，再去做出弥补和站稳脚跟的努力，也是徒劳的。

那么，还能做什么呢？一旦动态影像环境下影像的立场被确认，从战略和作战的角度看，我们能够学到什么？首先，有必要深刻地意识到：争夺人心的斗争或者说争夺各方民众意志的斗争（而不是我们前述从属的、支持性的行动）是当代战争的核心目标。胜利是关乎合法性的，而合法性最终有赖于民众。其次，根本的一条是要认识到：影像是争夺人心的斗争或者说争夺各方民众意志的斗争的核心所在，因而是当代战争中合法性和胜利的关键所在。再次，至关重要的是要认识到：这不仅仅是一个公共关系或"信息战"的问题，因而也不是调配一条内在融贯的消息而加以有效传播的问题。

关于这一点，有一个最好的例子是2006年夏以色列反黎巴嫩真主党的军事行动。以色列在传播其消息上取得了极大的成功，尤其是在西方的新闻媒体上。在这些媒体上，发自以色列北部、明显建立在最近期新闻发布基础之上的报道几乎都表明：报道者不时地作为公共代言人为以色列当局效力，因而通常以各种不同的说法不断地重申"以色列想要什么"或"以色列正在做什么"，而且，所有这一切都以其表面价值来看待。在某种程度上，这恰好是报道以色列所施加的限制（虽然从未得到承认）的结果。[313]以色列通过不同的新闻媒体，在不同的地方传播内在融贯的消息上的成功，被某些人所关注，这种做法同时被看作是美国在伊拉克应该做但又没有做的事情。[314]然而，这场交战所表明的恰恰是，虽然传递一条内在融贯的消息而使之被以色列——进而或许在战场上——的记者们所接受、消化，但以色列所获得的这种成功为何并没有在一个多维度、多媒体的影像环境里产生什么效果。在这个影像环境下,有关其明显不恰当的行为(似乎不限于反真主党军队,甚或反支持性军事目标)的影像塑造了人们对战争的认知和合法性,并促成以色列最终在显然失败的阴影下停止了军事行动。当然,由于影像具有超越详尽解释的威力,在特定的情形下所隐含的详情也就微不足道了。同样可以理解的是,那些影像是要被叙述的,但叙事是另外的东西:是影像而非叙事产生了影响力。譬如,以色列在黎巴嫩加拿(Qa'na)制造的一个突出事件(炮轰事件)招致了对以色列军队所犯下的战争罪的广泛谴责,因为他们损毁一排民房,制造了大量平民的伤亡。喀秋莎火箭发射车从一处附近地点忙碌往返,对此,以色列在十多天前就事先予以公布,这无非是想强化这样一种印象:鉴于攻击性的发射装置立即就被拆除了(如同影片中看到的那样),回击也没有对准特定的地点,这种攻击性显而易见是很小的。不过譬如,英国第四频道新闻显然提出了这一做法构成了战争罪的问题。[315]尽管这一报道是作为一个问题来框定的,[316]但它还是赋予了一种压倒性的意见,即:被描述的那些事的确是有罪的。[317]由于有一个国际小组被组建起来负责调查所发生的事情,较为详尽的证据业已呈现出来,获知死亡人数也许是最初报道的数量的一半,那个公寓街区——尽管对其他居民来说是不公的——确实包括了一幢牵涉到黎巴嫩真主党的公寓。然而,即便整个报道面世之后彻底排除了以色列的嫌疑,这似乎也绝不可能改变整个冲突本身和有关这一冲突的动态影像载体留给人的印象。以色列的军事行动并不是针对最初以色列人质被扣押的一种有节制的、恰当的回应。就以色列遭到黎巴嫩真主党的火箭不分青红皂白的袭击而做出自卫而言,其实,真主党的火箭只是在以色列开启军事行动(显然是对两名以色列士兵被抓的一种极端过激反应)之后才开始发射的。在那种情境下,以色列对报道叙事传递消息的严密控制是令人印象深刻的。但这也是无关紧要的,因为显然有关过火的军事行动(包括损毁平民区、屠杀非战斗人员等等)的影像彻底摧毁了这种策略层面上的胜利。在战略层面上,就此而言,动态破坏性武器制造了动态拍照武器所能产生的自伤性致命破坏力。在一个"三位一体立方次相加"的多维环境下,这些影像的消极影响力削弱了以色列的对外事业。在那样的环境下,这种消极的影响力在一定程度上是影像的无意性和不可控性造成的结果——当这些影像在以色列身处其中的环境下扩散(尤为要紧的是,当时,作战状态中疲惫不堪的以色列国防军及其接收到的血淋淋的暗探尸体展示在观众面前,而对这位死者的描述却被拿掉了)。这也一定程度上源于以色列反对派的存心利用，他们甚至是在武装冲突实际地结束之前就利用它大做文章，这不仅诉诸遭受到以色列破坏的社区（尤其是，真主党在黎巴嫩南部的大本营）的人心，同时也保障提供了足够多的有事实根据的图片。黎巴嫩真主党的显著胜利又为重建和社区支持的图片产生的视觉冲击力所巩固，其战争合法性不仅得到了本地的支撑，同时也得到了国际社会的支持。这次冲突所产生的结果始终是由影像来决定的，而以色列方面在为新闻媒体提供了有力而融贯的信息上的成功则无足轻重了。

除了对合法性的核心地位的觉悟，争夺人心和眼球的斗争，以及理解影像作为武器时代的必需品何以有必要超越传统的公共关系和"信息战"概念，这些都变得越来越重要。即便公共关系和信息战在策略层面上是全面成功的，对那些严肃认真地思考作战行动的人来说，还有更为重要的规则要遵循。这些规则既是消极的，又是积极的。从消极方面看，有必要在作战环境下避免影像被不恰当地乃至错误地"爆炸"。这也就意味着，那些统领所有能够制作、接收和传递影像的手段之使用的战斗规则，极其类似于统领在部队调遣时启动武器开火的规则。然而，这是一种有限的措施。它首先受到了这样一种现实的限制，即：被一方调遣的士兵不是唯一能接触到影像制作技术手段的士兵；其次，它受到另一种现实的限制，即：事情一旦发生，其影响力是不可控的。

最终来说，拥有各种影像捕捉和传播手段的当代环境意味着，在所有情境下完全的影像控制是不可能实现的。譬如，在第五章和本章前面讨论过的阿布·格莱布监狱的虐囚图片，以及源于其他情境下类似的虐囚影像或在第六章讨论过的伦敦地铁炸弹袭击图片，都以不同的方式证实了这一点。在上述两种情形下，影像都被秘密地保留着，如同处在尚未裁定之中。也就是说，它们是作为犯罪调查的一部分而被保留的，这些调查结果有可能成为证据。事实上，在这两种情形下，这些影像都很可能成了证据。不过，影像一旦流入新闻广播机构的手中，关于影像的诸多常规、法定的限制就不起什么作用了（即便如在阿布·格莱布监狱虐囚的案例中，哥伦比亚广播公司的新闻广播尊重了军方延缓播放——起码在一定期限内——虐囚影像的意愿）。同样地，移动电话和互联网容许斩首的影像或自杀式军事行动（被拍摄而成为武器本身）的影像在全球范围内传播和接收的方式（如在第六章探讨的），也成了控制影像——无论是真实的还是虚假的——传播之几无可能的证据。

正如一位新闻记者所言，这是一个新闻记者、军方和政策制定者在其中都——在很大程度上——恰当地认为"它（指影像）逃逸出你的手而你再也不能对它施加控制"的影像环境。[318]这就意味着，正如同一群体中的另一位记者所指出，处于某种情况下的影像材料可以极为容易地被翻译并转换成其他材料：

> 在我们的最新消息报道中意外出现了某个东西，它就是威力无比的影像……我们把所获得的影像材料予以重组浓缩成一个抗破坏的视频，然后，把它们挂到互联网上，由此，它们获得了50倍于我们原初胶片所能获得的受众。因此，我们对影像完全失去了控制。这就是影像获得重生之处，对此，我们毫无控制力。
>
> 正因为对影像的传播和接收没有了控制，其传播效果就失控了，如前所说："我们在这里（英国）传出可以唤起同情的图片，而一旦传到那里（伊拉克），他们却会感到敌意。"[319]

当然，认定要控制影像必定是不可能的，这样一种显然的悲观主义态度也并非一点也不容置疑。即便如前所述，从理论上讲，一次影像的再传播有可能达到50倍于主流媒体原初传播所能达到的受众，但是，其反应却表明：受众数量上的50倍在效果上极可能远远少于50倍。实际上，基于主流媒体的可信度、可靠性和强度，其传播效果很有可能要强大得多。事实上，主流媒体具有一种倍增效应，这就好比品质的力量倍增效应，譬如，在1982年马尔维纳斯群岛战争中，它可以使8000人的英国特种部队战胜13万人之众的阿根廷军队。传统的、纯粹的军队数量计算表明，三比一的优势比可以确保胜利。在这种情形下，西方世界公认的主流媒体的品质充当了力量倍增器的角色。当影像拥有一种主流媒体的动态影像环境时，其传播效应不知要比影像更分散的影响力要大多少倍。后者被碎片化，潜在地被各种各样的传播和接收工具所弱化，被私人性的回应和杂乱的时间安排所破坏。按鲁珀特·史密斯所说的军事话语来表述传统的、破坏性的动态军力的有效应用，那就是：数量并不重要，重要的是强度——足够的军备在恰当的时间，以恰当的方式，对准恰当的目标，从而产生理想的效果。史密斯使用了《圣经》中有关大卫（David）和戈利亚（Goliath）对抗的经典例子来说明这一点。问题的核心在于，"工具在与对手的关系中被使用的方式,是否拥有一种以那种方式使用工具的意志。"[320]一方面,对等的、有意识的功用不可能从瓦解性的动态领域转换为动态的摄像领域,另一方面,必须承认这样一种比拟性:传统广播机构以一种聚焦的方式集中向特定受众播发影像时,产生了强大的效应,相比于受此种效应的影响,合法性在很大程度上更不太可能受影像在大多数移动电话或互联网上扩散的稀释化效应的影响。正如我们在第六章所表明的,尽管发生了巨大的技术改革,传统的广播电视机构依然保留着最大的重要性,拥有最大的受众触及面和最大的潜在影响力。

基于此,应该有可能去修正新闻记者们的理解,他们这么来判断:"网络是与影像有关的权力之所在。"网络确实增加了各种信息传播维度,包括速度和潜在的覆盖面——如同第六章所提示的,但信誉才是至关重要的。网络能够对影像和传统的广播电视所使用的其他信息形态产生影响力和冲击力——在某些情形下是提供一种补充,而在另一些情形下是一种替代。但是,正是传统的权威性才是最为重要的。技术上的各种可能性提供了信息收集和传播的准民主化机会,催生了诸如"公民新闻"之类的新观念,在这样的一个世界里,现实的情况是:只有当这些观念被纳入传统的框架内,它们才是真正有意义的。所有各个方面的专业主义包括评判和约束的伦理,都是新闻或电影制作的重要维度,同时也都是使主流的和传统的制作者能继续拥有相对于业余的或另类消息源的绝对优先重要性的核心品质。由此,比方说,在同军方的关系及在商定的期间内隐瞒死亡士兵名单之协议的相关讨论中,在调查对象当中,共同地存在一种鲜明而显要的观念,那就是:如果在此类情形下没有显示出约束,也没有遵从道德准则,那么,专业人士将"失去一切"而沦为"另一个博主"而已。[321]那些在公认的而易于遭受全面怀疑的动态影像媒体工作的人具备各具特色的品质,或是表现在自我评价上,或表现在观众和公众的评价中,这些观众和公众在大部分时间、大部分场合里都偏爱他们。要理解控制影像——至少在一些情境之下(即便影像最终总归会泄露,其影响力会是多变的、不可控的)——的某种可能性,上述观念是重要的。

政府、军方与媒体之间保持更好的关系是很重要的。[322]这可不容易做到。广播和其他动态影像媒体通常——虽然不是完全——都会对公职尤其是有官职人员的动机和行为提出质疑。相反,那些有官方职位的人则对新闻记者的态度和行为深表怀疑。不过,在这两方当中,还有相当多的其他表现。在这两方中,一般说来似乎都还会做出理解对方和与对方共事的努力。但显然，双方都会不时地对对方怀有敌意。同样显而易见的是，对于一方是否会做出努力去理解另一方，人们有着复杂的认识。确实，就英国而言，国防部通过利用政治官员和准新闻记者式人士做出笨拙的努力来控制我们这些新闻记者，那些准记者们"竭力对我们（记者）的所作所为进行事后指责"，他们又"确实不善于事后评论"。国防部的这些努力制造了同新闻界的严重敌对，这与美国军方的开放姿态形成了鲜明的对照，后者则坚持对媒体保留最低限度的约束——实际上不对特定的人、地点或战场状况予以保守，而是在各个层面上对外予以完全自由的开放。当然，还存在某种相互的误解：依新闻工作者看来，军方和他们的政治统治者没能把英国广播公司和普通的小媒体区别开来，而实际上，有证据明白无误地表明：他们对这两种媒体是做出区分的。[323]然而，显而易见的是，从根本上说，他们各自的职业目标意味着，在最艰难的问题上，军方、政界与媒体的目的和行为各自为政，好比萍水相逢。

这一点可以以一种最简明、清晰的方式从发生在巴格达阿布·格莱布监狱的虐囚影像中看出来。2004年1月，军方和媒体焦点小组就是否公开那份虐囚影像形成了截然相反的看法，当时，驻巴格达的美国军方的一次新闻发布会或许对如何处理虐囚问题产生了至关重要的影响。这反映了军方与媒体之间不同的文化和关切，表明了双方之间的根本性分歧。军方拒绝了公布影像会产生完全不同的效果这一建议，相反，它坚持这样一种看法：图片根本就不应该被公布，媒体本应实行自律，本应禁止图片的公开。[324]与之相对，新闻广播记者们则绝对一致地赞同：公开一幅影像就可以产生完全不同的效果，既让观众关注到美国军方原初就报道出来的问题，又关注到它被报道出来的方式。[325]不过，颇有意思的是，美国准将马克·基米特的看法建立在其个人的直接体验和反思的基础之上，他同样认为：就是一幅影像也会起重要的作用。[326]他直接参加到为处理虐囚问题而应对媒体的工作中。正是他最初于2004年1月在巴格达就有关虐囚的证据举行了新闻发布会，但这通常是不会被报道的。[327]当2004年4月影像通过哥伦比广播公司新闻呈现出来的时候，他刚好站在处理丑闻余波的最前线。[328]然而，基米特那种遭直接质疑所引发的反思性看法，对军方从业人员并没有产生什么影响。这些人尤其认为："媒体就不应该接收照片。"[329]这些人的看法恰好是那些欢呼一幅影像就能产生出效应的新闻工作者一律反对的。[330]（在本书中）认识到新闻记者理解何者在新闻广播中起作用，重点突出我们对动态影像媒体性质及其对影像的依赖性的分析，并做出我们的评判，这些都是在基米特表达其观点之前就形成了的——事实上，基米特的观点是寻求下述看法的一种催化剂，即：仅仅一幅影像（呈现）就可以产生截然不同的效果。[331]很难不得出这样的结论：某件事情可能就凭一幅影像就做成了。动态影像媒体能够决定武装冲突的合法性和胜利，而这些媒体则有赖于影像，影像就是武器，在这样一种环境下，必然有可能的是：一张照片就会起作用（产生效果）——即便对这些影像的传播和解释超越了基米特所能控制的范围，或者说，他本来就是有责任把它们推到公众领域中去的。

这就提示我们去考虑一种更为积极的方式（而不是绝望的宿命论）来看待影像的动态力。有必要意识到掌控影像环境的迫切性。正如有必要在当代战争尤其是高密度的第四代战争中确保空中控制和对电磁光谱的掌控一样，在21世纪的各类武装作战行动中，有必要传递影像的影响力，或使之中性化。重要的是，要认识到影像在寻求战略胜利中的突出地位，并阐明掌管、控制和压制影像环境的原则。在战争中，就己方而言，有五个需要遵循的原则——两个预防性原则，涉及限制和禁止；两个反应性原则，旨在遏制；最后一个原则是先发性的，涉及风险和研判。

1. 预防性的行为

这是一种比寻求药方要现实得多的解决问题的方式。预防性措施要力求确保不会发生类似虐囚的事件——尽管几乎绝不可能保证不会出现由个人做出恶行之类的案件。这就摆脱了恶行和放大恶行的影像的风险。如果影像在那里，那它就会自行"生长"。关键在于认识到，当这种影像引爆产生冲击波时，它会造成一种战略性的危机，而不仅仅是某种公关问题。[332]

2. 预防性的介入规则

预防的第二个层面涉及的不是影像本身，而是捕捉消息的手段。介入规则是从涉及火器和使用武器的角度提出的，这一定程度上是因为射杀某个人不能不是一种经过深思熟虑的行为，也在一定程度上是因为犯错的后果是惊人的。数字影像工具不受控的程度要大得多，甚至极有可能是更具破坏性的设备。如果某个人被错误地射杀，这显然是个大问题；但对此拍照则会把问题提升到一个更高的层面。因此，控制数字影像媒体和对其使用的介入规则需要被提出来。在参谋学院，对军官的教导是非常好的；但如果士兵、水兵和飞行员拨弄他们的摄像机，会产生什么后果呢？对此，对这些人的教导就不那么严格了。就那些拥有移动电话和数码相机的军队下层人员而言，对军官的严格训诫就没有什么意义了。譬如，在虐囚事件中，我们就可以看到这一点——当然，除非把一种责任感从受训的军官一直灌输到整个军队的各阶层当中，从而彻底铲除潜在的问题（拍照或摄像）。

3. 遏制的坦诚

遏制的第一个要素是诚实，无论是在情势良好还是情势恶劣之时，通常来说，是没有掩盖、躲避或捏造的空间的（虽然完美或许是不必要的）。消息和影像不能不是真相——如同鲁珀特·史密斯所指出的，捏造终归有一天会被揭发的。[333] 当代战争，尤其是在后冲突环境中致力于建设或重建社会的情境下，要求采取一种直接而显著的方式。如果不这么做，自然就会产生质疑。因此，更好的做法是，说出真相——即便是一个坏的真相。

4. 遏制的覆盖范围

由此，有一件必须做的事情就是，避免留下空白处。与此同时，有必要寻找到有所助益的机会（尽管积极因素从来就比不上消极因素，消极因素总会超过积极因素）。不要留下空白处。信息媒体会填充所有的空白。不只是影像令人激动，而且冲突也令人激动。因此，至关重要的是，作为影像环境下的一种遏制措施，要尽可能地确保没有空白；并确保一旦出现了空白处，就会立马被填充上。

5. 影像环境的掌控

一方面，以效果为本的方式往往会将影像的影响力降到最低，而另一方面，绝对必要的是，寻找到先机来主动利用影像制造效果。如果意识到了影像的重要性，那么，影像就可以以一种积极、先发的方式被加以利用，而被当作一种攻击的武器。确实有些时候，影像可以被积极地利用，也可以被消极地控制；但还是不可能完全保证：积极控制影像的努力会怎样被人们所接受。这确实是个问题。那些参与者能够意识到这一点，并力图这么去做，但尚不可确定，这如何能做成。以效果为本的方式所采用的尺度——毋宁说，"非尺度"——和品质掌控意味着：总有些时候，可以通过制造积极的影像来做出控制影像的努力，但总是没法确保这种努力会在各个方面被接受。影像领域的研究和开发会大大有助于在这方面实行控制。不过有的时候，指挥官会不得不决断：只要问题能够被处理，就不要去在意某个群体或潜在的受众会如何去看待某一个行为。毕竟，这意味着，对于他想要那幅影像在哪里被看到、理解和阐释，以及他希望控制影像如同其他的策略一样是有效的，这些是清楚明白的。

从上可以看出，或许一切都尚未被整合起来形成对（原初）克劳塞维茨三位一体——即理性、机遇和激情的清晰理解，如同在当代被当作武器的影像所能做到的一样。理性的因素可以被使用和控制；机遇极有可能产生伴随的效应；而在大众传播时代，在任何一种情形下都还没有一种东西能像图像（尤其是通过动态影像媒体向千万人播放）那样激发起人的情感。况且，这种影像的三位一体效果观比其他任何东西都更清晰地把两套三位一体整合起来。第二位的三位一体事实上变成了决定性的、首位的三位一体（用现实世界的话来说）。政府、武装力量和民众三者之间的关系在很大程度上取决于对战争图像的聚焦，这比其他任何因素都更能影响到战争的合法性及胜利的结局。

结论：影像和经历、合法性和战争

一幅图像可"画"（勾勒）出一千文字，这句老生常谈的话还有其另一面。因为，一方面，极有可能的是：就传播一条消息而言，显然可以用图画的简明和清晰来替代。而真实的情况则是：影像有可能隐藏至少一千文字。简化影像可能是更好地进行交流的基础，这一观念深入人心，但它还需要有一种意识来平衡，那就是：简化影像有可能扭曲或掩盖真相。对影像的需求意味着细节和更复杂的观念很有可能被轻易地遗漏了，这是因为，影像变简单了，甚至更可能是因为缺失了影像，就没有人关注了。

虚构的动态影像很重要，是因为它们自身就可以对战争做出显著而持久的解释。但它们同时也是事关重大的，因为它们如何被利用可以表明对非虚构的动态影像——"纪实"的动态影像——的使用,无论它们是电影的、电视的还是"新媒体"的。纪实性动态影像媒体——无论是更具反思性的时事和纪录片,还是更为即时的电视新闻——必然地(依其定义)有赖于对动态影像的使用。因此,对动态影像的虚构使用限定了在各种不同的纪实性动态影像媒体形态上呈现当代冲突的范围,也就是说,镜头在不同的媒体中是怎样被使用的。从合法化的角度看,虚构的动态影像是重要的,但虚构的娱乐方面也融入非虚构(纪实)当中。这属于被生产出来提供给市场的产品的特征。如果素材适合于市场的口味,那么,市场就会被娱乐化和被人所熟知。作为一种直截了当的战争工具,影像穿透复杂而细密的言语和概念结构,冲击出一个"洞孔"来。有时,数月或数年的讨论、严密的争论和深奥的解释可能被一组动态影像所击穿——正如"9·11"事件所证明的。在呈现战争和冲突的过程中,同样在合法化的过程中,虚构的叙事配有精心编排而视觉冲击力强烈的影像,就其自身或就其组织结构塑造实况和呈现新闻的方式而言,它们极有可能像那些纪实影像一样重要。

通过观看虚构的战争报道(呈现),我们就可以确认影像和经历(作为战争的表现)的重要性,因为它们决定着什么能够或最有可能被播报出来。此外,正如在第四章所指出的,出现了一个越来越明显的趋势,那就是:剧情片和纪实片的重叠和合流,一方会利用另一方的特征。但显然,在每种情形下,在动态影像媒体的世界里,在每一种类型中,阐释同影像和经历之间的三角关系构成了问题的要害所在。这就是我们在本书的主要章节中所要揭示的内容,我们这样来看待剧情片、纪录片和时事与广播新闻这三个大类,在每一种情形下,都会联系到重要的现代战争案例,给予每一种类型的特定案例以阐释。我们认为,这些阐释都是自足的,都以一种切己的方式充当了对战例的一种分析——无论是剧情片联系到南斯拉夫战争、苏联冲突、伊拉克战争及"反恐战争"来表现,还是长篇纪实电影探讨了同样的战争,或是第五章中用到的电视新闻解析系列,抑或是第六章中联系各种动态影像媒体对非洲大陆上的冲突所作的讨论。然而,对战争的每一种描述、表现都致力于建构不断累积的理解,那就是:就叙事而言,从很大程度上说,所有的形式都共享相同的或相似的基本要素。从案例所显示的来看,所有这些要素都是影像和人类经历的混合体,它们构成了对世界的阐释。"9·11"事件提供了最为清晰的案例,它独一无二地把经历和影像结合起来,因为这一事件所发生的大部分情景似乎都更像是虚构的灾难片中的场景,而不是对真实的事件的描述。影像制造了新闻。

媒介的可视性和粗陋性意味着,战争的其他方面,诸如行为、起因或高度概念化的战略,更不消说界定和发动战争的政治,都不可能拥有被表述的空间。这些方面本来就不是可视的,而对人的经历的描述则是可视的。由此,可提供的对战争的阐释和理解受制于动态图像媒体的特性。我们一旦确认了显著的影像自身和人类的经历在制作剧情片或电视剧中的突出地位,同样地我们就可以看出这些方面是如何遵循媒介的特性而界定纪实的动态图像的——无论是电视时事节目还是纪录片或是电视新闻报道。总而言之,虚构和纪实形式都以同样的方式来使用动态影像。正如剧情片不可能捕捉到战争的重要方面,纪实片也不可能做到。不过,尽管有这些局限性,但动态影像媒体构成了呈现和阐释当代战争行为的唯一的最重要的因素。在动态影像环境下呈现的影像,尤其是动态影像,抑或是静态影像,在塑造人们对当代冲突的理解中的作为是最大的。而对当代战争的理解的塑造则在很大程度上(如果说不是绝对地)决定了当代战争的结局。

在这种情境下,要聚焦于影像和经历的重要性,或许最为合适的做法是,参照战争的动态影像环境的方方面面(要不然,我们是不会去探讨的),来对未来的某些影响或效应予以"反思"。这些看法(虽然不是这项研究的核心所在)是同整个议题相关联的——尤其是鉴于前面讨论过的数字技术的发展。这些技术进展涉及实况电视和互动的、数字的、可视的电脑游戏这两种趋势,它们暗示了未来可能出现的主要问题。这些问题不是在此可以探讨的问题,这一方面是出于篇幅所限,同时是因为它们是正在发展变化当中。不过,鉴于这种趋势的潜在显著性,做个评论也是恰当的。首先是,"实况战争"电视在某个时间节点、以某种方式出现似乎是不可避免的——摄像机固定在头盔上,如同我们提到的在俄罗斯剧情片《战争》(War)中出于记录目的而呈现的场景,这也可能是在某种最现代的战争情境下出于作战目的而现场直播的场景,所拍摄的影像被发回到总指挥部。于是,当下定决心从武器弹头或是从战士的脑袋上发回影像在电视上实况直播之时,核心的问题就来了。或许此后,媒介就会转向网上电子传输式的手提数字设备,包括移动电话。责任感(无论是文化上、商业上、军事上或是政治上)把上述决断置于某一条优先的行动轨道上,以赢得观众的支持。不过,直到出现了以下的趋势才会产生上述的情形,那就是:剧情片的发展有了另一种结局,这些故事剧通过网络广播,或更有可能的是，通过手提电话或移动电话下载或播客传播——一切以观众的选择为转移。这似乎是在书写的时代里在电脑游戏和某类剧情片领域中一种不可避免的发展趋势。但是，一旦互动在其中决定结局的文化环境已经自我营造出来——不是在某些情形下通过个人的自由选择，就是在另外的情形下通过集体投票，那么，下一个数字支持行为（无论其素材是真实的还是虚构的）的发展阶段很有可能是一种实况直播选择。很难看出，战争这一最具智力和情感的行动为何不会处于发展的中心——尤其当战争的发动者那样抓住机会来把相关的影像当战争中的武器来利用，寻求制造出合法性来（至少有时）的时候。在视觉驱动的电脑游戏领域内相关进展的潜力是巨大的——在20世纪早期的年轻一代当中，主要的视觉-影像媒介拥有游戏的商业驱动力，带来了比票房收入或DVD收入要多得多的收益。综合起来看，这些主导的视觉和通信手段——基本上建立在互动基础之上，而且通常是最小公约数的集体选择——尤其当在线网络广播斩首行动，或者头盔摄像机战斗选择都是公共参与的素材之时。"老大哥战场"（跟踪雷达战场，Big Brother Battlefield）或许不会发生，但鉴于发展趋势，它很可能是一个多平台概念，就等待属于它的时代的到来。等待的时间不会太长——尽管深入持久地存在于大多数的广播电视机构及其大量的公众当中的敏感性可能会压制（至少是起初）对战死者的播映。

"老大哥战场"观念同审查战争中的事件这一不断增强（更多地不是宏观情境下）的趋势联系在一起。从影像在战争行为中的作用这一角度看，它潜在地提出了棘手的问题，包括在伦理或可能在法律上对影像使用的关切。如果影像被当作武器来理解，那么，对这些武器的使用能否构成一种武力攻击或一种战争罪？对大多数人来说，当下无疑的回答应该是：它们既不是武力攻击，也不是战争罪；但在进一步反思和探究之后，似乎不可回避的是，这些难题不能不被提出来予以回答。事实上，在前面确认的影像环境掌控、控制和压制的诸原则中，我们已经开始涉及把影像当作战争中的武器加以使用的伦理问题。任何一种武器的使用，总是受制于对武器在其中被使用及维持行为的必要性与行为范围和效果的相称性之间平衡的情境的理解，它最终要通过对"是"与"非"的协商式理解来限定。这只能意味着，鉴于有关其他双重使用的技术如控制论的发展进程，对影像的使用可以被说成是构成了一种武力攻击（在根据《联合国宪章》第51条主张自我防卫权时被要求但有争议的意义上）。这当然也就意味着，在某个方面，从某个层面上，影像使用是否构成了一种战争罪这一议题有可能被提出来。[334]

进一步的反思不应该被忽视，那就是：作为武器的动态影像同战争中的所有其他技术手段共享一种命运。人类的知识影响着技术在其中发展和技术手段在其中被采用的社会领域。在战争中，这使得适应性成为确保胜利的关键方面——正如鲁珀特·史密斯所指出的。任何技术——尤其是新技术——的优势总是被对立面的机巧所压服，这或是开发出更新的技术来替代，或者更为可能也更为重要的是，通过开发出策略高明的反应系统来否定这种技术的优势。这就意味着，一旦意识到影像是被当作武器来使用的，那么，新的策略必然会被对手开发出来以应对图像领域中谨慎、细致的图像使用所可能带来的优势。

就影像被当作武器来使用而言，无论从感觉和理解上讲，还是从遭遇其打击上讲，西方势力通常显得处在弱势地位。整个西方势力所面临的挑战是，要策划出策略高明、具有战略影响力的应对措施。这套应对措施将使影像环境的使用中性化，以制服或颠覆对手优势——尽管存在同控制动态影像媒体相关的诸多固有的困难。动态影像会对现代战争产生冲击力，而且无论这种冲击力的具体细节是什么，它都会对战争的合法性产生关键性的影响——进而影响到战略胜利的前景。由此可见，在"真实"（real）战争与"片盘（电影胶片）"（reel）战争之间存在一种基本的张力。对作为现代战争核心武器的动态图像这种粗糙"军火"的控制，是当代冲突的核心问题。不过，正如我们先前论证所认为的（迥异于那些分析动用宣传的人），（对影像的）控制很可能被证明是越来越不可靠而难以把握。挑战在于，如何去找到整饬影像环境和把影像当武器使用的方式。

要是没有合法性，武力在任何情况下（除非是孤立的袭击使命）的动用都会变得越来越难。不过，最基本的一个问题是：不能够全方位地反思战争乃是这些动态影像媒体的本性所在。在这样一个时代里，尤其是对西方大国、其他主要的大国及任何参与国际使命的国家来说，当代冲突的特性所指的是，合法性对胜利是至关重要的。正是动态影像媒体（不管是发送，还是接收），构成了在潜在地决定冲突结局的过程中最重要的因素。实际上，当代冲突的性质，加之以当代通讯的特性，意味着：影像，首先是动态影像，已经成为现代战争中的核心武器——如同我们在本书中论证过的。由此，确认这一核心武器，一方面理解它是如何运作的，同时也理解其影响力以及这种影响力的难以管控性，是当代战争的中心议题。

Notes

1 Introduction

1 Brian Bond's *The Unquiet Western Front* (Cambridge: Cambridge University Press, 2003) offers an excellent account of how various approaches within the creative and commentating cultural domain transformed victory in the First World War into an account of disaster, resulting in what might be termed the 'Biackadder' view of history, drawing on received understandings of that war as a futile waste of young lives, where the brave-hearted young 'lions' in the ordinary ranks were led by officers who were 'donkeys' in the famous images popularised by the historical interpretation given by Alan Clark in, *The Donkeys: a History of the British Expeditionary Force in 1915* (London: Pimlico, 1991).

2 Although this name is commonly transliterated from Arabic to English as 'Osama bin Laden', Usama bin Ladin is preferred here. There are two reasons for this. First, this corresponds with the version officially used by governments and in international diplomacy-summarised as 'UBL', an abbreviated form we adopt in this volume, and second, experts in those forums regard this form as being a more accurate and authoritative transliteration of the original, and that abbreviation is the one adopted in official circles and documentation.

3 James Gow, for example, was discussing Usama bin Ladin's network, its nature and the threat it posed to international stability on 10 September 2001 to a publisher; a day later, the images had cut through the obscurity surrounding the nexus of the al-

Qa'ida network and international security.

4 Among recent titles not otherwise cited here, some of the more interesting include: Stuart Allan and Barbie Zelizer (eds), *Reporting War: Journalism in Wartime* (London, New York: Routledge, 2004) ; Stephen Hess and Marvin Kalb (eds), *The Media and the War on Terrorism* (Washington, DC: Brookings Institution Press, 2003) ; Philp Seib, *Beyond the Front Lines: How the Nays Media Cover a World Shaped by War* (New York: Palgrave, 2004) ; Daya Kishan Thussu and Des Freedman (eds), *War and the Media: Reporting Conflict 24/7* (London: Sage, 2003) ; Howard Tumber and Jerry Palmer, *Media at War: The Iraq Crisis* (London: Sage, 2004) ; Jaap Van Ginneken, *Understanding Global Nays:* A Critical Introduction (London: Sage, 1998) ; Barbie Zelizer and Stuart Allan (eds), *Journalism after September 11* (London, New York: Routledge, 2002) .

5 Andrew Hoskins, *Televising War From Vietnam to Iraq* (London: Continuum, 2004) .

6 Andrew Hoskins and Ben O'Loughlin, *Television and Terror: Conflicting Times and the Crisis of News Discourse* (London: Palgrave, 2007), a volume which relates to research on the Shifting Securities Project.

7 Susan L. Carruthers, *The Media at War: Communication and Conflict in the Twentieth Century* (Basingstoke: Palgrave, 2000) .

8 Marion Just, Montague Kern and Pippa Norris (eds), *Framing Terrorism: The News Media, the Government and the Public* (London: Frank Cass, 2003) .

9 Stephen Badsey, *Modern Military Operations and the Media* (Camberley: Strategic and Combat Studies Institute, 1994), and the edited volume *The Media and International Security* (London: Frank Cass, 2000) ; Philip Taylor, *Munitions of the Mind* and *War and the Media: Propaganda and Persuasion in the Gulf War* (Manchester: Manchester University Press, 1995 and 1998 2nd edn) .

10 Philip Taylor, *Munitions of the Mind: A History of Propaganda from the Ancient World to the Present Day* (Manchester: Manchester University Press, 2003 3rd edn) p. 7.

11 Although no evidence of serious results emerging from the matchbook drops has

emerged, consistent with the assumption about effect and impact here, there is always the possibility that there was some response which, for very good reasons, did not receive the glare of publicity.

12 Where generally homogeneous societies could once be largely shaped by mass communications media with a single point of control-Nazi Germany or the Soviet Union-the growth of diversity within countries and transnationally means that this is increasingly hard to archive for any regime, though it remains possible. But it is all but impossible in open, liberal, Western societies. The message is no longer the medium-the media fragment and refract the message.

13 Kate Utting, 'The Strategic Information Campaign: Lessons from the British Experience in Palestine, 1945-1948', *Contemporary Security Policy,* Vol. 27 No. 4, April 2007.

14 Peter Pachnicke and Klaus Honnef (eds), *John Hartfield* (New York: Harry N. Abrams, 1994).

15 James Gow, 'Hearts, Minds and Retinas', Counter Insurgency Issues Conference Joint Service Command and Staff College, 1 September 2005.

16 Among the more important books treating the epiphenomena of 'new wars' are the following: Mary Kaldor, *New and Old Wars* (Cambridge: Polity Press, 1999) ; Martin Shaw, *The New Western Way of War* (Cambridge: Polity Press, 2005), and *War and Genocide* (Cambridge: Polity Press, 2003) ; Colin S. Gray, *Modern Strategy* (Oxford: Oxford University Press, 1999) ; Chris Hables Gray, *Postmodern War: The New Politics of Conflicts* (London: Routledge, 1997) ; Michael Ignatieff, *Virtual War: Kosovo and Beyond* (London: Chatto & Windus, 2000) ; Martin van Creveld, *On Future War* (London: Brassey's, 1991) ; Lawrence Freedman, *The Transformation of Strategic Affairs,* Adelphi Paper 389 (London: Routledge for the IISS, 2005) ; General Sir Rupert Smith, *The Utility of Force: the Art of War in the Modern World* (London: Allen Lane, 2006).

17 Freedman, *Transformation,* pp. 22-26.

18 Ibid., p. 79.

19 Ibid., p. 87. It should be noted that 'torture' is a particular term, with a narrow legal definition, involving the infliction of significant physical or mental pain, under the Torture Convention, and that, in these terms, the US categorically rejected description of the events depicted at Abu Ghraib as 'torture', recognising, nonetheless, that serious abuse had taken place, which brought shame on the US military and the country as a whole, even if it was not 'torture'. The perceptual reality was that, in terms of competing strategic narratives, while far from complete in its acceptance, the narrative of 'torture' took hold in various parts of the international public imagination.

20 Indeed, in the course of empirical research, this notion was rejected-perhaps surprisingly-by one of the clearest and most imaginative thinkers on contemporary warfare, General Sir Rupert Smith (Ret), although, on reflection, his position would surely change. Rupert Smith, Interview, Strand C. Shifting Securities Project.

21 John Stone, in discussion with Gow, and whose understanding of technology helpfully informed the present discussion; on tanks and their uses other than as paperweights, see John Stone, *The Tank Debate: Armour and the Anglo-American Military Tradition* (Amsterdam: Harwood Academic, 2000) .

22 Keith Grint and Steve Woolgar, 'Computers, Guns and Roses: What's Social About Being Shot? ', *Science, Technology and Human Vahtes* Vol. 17 No. 3 (summer 1992), pp. 366-380, and Keith Grint and Steve Woolgar, *The Machine at Work: Technology, Work and Organization* (Cambridge: Polity Press, 1997), ch. 6; Rob Kling, 'When Gunfire Shatters Bone: Reducing Sociotechnical Systems to Social Relationships', *Science, Technology and Human Values* Vol. 17 No. 3 (summer 1992), pp. 381-385.

23 On the crucial importance of understanding 'the constant adaptation' (p. 197) in the use of technical means, see Smith, *Utility,* where he points out that almost no technical means in warfare is used in the manner for which it was intended, and that finding appropriate ways to adapt tactics and technology lies at the core of success in war-therefore, adaptation of one means or another must be anticipated.

24 The dual kinetic aspect is seen clearly in *The Peacemaker,* a fictionalised setting, where the power entailed in satellites and the images they can both capture and relay

is shown in an operational context, where George Clooney's character summarises the developments in capability by telephone for one particular target, whom he knows from the past and locates in the Russian province of Dagestan, in the North Caucasus, neighbouring Chechnya, carrying a 'loose nuke': he reminds him how he watched CNN during the Gulf and saw the images where it was possible almost to see faces on the ground, but then 'you don't know what happens next-well you're about to find out!' This embraces the two forms of kinesis and relies on the images associated with the use of one type of kinetic force to have an impact on the implied basis of how they were rendered by the other type. This of course, corresponds to the realities created by those images up to the point immediately before kinetic impact found in real-world, high-tech, US operations in particular.

25 We originally used the term 'expert' as part of Strand C on the Shifting Securities Project; however, one panel of experts included a voice rejecting the label 'expert' for that of 'specialist'. 'Experts Panel' Transcripts, Symposium, Strand C, Shifting Securities Project.

26 Morton G. Ender, 'Military Brats: Film Representations of Children From Military Families', *Armed Forces and Society,* Vol. 32 No. 1 (October 2005), esp. pp. 27-30, which includes useful, reflective information and discussion on the methodology used.

27 Richard Dyer, 'Introduction to Film Studies', in John Hill and Pamela Church Gibson (eds), *The Oxford Guide to Film Studies* (Oxford: Oxford University Press, 1998), pp.3-10.

28 'Editorial', *Film Studies,* Issue 2 (spring 2000), p. 3.

29 Where titles for these texts exist in more than one language, we generally use the English version to facilitate reading a book written in that language, while indicating the original language title, unless the titles are the same, or the original language title is commonly used.

30 Ender, 'Military Brats', p. 27.

31 Leslie Woodhead, Interview, Strand C, Shifting Securities Project.

32 Richard Taylor, *Film Propaganda: Soviet Russia and Nazi Germany* (London: I.B. Tauris, 1998), p. 62.

33 The one exception concerns those devoted specifically to fiction film of the Vietnam War, where there is a dedicated literature and general availability on DVD and VHS of the major films-but the Vietnam focus necessarily provides a limitation.

34 This is not to say that actuality films, any more than fictional ones, are 'false', or necessarily 'untruthful' or 'inaccurate'-although they may be any or all of these, they may well also be the opposite. It is to argue that whatever they are is driven by the nature of the medium-and a highly accessible and influential element of legitimisation in contemporary conflict is necessarily not dependable.

35 This is in contrast to the much-vaunted 'CNN Effect' notion that media drive policy in a 24-hour satellite news age. This was an idea largely discredited by Nik Gowing; see also Piers Robinson, *The CNN Effect: The Myth of News, Foreign Policy and Intervention* (London: Routledge, 2002) ; and Steven Livingstone, 'Beyond the "CNN Effect": The Media-Foreign Policy Dynamic', in Pippa Norris (ed.), *Politics and the Press: The News Media and its Influences* (Boulder, CO: Lynne Rienner, 1997) .

2 Moving images and meaning: the nature of the weapon

1 Anthony Aldgate and Jeffrey Richards, *Britain Can Take It: the British Cinema in the Second World War* (Edinburgh: Edinburgh University Press, 1994, 2nd edn) .

2 Although the Vietnam War has attracted more attention than most others, that attention has been limited in scope and uneven in quality. See e.g. Jack Hunter (ed.), *Search and Destroy: An Illustrated Guide to Vietnam War Movies* (place unknown: Creation Books, 2002) . See also Mark Taylor, *The Vietnam War in History, Literature and Film* (Edinburgh: Edinburgh University Press, 2003), a broader, but more systematic enterprise that reflects the interaction of different cultural elements in shaping meaning and understanding.

3 *MiUenniumJournal of International Relations,* Vol. 34 No. 2 (2006) .

4 Apocalypse Now, directed by Francis Ford Coppola was the text; this is discussed in

James Gow, 'Strategic Pedagogy and Pedagogic Strategy: Film, Fact and Fiction', *International Relations,* Vol. 20 No. 4 (December 2006).

5 Paul Jenkins, Interview, Shifting Securities Project, London, June 2006.

6 Of course, even this kind of distinction can present intellectual and classificatory challenges, as well as ethical issues-for example, Brian Winston writes of the difficulties inherent in an actuality film, where the filmmaker fuses two moments on film, taken six months apart, in order to create narrative coherence and not obscure the 'truth' in question; this is seen as an acceptable practice by film make rs, as it does not detract from the essential 'truth' at stake (an issue treated in relation to *The Death of Yugoslavia,* in Chapter 4) ; but it is also, clearly, a form of fictionalisation, albeit for possibly good reason and effect, and can be criticised as such: Brian Winston, Lies, *Damn Lies and Documentaries* (London: BFI, 2000), p. 17.

7 Fred Shook, *Television Field Production and Reporting* (Boston, MA: Pearson, 2005, 4th edn), p. 13.

8 This can be seen by looking at almost any report, either current or found via searching the archive, at news.bbc.co.uk. The BBC planned also to make all its output available online at some stage, although there were likely to be significant copyright issues in doing so-as one veteran pointed out in our research, the problems and costs of obtaining copyright clearance to use library footage in making documentaries was likely to be a recipe for trouble, making the attempt impossible at times (Leslie Woodhead, Interview, Strand C, Shifting Securities Project).

9 Paul Jenkins, Interview, Strand C, Shifting Securities Project.

10 Paul Jenkins, Interview, Strand C, Shifting Securities Project; the education perspective cannot translate realistically into market benefits, given the tiny amounts of money involved in selling such films after their initial production and showing-for example, a BBC film with a small budget of £150, 000 might be sold on for as little as £800 to £1, 000 (Leslie Woodhead, Interview, Strand C, Shifting Securities Project).

11 For further discussion of documentary filmmaking, see the following selection: Bill

Nichols *Representing Reality: Issues and Concepts in Documentary* (Bloomington: Indiana University Press, 1989), and *Introduction to Documentary* (Bloomington: Indiana University Press, 2001) ; Kevin MacDonald and Mark Cousins, *Imagining Reality: the Faber Book of Documentary* (London: Faber and Faber, 1998) ; Brian Winston, *Fires Were Started* (London: BFI, 1999), and *Lies, Damned Lies*; Ian Aitken, *Film and Reform* (London: Roudedge, 1990) ;John Corner, *The Art of Record* (Manchester: Manchester University Press, 1996) .

12 MacDonald also made the highly successful docudrama *Touching the Void,* showing his flair and panache for exploring form, before moving on to make fact-based feature 'fiction', *The Last King of Scotland,* about the Idi Amin regime in Uganda and the atrocities committed by it. MacDonald's grasp for the form is also shown in his excellent book on documentary films with the critic Mark Cousins: *Imagining Reality.*

13 There are partial exceptions, at least, to the notion of narrative in actuality film. For example, abstract and avant-garde filmmakers may well eschew 'narrative' form. Abstract filmmaking remains the preserve of a tiny community interested in film for its own sake. To reach a wider audience of any kindand for most filmmakers it is the mixture of having something to say and the possibility of reaching an audience at least fifty times the size of a best-selling factual book that impels them-it is vital to have a clear sense of what the story is, in order to work on making it accessible to the audience. (Leslie Woodhead, Interview, Strand C, Shifting Securities Project) .

14 Nichols, *Representing Reality,* pp. 32-33; the typology is extended in Nichols, *Introduction to Documentary.*

15 Leslie Woodhead, Interview, Strand C, Shifting Securities Project.

16 See: Iurii Mikhailovich Lotman, *Struktura khudozhestvennogo teksta* (Moscow, 1970), particularly pp. 60-61. A passage from this is quoted in translation by Benjamin Rifkin in his assessment of the film/literature debate in the first chapter of his excellent study, *Semiotics of Narration in Film and Prose Fiction. Case Studies of "Scarecrow" and "My Friend Ivan Lapshin"* (New York, 1994), p. 10.

17 William de Mille, quoted by Lewis Jacobs in *The Rise of the American Film-A*

Critical History (New York, 1956), p. 128, as cited in V.F. Perkins, *Film as Film: Understanding and Judging Movies* (London, 1972), p. 9.

18 See Perkins, *Film as Film,* p. 9.

19 Béla Balázs, *Theory of the Film: Character and Growth of a New Art,* trans. Edith Bone (London, 1952), p. 46, as cited in ibid., p. 13.

20 See the entry on 'Soviet montage' in Ginette Vincendeau (ed.), *Encyclopedia of European Cinema* (London, 1995), pp. 397-398.

21 Kristin Thompson and David Bordwell, *Film History. An Introduction* (New York, 1994), p. 140.

22 Ibid.

23 Zorkaya, *The Illustrated History of the Soviet Cinema,* p. 75.

24 Paul Burns, 'Linkage: Pudovkin's Classics Revisited', *Journal of Popular Film and Television,* vol. 9 no. 2 (1981), pp. 70-77 (p. 70).

25 Thompson and Bordwell, *Film History,* p. 140.

26 For more on Vertov see Vlada Petrić, *Constructivism in Film. The Man with the Movie Camera: A Cinematic Analysis* (Cambridge, 1987).

27 See in particular: 'Word and Image', in Sergei M. Eisenstein, The Film Sense, trans. Jay Leyda (London and Boston, 1986), pp. 13-59 (pp. 29-33 and pp. 54-58 on Leonardo da Vinci and Milton respectively).

28 Eisenstein, *The Film Sense,* p. 18.

29 See: Thompson and Bordwell, *Film History,* p. 141.

30 See: Eisenstein, *The Film Sense,* pp. 13-59 (p. 34).

31 Robert P. Koiker, 'The Film Text and Film Form', in John Hill and Pamela Church Gibson, *The Oxford Guide to Film Studies* (Oxford: Oxford University Press, 1998), p. 15.

32 See: S. Eizenshtein, V. Pudovkin and G. Aleksandrov, 'Zaiavka', *Zhizn iskusstva* (5 August 1928), pp. 4-5 and, in translation, 'Sergei Eisenstein, Vsevolod Pudovkin and Grigorii Alexandrov: Statement on Sound', in Taylor and Christie (eds), *The Film Factory,* pp. 234-235.

33 John Ellis, *Visible Fictions* (London, New York: Routledge. 1982).

34 Fred Shook, *Television Field Production and Reporting* (Boston, MA: Pearson, 2005, 4th edn), p. 1.

35 George Bluestone, *Novels Into Film* (Berkeley and Los Angeles: California University Press, 1968), p. 1.

36 See André Bazin, *Qu'est-ce que le cinéma?* (Paris, 1958), vol. 1; and Christian Metz, *Film Language: A, Semiotics of the Cinema,* trans. Michael Taylor (New York, 1974).

37 Metz, *Film Language,* p. 95.

38 For more on Metz and a survey of criticism on Metz see: Pare Cook (ed.), *The Cinema Book* (London, 1985), pp. 229-230.

39 See Bazin, *Qu'est-ce que le cinema?,* p. 132, as quoted in Cook, *The Cinema Book,* p. 225.

40 Siegfried Kracauer, *Theory of Film: the Redemption of Physical Reality* (London, 1960), pp. 237 and 242.

41 See: Cook, *The Cinema Book,* pp. 137-138.

42 See: Boris Eikhenbaum, 'Problems of Cine-stylistics', trans. Richard Sherwood, in Richard Taylor (ed.), 'The Poetics of Cinema', *Russian Poetics in Translation,* vol. 9 (1982), pp. 5-31 and in particular p. 24. Eizenshtein noted the connection between the cinema of Griffith and the literature of Charles Dickens, focusing on the role Dickens' narrative style had as a proto-montage device, rather than on the treatment of character and theme that went with the writer's technique. See S.M, Eizenshtein, 'Dikkens, Griffit i my', in his *Izbrannye proizvedeniia v shesti tomakh,* vol. 5 (Iskusstvo, Moscow), 1968, pp. 129-180.

43 See Joy Gould Boyum, *Double Exposure: Fiction into Film* (New York, 1985), pp. 6-23.

44 Seymour Chatman, *Coming to Terms: The Rhetoric of Narrative and Fiction in Film* (Ithaca and London, 1990), p. 40.

45 This may be seen with the French *noveau roman,* which tried to provide every

conceivable detail of a scene. Alain Robbe-Grillet is one exponent of this method; he has written novels, such as *La Jalousie* (1957), which are referred to as 'cinematic' due to their emphasis on the visual, as well as film scripts, including *L'Année dernière à Marienbad* (directed by Alain Resnais, 1961), which retain this technique of emphasising images rather than ideas.

46 See David Bordwell, *Narration in the Fiction Film* (Madison, 1985) ; Bordwell finds the Russian Formalist distinction between 'fabula' (the actual events of a story) and 'siuzhet' (the presentation of the story's events) indispensable to his theory of narration (pp. 48-53) .

47 See: Perkins, *Film as Film,* p. 24.

48 Ibid., p. 24.

49 Avrom Fleishman, *Narrated Films: StoryteUing Situations in Cinema History* (Baltimore, 1992), p. 9.

50 See Chatman, *Coming to Terms,* pp. 124-135 and pp. 80-83 respectively; Wayne C. Booth, *The Rhetoric of Fiction* (Chicago and London, 1961), and Bordwell, *Narration in the Fiction Film.*

51 See Chatman, *Coming to Terms,* p. 133.

52 Ibid., pp. 134-135.

53 See James Griffith, *Adaptations as Imitations: Films from Novels* (Newark and London, 1997), particularly pp. 35-40.

54 Griffith, *Adaptations as Imitations,* p. 71.

55 This is in line with Boris Eikhenbaum's writing in the 1920s that turning literature into cinema is neither to stage it nor to illustrate it, but to translate it into fihn language. See: Boris Eikhenbaum, 'Literature and Cinema (1926) ', in Stephen Bann and John E. Bowlt (eds), *Russian Formalism: A Collection of Articles and Texts in Translation* (Edinburgh, 1973), pp. 122-127 (p. 123) .

56 This was also implicitly linked to Soviet author and scenarist Iurii Olesha's and director Abram Room's aims in making *Strogii iunosha:* this was an attempt to create a new art form at once literature and cinema, the combination of elements

which would permit a narrative that worked simultaneously as an independent artistic creation in both media. See Milena Michalski, 'Promises Broken, Promise Fulfilled: The Critical Failings and Creative Success of Abram Room's *Strogii iunosha*', *Slavonic & bast European Review,* vol. 82 no. 4 (October 2004).

57 Chatman, *Coming to Terms,* p. 162.

58 See Kenneth Portnoy, *Screen Adaptation: A Scriptwriting Handbook* (Boston and London, 1991), *passim.*

59 It was this set of difficulties that Olesha was, in essence, trying to overcome by creating his 'new art form' combining literature and film.

60 See James Gow, Richard Paterson and Alison Preston (eds), *Bosnia by Television* (London: British Film Institute, 1997), *passim,* where Gow was the only person involved with a lasting and embedded background in war studies. Stephen Badsey of the Strategic and Combat Studies Institute at the Royal Military Academy, Sandhurst, is a notable exception. See Badsey, *Modern Military Operations and the Media* (Camberley: Strategic and Combat Studies Institute, 1994), and the edited volume *The Media and International Security* (London: Frank Cass, 2000).

61 Philip Taylor, *Munitions of the Mind and War and the Media: Propaganda and Persuasion in the Gulf War* (Manchester: Manchester University Press, 1995 and 1998, 2nd edn).

62 James Gow, 'Hearts, Minds and Retinas', Counter Insurgency Conference, Joint Services Command and Staff College, 1 September 2005.

63 See, tbr example, *Mark Thompson Forging War: the Media in Serbia, Croatia and Bosnia and Hercegovina* (London: Article 19, 1994).

64 'National' memory entails association with events in history; whereas 'public memory' pertains to the political discourse of rulers at a given time. While the former is largely based in symbolic understanding of the past, the latter derives from education in the present. See Paul Connerton, *How Societies Remember* (Cambridge: Cambridge University Press, 1989), pp. 21-23.

65 Sandra Basić-Hrvatin, 'Television and National/Public Memory', in Gow *et al.* (eds),

Bosnia by Television, pp. 63-71.

66 See, for example, Thomas Patterson and Robert D. McClure, *The Unseeing Eye. The Myth of Television Power in National Politics* (New York: Putnam, 1976).

67 *After September 11: TV News and Multicultural Audiences* (London: British Film Institute, 2002).

68 George Grubner *et al.,* 'The Mainstreaming of America: Violence Profile Number 11', *Journal of Communication,* vol. 30 no. 3 (summer 1980).

69 Albert Bandura and Richard Walters, *Social Learning and Personality* (New York: Holt, Rinehart & Winston, 1963); see also Leonard Berkowitz, *Aggression: A Social Psychological Analysis Development* (New York: McGraw Hill, 1962).

70 Joseph Klapper, *The Effects of Mass Communication* (New York: The Free Press, 1960).

71 Aristotle, *De Poetica,* in W.D. Ross, *The Works of Aristotle,* Vol. XI (Oxford: Clarendon Press, 1924), ch. 6; Seymour Feshbach, 'The Stimulating vs. Cathartic Effects of a Vicarious Aggressive Experience', *Journal of Abnormal and Social Psychology,* vol. 63 (1961); S.W. Jackson, 'Catharsis and Abreaction in the History of Psychological Healing', *Psychiatric Clinics of North America,* vol. 17 no. 3 (1994), p. 475; Thomas J. Schiff, *Catharsis in Healing, Ritual and Drama* (Berkeley and Los Angeles: University of California Press, 1979), pp. 20-24.

72 Robert Karl Manoff, 'Telling the Truth to Peoples at Risk: Some Introductory Thoughts on Media and Conflict', Unpublished paper presented at the 'Legitimacy of Intervention for Peace by Foreign Media in a Country in Conflict' Conference, Fondation Hirondelle, Geneva, 3-4 July 1998.

73 Aurélien Colson, 'The Logic of Peace and the Logic of Justice', *International Relations* (2000).

74 Stan Le Roy Wilson, *Mass Media/Mass Culture* (New York: McGraw-Hill, 1992, 2nd edn), pp. 16-17.

75 For discussion on film and various aspects of reality, evidence and the relationship with academic study the following are useful, though by no means exhaustive:

Natalie Zemon Davis, *Slaves on Screen: Film and Historical Vision* (Cambridge, MA: Harvard University Press, 2000) ; Milton Bates, *The Wars We Took to Vietnam: Cultural Conflict and Storytelling* (Berkeley: University of California Press, 1996) ; M. Blumenson, 'Can Official History be Honest History? ', *Military Affairs,* vol. 26 (1962) ; Joanna Bourke, *An Intimate History of Killing: Face to Face Killing in 20th Century Warfare* (London: Granta, 1999) ; Roland Barthes, *The Death of the Author* (New York: McGraw Hill, 1977) ; Robert A. Rosenstone, 'A History in Images/History in Words: Reflections on the Possibility of Really Putting History onto Film', *The American Historical Review,* vol. 93 no. 5 (1998), pp. 1173-1185; John O'Connor, 'History in Images/Images in History: Reflections on the Importance of Film and Television Study for an Understanding of the Past', *The American Historical Review,* vol. 93 no. 5 (1988), pp. 1200-1209.

3 Feature fiction film

1 The term 'Yugoslav War' is discussed in Chapter 1, as are the different aspects of war and the capacities of moving-image media to come to terms with, and represent, them. The Yugoslav War provides the best and most coherent body of cinema for the purposes of this study because it attracted more and more consistent attention from feature fiction filmmakers than any of the other many areas of conflict in the contemporary era. Thus, while later in the chapter we give attention to films concerning conflict in the Caucasus, Iraq and the Middle East, and the African continent, it is notable that fewer films have emerged prominently regarding these areas, and that, where they have, their appearance has been more spread out and their scope more diffuse.

2 The present analysis is limited to discussion of four films. We have developed this analysis through earlier presentations of our research. Constraints of time and space mean that films such as *Vukovar: Jedna Priča* directed by Boro Drašković and Before the Rain directed by Milcho Manchevski, one of the most acclaimed, elegiac and ultimately dismal films linked to the Yugoslav War, are not treated here.

3 See *Guardian*, 7 March 1996.

4 Dina Iordanova's 'Kusturica's "Underground" (1995) : historical allegory, or propaganda?', *Historical Journal of Film, Radio and Television,* vol. 19 no. 1 (1999), pp. 72-73 and Dina Iordanova's *Cinema of Flames: Balkan Film, Culture and the Media* (London: BFI, 2001) . Iordanova goes beyond the Yugoslav War in arguing for a Balkans cinema, but that conflict and the cinema surrounding it is clearly the impetus for the book-to be understood in its title. This makes the treatment of those films very important. Disappointingly, she does not fully grasp the problems surrounding Emir Kusturica's major film *Underground*. While there is a very interesting and important treatment of the film and of the controversy that surrounded it-there was a major public debate in France connected to its winning the Palme d'Or at the Cannes Films Festival-in the end, the judgement is uneven. On the issue of the film as propaganda, the author's exculpatory conclusion is that 'nobody cared much ... the film was perceived [by critics] as a gargantuan [*sic*] metaphor of the messy state of Balkan affairs rather than as a finely crafted propagandistic insinuation that would work in favour of one of the warring sides In the minds of reviewers, these Balkan nations were all the same.' This conclusion, however, misses the point-that set of messages was exactly what the Belgrade leadership wanted: in the contest for hearts and minds, a circus of confusion would mean no clear judgements and, it was hoped, no strong international action. However, in the wider discussion, there is a slightly awkward but still very usefid 'moral' question-and-answer creation to discuss wider issues, such as the film's financing and production. However, the book is both about a particular area and the culture claimed for it, and also about areas studies and cultural studies and makes for stimulating reading, away from issues such as that of Kusturica. Discussion in earlier parts of the book-which does not concur with our views entirely-should be considered by all interested in these topics.

5 See David Robinson's interview with Kusturica in *The Times* (5 March 1996) .

6 These allegations were made, for example, in questions to the actors after a showing of the film at the London Film Festival in 1996.

7 Michael Nicholson, *Natasha's Story* (London: Pan, 1994), p. 29.

8 It should be noted that this fictional scene occurs while the war is underway and is not a filmic representation of an actual shooting at an Orthodox wedding which occurred prior to the onset of armed hostilities, as suggested by some, such as Martin Bell.

9 Interestingly, in the screenplay by Frank Cottrell Boyce, what the boy actually says is not written. Instead, there is an indication. 'What he is saying seems urgent. Is he angry, or is it some kind of warning? ': Frank Cottrell Boyce, *Welcome to Sarajevo* (London: Faber and Faber, 1997), p. 9.

10 This reflects the screenwriter's own transmutation. In his introduction to the published text, Cottrell Boyce notes that he first accepted the commission to write the film for purely professional reasons-'because I needed the money and because I wanted to work with Michael Winterbottom [the film's director]'. However, he continues by reporting the sense of mission which grew with the project. He had ignored Bosnia until starting on the film, but long before he finished, his mission had become to write a film which would 'make it impossible for people to go on ignoring it' (Cottrell Boyce, *Welcome*, pp. vii and xi-xii) .

11 This incident derives from a real situation in which cellist Vedran Smailjović played this theme and organised musicians in many places to play at the same time.

12 Such films include Oliver Stone's *Under Fire*.

13 Frank Cottrell Boyce, speaking at the showing of *Welcome to Sarajevo* at the London Film Festival, 15 November 1997.

14 In fact, in the UK, the film was only moderately received at the box-office, suggesting no more than limited accomplishment of this mission. It should be noted, however, that the film was originally conceived while the war continued, but was only made and shown after its end.

15 This was confirmed by Kenović himself in an extract from an interview in *Souvenir Programme. 41st London Film Festival, 1997* (London: BFI, 1997), p. 92.

16 James Gow, The ICTY, War Crimes Enforcement and Dayton: The Ghost in the Machine', *Ethnopolitics*, vol. 5 no. 1 (2006) .

17 See Sabrina Ramet, *Thinking about Yugoslavia: Scholarly Debates about the Yugoslav Breakup and the Wars in Bosnia and Kosovo* (Cambridge: Cambridge University Press, 2006), ch. 10; Brendan Simms, *Unfinest Hour: Britain and the Destruction of Bosnia* (London: Penguin, 2001) ; Gow, *Triumph of the Lack of Will: International Diplomacy and the Yugoslav Crisis* (New York: Columbia University Press, 1997), pp. 174-182.

18 The title actually translates as 'Prisoner of the Caucasus', but was released for a US audience as *Prisoner of the Mountains*. The story by Lev Tolstoy is also entitled 'Prisoner of the Caucasus'. Tolstoy's story is also the basis for *Prisoner of the Caucasus* (dir. Yuri Khashchavatski (2002)), discussed in Chapter 4, which includes several voiced quotations directly from the original.

19 The son of the director of *Prisoner of the Mountains* appears in *Voina* as the experienced and noble wounded soldier Captain Medvedev-a rough equivalent to Sasha in *Prisoner*, on one level, but wounded and confined to the pit, on another.

20 This is one of several instances in the film which involve cooperation with the military-as also occurs in other films. The production relationship with the military is treated during a short, informative and entertaining documentary film, *Behind the Scenes*, which appears on the DVD version of the film. In that film, Balabanov bemoans the importance of money when making contemporary war films and requiting cooperation with the Russian military; in the old days, whole parts of the military would have been made available, wholesale, for use in making films (for example, Sergei Bondarchuk's *War and Peace* probably could not have been made without the legions of Soviet conscripts assigned to the film-not an example that Balabanov cites) . This marks the changes in both filmmaking and defence in relation to Moscow, where the certainties of Soviet command provision, while still, perhaps, a part of cultural expectation, are no longer a part of the economic and political reality. Planes, helicopters, detonations and so forth, all of which occur in *War* (and some of which are seen being coordinated and filmed in the documentary), costalthough Balabanov also tells us that the military is unreliable and that payment does not

guarantee delivery; this is perhaps why helicopters are shown firing flares and rockets as, summoned by the Captain, they approach to rescue the liberators and their former hostages; the latter are under siege by Chechen forces in a tower where they have sought refuge as they try to escape, but, unlike any major action film, the rescue itself is not shown, as Balabanov skips to a military base at sunset, where they have been taken ('Behind the Scenes' Extra Feature Documentary on the Making of *Voina*. *Voina* DVD).

21 'Behind the Scenes' Extra Feature Documentary on the Making of *Voina*.

22 *Jarhead*. Dir. Sam Mendes, Germany, USA, UK, 2005. Screenplay by William Broyles Jr. (a former Marine who served in Vietnam), based on the book *Jarhead* by Anthony Swofford.

23 The attention to the long wait during the build-up to operations and the frustration that this engenders, as well as not seeing real combat action, in this feature fictional presentation based on an autobiographical account of 1990 to 1991, has strong parallels with the experience shown in Dodge Billingsley's *Virgin Soldiers*, a very different kind of film, as a documentary, discussed in Chapter 3.

24 One commentator, interviewing Mendes, suggested that *Jarhead* is a 'perverse war' movie, essentially because the film does not deal with, or rather, show combat directly (Andrew Graham-Dixon, *The Culture Show*, BBC2, 8 December 2005).

25 Mendes, *Culture Show*, 8 December 2005; Graham-Dixon turns this into a 'sense of blood-lust' running throughout the film.

26 The director used photographic research rather than the paintings of Edward Hopper that influenced the visual style of his previous films as a guide to *Jarhead*'s design, and did not use storyboards or pre-compose shots. While he says that this is 'unpainterly', there is a look of Andrew Wyeth's bleached rural landscapes, on the one hand, and John Keane's work as official war artist with UK forces in the Gulf conflict during 1990 to 1991 on the other. Mendes used handheld cameras and improvisation to work with the desert as a 'blank canvas', responding to the challenge of composing shots when there 'are no structures around you to compose anything to' (Mendes,

Culture Show).

27 In her 'Film of the month' review of Mendes' film, Leslie Felperin suggests that it is 'quite likely' that Mendes and his team watched Werner Herzog's 1992 documentary about Kuwait's burning oilfields *Lessons of Darkness* while researching the film, and that this 'leaves its mark not just in *Jarhead*'s rendition of the ecological disaster of the war, but also in its weird, Stygian visual poetry' (Leslie Felperin, 'The longest days', *Sight and Sound*, January 2006, p. 47).

28 Walter Murch was Sound Editor on both *Jarhead* and *Apocalypse Now*.

29 Mendes admitted that he had little idea of how long the military build-up in Saudi Arabia took before the American-led campaign to evacuate, including that the Marines he depicts in the film had been there for over six months before their four-and-a-half days of full combat deployment without actually seeing action. However, rather than absorbing this lesson and demonstrating a greater understanding of the realities of war-preparing to go somewhere that the forces then went, achieving the operational objectives of evicting Iraqi forces from Kuwait and restoring the legitimate exercise of sovereign rights in that country-the director appears to see this as a metaphor for that particular military conflict and for war, in general. His film, in a sense, does not go anywhere because 'it is a war that doesn't go anywhere ... and do any wars go anywhere? That's the point,' adding that the last line of the film is: 'We're still in the desert.' That last line, in effect, becomes a comment on the 2003 Iraq engagement, as Mendes suggests, adding politics to an otherwise apolitical film. Mendes claims he could have made a polemic about how both 1991 and 2003 were wrong, but chose to let the audiences make up their own minds (Mendes, *Culture Show*).

30 David O. Russell, 'Commentary', Three Kings DVD. Quotation in the following section is from the same source.

31 The transition to responsibility is also reflected in the dialogue, where early talk of 'rag heads' or 'towel heads' gives way to support and understanding, as Archie and his team find meaning in their mission-meaning that was clearly missing for Archie in his early statements asking what the war had been about and in the emptiness of the

others. The disparaging language about Iraqis upset Arab members of the cast initially (all Iraqi refugees in the US), until Russell explained that this was necessary not only to capture reality, but as a vehicle for showing how the troops gain understanding and grow morally.

32 Tom Doherty, 'The New War Movies as Moral Rearmament: *Black Hawk Down* and *We Were Soldiers*', *Cineaste* (summer 2002), pp. 4-8.

33 *Black Hawk Down*, DVD Extras.

34 Information in the following paragraphs is taken from *Black Hawk Down-Hollywood's Greatest FX* Five, 28 February 2005.

35 The DVD version of *Black Hawk Down* includes an excellent extra feature in which Scott shows and discusses his artwork and storyboards, which does much to draw out the importance of understanding images and getting them right, as well as highlighting Scott's great talent.

36 Scott, Commentary.

4 Documentary and current affairs

1 *The Fall of Milošević* (Brook Lapping for the BBC, 1995) .

2 Ivan Stambolić, an articulate, moderate political figure, was later ousted from power by Milošević in a party coup-also brilliantly captured in *Death*. A decade later, on the eve of NATO action over Kosovo, Milošević's mentor disappeared while jogging one morning. His remains were uncovered in April 2003, having been murdered-and with suspicion falling overwhelmingly on his protégé.

3 In 1999, at the beginning of NATO operations against Serbia, CNN interviewed James Gow for a special programme on Milošević In the interview the crucial point about the two visits was made and appeared to be ready to be included in the film. Then, at the eleventh hour, there was a phone call to ask for corroboration, as none of the books mentioned this seemingly salient information (the exception, which had clearly not been consulted, was Laura Silber and Allan Little's *The Death of Yugoslavia* (aka *Yugoslavia: Death of a Nation*) (London: Penguin, 1995), which was

written to accompany the series and used the material available for the production. Despite being referred to the primary evidence, the information was cut from the final film, as the producers appeared unable to view the material. Thus, the weight of false understanding handed down through the literature as received wisdom counted for more than the reality.

4 The footage came into their possession as part of a collection of tapes handed over by one of the interviewees. Had the directors not been both assiduous and astute in reviewing all the footage available to them, the KOS material might have been overlooked completely. As it is, they viewed the material, found it to be of great interest, understood what it was and put it to good use. They were uncertain as to whether the interviewee could have been aware of exactly what was being handed over for use in making the films.

5 Robert Hayden, for example, has raised questions over the English language subtitles that appear as the talking heads of the protagonists tell the tale in their own South Slavic tongues (with the exception of Tupurkovski, who speaks with sharpness and humour in English). On several occasions, the translation is not literal, with more appearing in writing on screen than is said verbally. However, the translations were faithful to the sense and to that which was said in the film interviews, but which would take too long to show on screen. Thus, the essential information was included in the speakers' native language, while additional material might be included from parts of the interview around the extract used. Thus, the 'product' was faithful and accurate, but not necessarily in an immediate and literal sense. This device, driven by production needs, does not invalidate what is said, as Hayden judges. But it does tarnish it in some way.

6 This appears to be material-driven, although there could be a chance that the change of director, fi'om the well-worn team of Angus MacQueen and Paul Mitchell to Dai Richards, also resulted in a slight change of style and emphasis.

7 The absence of American film interviewees on this topic appears to suggest that there was a policy decision not to permit such interviews. US Envoy Charles Redman is the

only relevant official figure who gave an interview at all for the first five programmes. However, the contrast with *Death* Part 4 and *Fall* is striking: the US actors are out in full.

8 On the nature of politics in Russia and other key former Soviet states, see Andrew Wilson's superb *Virtual Politics: Faking Democracy in the Post-Soviet World* (London: Yale University Press, 2005).

9 Evgenii Tsymbal, Moscow, May 2005.

10 Ian Christie, The Other Cinema, 1 February 2004.

11 See Richard Taylor, *Film Propaganda: Soviet Russia and Nazi Germany* (2nd revised edn London: I.B. Tauris, 1998), chs 4, 5 and 6; and Emma Widdis, *Alexander Medvedkin* (London: I.B. Tauris, 5005).

12 Ian Christie, The Other Cinema, 1 February 2004.

13 A significant comparative point in the Yugoslav War was the presentation of identical images on Serbian and Croatian TV, but with the victims labelled as Serbs in Serbia and as Croats in Croatia. See James Gow *et al., Bosnia by Television* (London: British Fihn Institute, 1996).

14 As noted in Chapter 4, what made the al-Qa'ida attacks on the World Trade Center towers so remarkable was that the strikes and the collapse were caught on film as they happened.

15 The International Helsinki Federation was a Cold War product. With no official peace treaty signed between the Soviet Union and the West at the end of the Second World War, while the Cold War quickly emerged, and Soviet territorial occupation, border changes and domination of Central and Eastern Europe, Moscow had pushed for a formal agreement when, in 1975, the Helsinki Final Act resulted from the Conference on Security and Cooperation in Europe (CSCE-a diplomatic process that continued and became the formal Organisation for Security and Cooperation in Europe at the start of 1995, after the Cold War had finished). The Soviets sought a political-military deal and economic cooperation, while the Western countries, prepared to accommodate political-military agreement that would mean arms controls measures,

at a late stage added a humanitarian basket. This was not expected to have any significant impact, but along with the other non-legally binding but hard-to-walk-away-from political agreements it was an addition that would mean, in principle, at least, that the communist countries would have acknowledged individual human rights and civil liberties, including freedom of expression. In practice, however, the human rights basket took on a significant life of its own, becoming a benign Frankenstein that contributed enormously to the undermining of communist control and Moscow domination in Central and Eastern Europe. One part of this was the development of 'Helsinki' organisations throughout the CSCE region, non-governmental organisations, associated internationally by the federation, focused on the protection and promotion of human rights and free expression. Thus, its continuing role and presence as an international force in Moscow was geared towards ensuring awareness of issues such as Chechnya and the human rights abuses taking place there.

16 The festival had been organised by the Museum and Cultural Centre 'Andrey Sakharov', Memorial, the Moscow Helsinki Group, the All-Russia Cultural Movement 'For Human Rights', the Russian PEN Centre, the Citizens Action group, the Fund for the Protection of Openness, the Mothers of Russia, the Trans-Village Forums Organisation, the Foundation for Citizens Freedom, the Holocaust Foundation, and ANO Internews.

17 The film's original title is *Il était une fois la Tchétéchnie,* but the Russian version of it is known as *Chechenskaia kolybel'naia*, meaning 'Chechen lullaby', a reference to the song used in the film.

18 These figures are given with authority in the film by Putin's negotiator sent to deal with the hostage crisis, who was clearly working with specific information which information was clearly known, but in an act of Soviet-heritage falsity is given as 354 by a regional official to press and public on camera, with public declamations regarding the impossibility of there being such a low number inside the school, which, again in Soviet fashion, he ignores. Ironically, the total figure given for hostages was about the same number as the actual number of dead at the end of the crisis.

19 Another, even more striking film on the horror of Beslan is Leslie Woodhead's *The Children of Beslan*. This extraordinary film is not discussed here due to the combination of space limitation and pertinence of Sim's film in terms of using the hostage taker's footage, although reference is made to it in Chapter 6, and it will be treated in future work.

20 *Beslan: Siege of School No. 1,* Filmmaker Notes: Meet Director Kevin Sim, www.pbs.org/wnet/wideangle/shows/beslan/filmmaker.html at 22 August 2006.

21 The circumstances in which the siege began to be broken are glossed over with brief explanation in the film; given the remarkable, honest and telling interviews made with the victims, as well as those with the official negotiator and the police investigators (who show and comment on plans of the school), it is interesting to note that there appear to be no interviews with members of the local 'vigilantes' over their role in events and precisely how the denouement unfolded-while this might well have been a different film and is not imperative to the film Sire makes in the end, it would have provided fascinating material.

22 And, in a curious way, fire fighters connect the two films. The Naudets film is clearly about New York fire-fighters and their experiences. The Moore film alludes to the seminal feature fiction film *Fahrenheit 411*, directed by François Truffaut, based on a novel by Ray Bradbury. The title refers to the ImperialAmerican measured temperature at which paper burns, and the plot turns around the conscience of a fireman in a world where the fire service's job is to start fires by burning books, so as to eliminate independent sources of knowledge and reflection. It is somewhat ironic, therefore, that Moore has opted to make a film in which he at once seeks to be a dissident in a political world he sees as seeking to control information, and at the same time his manipulative film is the one that, in the end, more takes on the mantle of corrupting information, despite its success as a film.

23 Gédéon Naudet, quoted in J. Max Robins, 'The Robins Report: A Fihn Built From a Bond of Brotherhood', *TV Guide* (New York Metropolitan Edition, vol. 50, no. 8, 23 February 2002), p. 54. This comment is made in response to comments that

the brothers had negotiated a $1m contract with CBS to make the film, which they argued was only to cover costs and allow for any residue to be paid to the Uniformed Firefighters Association Scholarship Fund, which would also benefit from advertising spots while the film was shown on the CBS network (an arrangement that meant the film was not associated with CBS News) . The brothers also kept their word to be true to the spirit of their project and the fire-fighters themselves by making one of fire-fighters, James Hanlon, a producer on the film. See also David Friend, 'Bond of Brothers', *Vanity Fair*, no. 499 (1 March 2002), pp. 74-78.

24 Robert de Niro does not appear in the commercially available DVD, which is another version again, containing more of the original footage shot that day at 'Ground Zero'.

25 Dan Trigotoff, '9/11 [sic] 'not exploitive', *Broadcasting and Cable*, vol. 132, no. 11 (18 March 2002), p. 25.

26 See the discussion in Maarten Pereboom and John E. O'Connor (chairs) *et al.*, 'Michael Moore: Cinematic Historian or Propagandist? ', A Historians Film Committee Panel Presented at the 2005 American Historical Association Meeting, *Film and History.*, vol. 35, no. 2 (2005), pp. 7-16.

27 Steven Mintz, 'Michael Moore and the Re-birth of the Documentary'; and Ron Briley, '*Fahrenheit 9/11*: Michael Moore Heats it Up', respectively-the latter following David Bordwell and Kristin Thompson; both pieces are from Film and History, vol. 35, no. 2 (2005), p. 11.

28 Andrew Roy, 'Images de guerre et guerre des images', *24 Images*, no. 118 (1 September 2004), p. 4.; the view Roy reports is that of the great Jean-Luc Godard, who raged against the film when it was shown and became a prizewinner at the Cannes Film Festival in 2005.

29 Ken Nolley, '*Fahrenheit 9/11*: Documentary, Truth-telling and Politics', *Film and History*, vol. 35, no. 2 (2005), p. 13.

30 Noiley '*Fahrenheit 9/11*', p. 13.

31 Richard Porton points out that Moore's treatment of the Carlyle Group-Saudi connection with the Bushes is effectively a simplified primer derived from *Exposed:*

The Carlyle Group, a film made in the Netherlands by VPRO, available online at www.informationclearinghouse.info/article3995.htm; see Porton, 'Weapon of Mass Instruction: Michael Moore's *Fahrenheit 9/11*', *Cineaste*, vol. 29, no. 4 (2004), p. 5.

32 This is discussed by Nolley in '*Fahrenheit 9/11*', p. 13.

33 One of the notable coups in the counter-film *Fahrenhype 9/11* is to have the class teacher whose class Bush heard reading *My Pet Goat* saying how much admiration she had for his calm and reflective demeanour at that moment. While others raise the reasonable questions about what else Bush might have done in those moments, it is her sense of the respect he showed and the tenor he set that is winning, footnoted, as it is, in effect, by her assertion that she did not vote for him to be president, but that she would have done that day.

34 As Porton notes ' (Weapon', p. 4), the use of 'found' footage in this way for 'didactic purposes' is common in the tradition of the documentary essay, of which *Fahrenheit 9/11* forms an important and successful part.

35 Gilles Marsolais, 'Tout est affaire de montage', *24 Images*, no. 118 (1 September 2004), p. 56.

36 Porton, 'Weapon', p. 6.

37 Focus Group 2, Strand C, Shifting Securities Project. London. A military participant in this mixed military, and civilian policy-maker group introduced the term 'letter-box' in this discussion. Other aspects of the present paragraph are informed by this Focus Group in particular.

38 Focus Groups 11 and 12, Strand C, Shifting Securities Project.

39 The trial at the Iraq High Tribunal started on 21 August 2006.

40 *Fighting the War* Press Release, www.bbc.co.uk/pressoffice/pressreleases/stories/2003/05_may/30/fighting_the_war.shtmi at 18 August 2006.

41 In a film made at a much later stage, in 2005, for Channel 4 *Dispatches*, print journalist Peter Oborne, presenting an on-screen personal account of" Iraq, begins by explaining that the only way to get around Iraq safely is with protection from the American or British military, that getting that protection means being embedded, and

then, he extends, being embedded means that the reporter only gets to see and hear what the military, want. He then asserts that there are two stories in Iraq, one of a country beset by civil war and the other the version that the Americans want to tell, implying, apparently disingenuously, that there is no chance to tell the 'civil war' version due to military control, and that the version the American or British military allow is, somehow, false. Leaving aside the realities of Iraq at the time, which were that four out of eighteen provinces were the focus of trouble and much of the rest of the country, as a US diplomat tells Oborne, is trying to get on with something approximating a normal life (clearly, a difficuh thing to do when other parts of the country are subject to protracted political violence) . Strikingly, it is the US military (one of whom is shown to have a shoulder escutcheon-commenting on who sent him to Iraq-who help him by explaining a threepronged vehicle-bomb attack around the Palestine Hotel in Baghdad, with images of each of the three blasts, which Oborne's film uses to punctuate dramatically a soldier's explanation. This hardly seems as though he is prevented from reporting Iraqi political violence-which remained some considerable way short of a 'war' threshold; nor does it seem as though the US military wants to prevent his reporting this, as it is they who take him through the moving pictures with analysis of the attack.

42 See the excellent study of this effect by Brian Bond, *The Unquiet Western Front: Britain's Role in Literature and History* (Cambridge: Cambridge University Press, 2002) .

43 In many respects, *Jarhead* could have been informed by *Virgin Soldiers*, and it would be quite surprising and coincidental if Mendes had not viewed the film and been informed by it; however, given that both relate to authentic Marine experiences, and given the eponymous book on which *Jarhead* is based (see Chapter 2), this may simply be a reflection of the genuine Marine experience.

44 It is notable that, even in what are clearly intended to be, and are acknowledged as, the most authentic depictions of high-intensity combat, such as Steven Spielberg's *Saving Private Ryan*, John Irvin's *Hamburger Hill*, Oliver Stone's *Platoon*, and, above all,

Ridley Scott's *Black Hawk Down*, the precisionguided anatomy of the combat scene shows not only intercut close-ups of what are American troops in each case, but also includes the narrative reference points and relief of showing the enemy, at least fleetingly.

45 Dodge Billingsley, Interview, Strand C, Shifting Securities Project. Billingsley, at one stage, worked on military-related documentaries for that channel.

46 The increasing tendency for actuality films to adopt the characteristics of fiction films and for the latter increasingly to use elements of the former is confirmed by empirical research, as well as observation. Focus Group 5, Strand C, Shifting Securities Project.

5 Television news

1 The following selection of works provides various relevant discussion: Glasgow University Media Group, *War and Peace News* (Milton Keynes: Open University Press, 1985) ; Piers Robinson, *The CNN Effect: The Myth of News, Foreign Policy and Intervention* (London and New York: Routledge, 2002) ; James Hoge, 'Media Pervasiveness', *Foreign Affairs*, vol. 73 (1994), pp. 136-144; Steven Livingston, *Clarifying the CNN Effect: An Examination of Media Effects According to Type of Intervention,* Research Paper R-18 (Cambridge, MA: The Joan Shorenstein Barone Center on the Press, Politics and Public Policy, JFK School of Government, Harvard University, 1997) ; Nik Gowing, *Real-time Television Coverage of Armed Conflicts and Diplomatic Crises: Does it Pressure or Distort Foreign Policy Decisions?*, Working Paper 94-1 (Cambridge, MA: The Joan Shorenstein Barone Center on the Press, Politics and Public Policy, JFK School of Government, Harvard University, 1994) ; Philip Seib, *Beyond the Frontlines: How the News Media Cover a World Shaped By War* (New York: Palgrave, 2004) ; Andrew Hoskins, *Televising War: From Vietnam to Iraq* (London: Continuum, 2004) .

2 Other parts of the ESRC-funded research project, which provide the context for this volume, deal with both the nature of news production and of audience reception and interpretation. Both parts of that research challenge and disprove the arguments

put forward by many scholars concerning the nature of power-media relations and assumed audience behaviour. Certainly concerning contemporary war coverage, audiences do not generally change their views in response to immediate television news coverage-rather there is variegated reaction, mostly based on predisposition towards an issue or event. News producers, aside from basing overall output on an actual or imagined understanding of their audience, and the inevitable presence of some personal perspective at times, are generally primarily concerned with getting a news broadcast, or a package, in a viewable form and sufficiently ready to be broadcast at the allotted time, See www.mediatiningsecurity.com for further information, including on further publications, both books and articles, in preparation at the time of writing, as well as *After September 11* (London: British Film Institute, 2002) . On changes in news production and values, see also Donald R. Shanor, *News From Abroad* (New York: Columbia University Press, 2003), pp. 30-31 and 64ff.

3 The title for this section echoes James Gow, Richard Paterson and Alison Preston's *Bosnia by Television* (London: British Film Institute, 1996), although much of the material covered here is different and from a later stage in the Yugoslav War.

4 See James Gow and Cathie Carmichael, *Slovenia and the Slovenes: A Small Country in the New Europe* (Bloomington, IN: Indiana University Press, 2000), ch. 6.

5 Marjan Malešič (ed.), *The Role of the Mass Media in the Serbian-Croatian Conflict* (Stockholm: SPF, 1993), p. 11.

6 Nik Gowing, 'Real-time TV Coverage from War: Does it Make or Break Government Policy? ' in Gow *et al. Bosnia*, p. 89.

7 James Gow, *The Serbian Project and Its Adversaries: A Strategy of War Crimes* (London: Hurst & Co, 2003) .

8 Much of the original research presented in this chapter has its genesis in the BFI's *After September 11* project-see Preface. The material presented here is primarily original work excluded from the *After September 11* report due to tight space constraints and availability of comparable material, as well subsequent research developing that original work for this volume. However, some material here draws on

that study, including Alison Preston's work, as indicated below. See *After September 11* (London: BFI, 2002) ; see also Milena Michalski and Alison Preston, 'Le 11 septembre vu de Grande Bretagne: Comparison des journaux télévisés' in Marc Lits (ed.), *Du 11 septembre à la riposte: les debuts d'une nouveUe guerre médiatique* (Brussels: De Boeck, 2004), pp. 61-85.

9 As stated in the Introduction, although this name is commonly transliterated from Arabic to English as 'Osama bin Laden', Usama bin Ladin is preferred here. There are two reasons for this. First, this corresponds with the version officially used by governments and in international diplomacy-summarised as 'UBL', an abbreviated form we adopt in this volume, and this is because, second, experts in those forums regard this form as being a more accurate and authoritative transliteration of the original.

10 *After September 11*.

11 *After September 11*.

12 Hoskins, *Televising War*, Robinson, *The CNN Effect*.

13 It should be noted that what applies regarding CNN over September 11 might be shared with, or fall to, other 24-hour international news channels at other times, regarding other crises in the world. While CNN held a pretty unique position in 1990 to 1991, by 2001 there were others engaged in the international 24-hour news arena, notably BBC World (and its domestic counterpart News 24), and the emerging Arabic language service al Jazeera, which really came to prominence in the wake of 9/11. Of course, these major examples do not represent the totality of 24-hour news broadcasting, with a range of others engaged in the field, but perhaps with less salience, given lesser resources, and especially in terms of their being adopted as a source of reportage by domestic and other services around the world.

14 This could be seen in research for the *After September 11* study.

15 The following is based on Ivan Zver ž hanovski, 'Croatian TV News', *South Slav Journal* (forthcoming) . That analysis covers news bulletins for six specific dates in 2001:11 September, 7 October, 19 October, 10 November, 13 November, 13

December, and was originally conducted as raw research for the *After September 11* project.

16 This process has been dubbed 're-mediation'. See Hoskins, *Televising War*, pp. 16 and 20-21.

17 'CBS News Videos: September 11, cbsnews.com/htdocs/septemberll/video_ 0911. html; 'Special Report: September 11', cbsnews.com/sections/septemberl 1 / main500249_overflow.

18 The CBS News *9/11 Archive* continued to include a section called *What We Saw* after other parts of the archive became inactive. However, this did not include the edited portions of live coverage in the DVD, but the accounts of CBS journalists' experiences on the day, many of which were also included in the book version.

19 Indeed, having viewed the footage as preparation for class, this was how some first-year students reacted in presenting accounts of the experience.

20 Kay's appearance on NBC with Brokaw, as well as coverage in relation to it of what was termed 'the Bush "Dodge"' by Ben Froomkin, appeared in the *Washington Post* on 28 January 2004.

21 Corporal Lawrence Shane Colton was known as Shane, but the original Fallen Heroes slot presented him as Lawrence. The corrected version in the follow-up report did not comment on the original.

22 'A Mother Mourns' *inter alia* cbsnews.com/elements/2003/22/O6/lraq/videoarchive582 at 11 August 2006.

23 *CBS Evening News,* 20 August 2005.

24 *CBS Evening News,* 28 May 2005.

25 The report also noted that the ban on images of the dead returning had been introduced in 1991 by then Assistant Defense Secretary Dick Cheney, using archive film of Cheney's making some kind of announcement, and noted that the ban had continued under the Clinton presidency, reinforced by a sombre image of Clinton sideways on descending the steps of Air Force One-which could have given the impression that Cheney was the aggressive initiator of the policy while Clinton perhaps regretfully

did nothing to change it.

26 The 'forgotten war' label was introduced in the UK by ITV News to refer to continuing operations in Afghanistan. See, for example, *ITV News,* 11 August 2005.

27 Gow, Interview with Michael di Paula Coyle, Special Assistant (Security), US Department of Commerce, London, July 2006.

28 Rich Noyes, *TV's Bad News Brigade: ABC, CBS and NBC's Defeatist Coverage of the War in Iraq,* Media Research Center, October 2006, www.mrc.org/SpecialReports/2005/reportl01405_pl.asp at 11 August 2006.

29 See the discussion of major changes in television news broadcasting and organisations in Chapter 6.

30 www.cbsnews.com/blogs/2006/O8/O3/publiceye/entry1863139.shtml.

31 The latter is assumed to have been the widest vehicle for trying to get across whatever the intended message was. However, it is quite possible that other US concerns regarding al Jazeera aside, that al Arabiya had the largest audience in Iraq, making it the preferable choice-and also suggesting that there was an intention on the part of the White House to reach an audience in Iraq, as well as, it might be presumed, the primary audience in the US itself. Confidential comment to Gow by an Arabic international news channel journalist, London, November 2005.

32 This theme is developed in Chapters 6 and 7.

33 In focus group research with senior defence practitioners, it should be noted, there was a strong sense that Secretary of Defense Donald Rumsfeld was the one responsible for setting the tone. Focus Group Research conducted by James Gow and King's College London War Crimes Research Group, London March 2003.

34 It is unlikely that in other cases the politicians will behave otherwise, however.

6 The alphabet of images

1 When armed conflict erupted involving Hizbollah in Lebanon and Israel during July 2006, scheduled seminars on Africa, in Brussels, had been suddenly supplanted by Israel-Lebanon meetings, reflecting the way in which the European Commission and

the news media had focused on that topic. Gerard Prunier, conversation with Gow, July 2006.

2 *Daily Telegraph,* 12 January 2003.

3 Focus Group 18, Strand C, Shifting Securities Project.

4 The figures for dead are initially given as 'tens of thousands' and later as 'hundreds of thousands'. Channel 4 News, 16 September 2006, www.channel4.com/news/special-reports/special-reports-storypage.jsp? id=3290.

5 Focus Group 18, Strand C, Shifting Securities Project; a variant on this distinction offered by one journalist was 'people like us' and 'people not like us' (Jennifer Glasse, Interview, Shifting Securities Project).

6 Focus Group 18, Strand C, Shifting Securities Project.

7 Focus Group 8, Strand C, Shifting Securities Project.

8 Focus Group 8, Strand C, Shifting Securities Project; Focus Group 12, Strand C, Shifting Securities Project.

9 Focus Group 8, Strand C, Shifting Securities Project.

10 Focus Group 12, Strand C, Shifting Securities Project.

11 Focus Group 8, Strand C, Shifting Securities Project.

12 Focus Group 12, Strand C. Shifting Securities Project.

13 Focus Group 8, Strand C, Shifting Securities Project.

14 CNN, 6 June 2005, available at CNN Pipeline.

15 *Hotel Rwanda,* dir. Terry George (2004) ~

16 Trailer, *Hotel Rwanda,* M Kigali Releasing Company Ltd. MGM Home Entertainment LLC (2005) ; the box also included a card insert for supporting Amnesty International USA.

17 See Gerard Prunier, *Darfur: the Ambiguous Genocide* (London: Hurst and Co, 2005) . This is an exceptional account of the history and circumstances surrounding the case, and makes clear the nature of the campaign. The book's strength in terms of its impeccable handling of the detail of Darfur is let down by its inaccurate, ill-informed and confused handling of the concept of genocide.

18 Michael Gibbons, 'Chasing the Game', *Screen International,* no. 1490 (25 February 2005), p. 9; see also Terry George, 'Look Back in Anger', *Premiere,* vol. 18, no. 4 (1 December 2004), pp. 46-50.

19 Romeo Dallaire, *Shake Hands With the Devil. The Failure of Humanity in Rwanda* (London: Arrow, 2005) . In addition, a feature fiction film, based on Dallaire's autobiography and, again, using its title, was reported in 2006us.imdb.com/title/tt0472562/at 25 October 2006.

20 We are grateful to Gerard Prunier who drew Gow's attention both to the film and its more overtly political character.

21 The film was fairly well received by an audience of victim-survivors to whom it was shown in Rwanda and who were then interviewed by Fergal Keane, the BBC television news reporter who memorably covered the genocide in Rwanda at the time and who made a very interesting package about *Shooting Dogs* and the events of the genocide for BBC *Newsnight,* 30 March 2006.

22 Abdel Bari Atwan, *The Secret History of al-Qa'ida* (London: Saqi Books, 2006), ch. 4.

23 Vicky Taylor of BBCi, interviewed on Go Digital, BBC World Service, 1900 GMT, 12 July 2005. The following is based on information from that interview.

24 Vicky Taylor of BBCi, interviewed on *Go Digital,* BBC World Service, 1900 GMT, 12 July 2005.

25 *Reuters,* 1 August 2005.

26 See Philip Seib, *Beyond the Front Lines: How the News Media Cover a World Shaped by War* (New York: Palgrave, 2004), p. 88ff.

27 Focus Group 8, Strand C, Shifting Securities Project, on which the current discussion is based.

28 Focus Group 14, Strand C, Shifting Securities Project.

29 Ridley Scott, *Mark Lawson Interviews Ridley Scott,* BBC4, Broadcast 22 October 2006.

30 Philip Sabin's expertise on the conduct of warfare in ancient times informs this point gratefully.

31 Ridley Scott, *Mark Lawson Interviews*.

32 This form of pitiful human trafficking is also handled, against a backdrop of social change and human security concerns in Slovenia, in *Rezervni Deli* (aka *Spare Parts*, 2004) by Damjan Kozole.

33 *Report of the 9/11 Commission: Final Report of the National Commission on Terrorist Attacks Upon the United States, Official Government Edition* (Washington, DC: Government Publications Office, 2004), p. 166.

34 On the first weekend that trailers appeared in New York cinemas, before the film was released, there were reports of deeply upset customers.

35 According to one view, 'Greengrass is currently the place where drama docs best work is being done' (Leslie Woodhead, Interview, Strand C, Shifting Securities Project).

36 Leslie Woodhead, Interview, Strand C, Shifting Securities Project; our treatment of Woodhead's work here is informed by this interview.

37 Producer Ewa Ewart, a native Russian speaker, spent a long time getting to know some of the surviving children very well, building confidence with them, so as to make an extraordinary film, directed by Woodhead (also a Russian speaker, who spent some of the Cold War years monitoring Soviet air force communications). *The Children of Beslan* and Woodhead's other films will be treated in an article in progress and in a further book in development under the title *Watching War Crimes*, also connected to the Shifting Securities Project. On the director's experience as a Cold War eavesdropper, see also Woodhead, My Life as a Spy (London: Macmillan, 2005).

38 *Variety* (8-14 May 2000), p. 67.

39 This same film used in the documentary originally shown on Channel 4 in the UK and then CNN was also initially used by CBS News.

40 Dodge Billingsley, Interview, Strand C, Shifting Securities Project. His latest film, released just as this volume was being completed, bore the title *Fog and Friction*. In terms of the characterisation of what he does as academic research using film, some of Billingsley's films have been made with a direct academic connection to Brigham

Young University, Utah.

41 Interview, Set 2.5, Strand A, Shifting Securities Project.

42 Mohammed el Nawawy and Adel Iskandar, *Al Jazeera: The Story of the Network that is Rattling Governments and Redefining Modern Journalism* (Cambridge, MA: Westview/Perseus, 2003).

43 As non-Arabic speakers, we were fascinated to watch some of al Jazeera's coverage of the Asian Tsunami at the end of 2004-notably, the first images of US military helicopters in connection with the US humanitarian relief effort we saw on any of the international coverage appeared on alJazeera, where this was the first item. Research indicates that we are not alone in watching al Jazeera without understanding Arabic, although instances of this are very, limited. For example, some respondents in non-Arabic households may only watch Jazeera. Interviews A. 1 and K4, for example, Strand A, Shifting Securities Project.

44 Focus Group 12, Strand C, Shifting Securities Project; Marie Gillespie *et al., Shifting Securities: News Cultures Before and Beyond the Iraq 2003 War-Preliminary Findings Report* (June 2006).

45 Mohammed Chebaroo, Interview, Strand C, Shifting Securities Project.

46 Al Jazeera International commenced broadcasting on 15 November 2006.

47 Quoted in Charlotte Eagar, 'The Sultans of Spin', *ES Magazine* (16 December 2005), p. 31.

48 Nik Gowing, Presentation, 'Communicating the War on Terror: Are we Getting the Balance Right Between Being Alert and Being Alarmed? ', Conference, King's College London-Royal Institution, 6June 2003.

49 Focus Group 1 Strand C, Shifting Securities Project.

50 Focus Group 17, Strand C, Shifting Securities Project; see also Andrew Hoskins and Ben O'Loughlin, *Television and Terror: Conflicting Times and the Crisis of News Discourse* (London: Palgrave, 2007).

51 Focus Groups 11 and 15, Strand C, Shifting Securities Project; the focus group respondents revealed a trend away from initial belief in really making a difference

through public education, to recognising that recognition was perhaps one of the main reasons to take part in the production of television news, especially where there was no editorial control over what would be said or how interviews would be presented. However, scepticism was reported even regarding the value of 'marketing' expertise and organisational existence-although this was a point that split opinion where it was a contention; other respondents challenged this, noting that, although no one could ever say what an interviewee had said at an interview, they were recognised for having done the interview, while another participant registered when competitors had provided interviewees who received brand awareness impact by appearing on the large screens at Waterloo Station, for example (Focus Group 16, Strand C, Shifting Securities Project). This suggests that, as with other aspects of moving-image media handling of war, it is the talking head as image that counts, not the verbal aspect of what was actually said-a judgement supported by empirical research (Focus Group 17, Strand C, Shifting Securities Project).

52 Focus Group 15, Strand C, Shifting Securities Project.

53 It was notable that despite the appearance of news satellite and cable news channels, as well as the impact of the internet, the three big news broadcasts attracted nightly audiences collectively of 22 to 25 million. However, in the changing environment, emphasis on the internet was also regarded as a vital supplement or, in the case of NBC's 24-hour news channel MSNBC, mainstay, as fairly weak audiences were more than offset by having one of the most visited news websites (*New York Times*, 27 October 2005). This is consistent with research on the UK as part of the Shifting Securities Project, which indicated that of the great variety of sources available, including satellite and cable channels in various languages and from various perspectives, the traditional terrestrial mainstream broadcasters retained the key position in news publics' use of the medium, with the BBC *10 O'Clock News*, for example, being both a mainstay and a first port of call for news. Gillespie *et al.*, *Shifting Securities-Preliminary Findings* (June 2006).

54 Donald R. Shanor, *News From Abroad* (New York: Columbia University Press, 2003),

p. 4.

55 The most significant of these shows was NBC's *Today*, presented by Katie Couric, until summer 2006, and Matt Lauer, reaching an audience of six million viewers, mostly younger, and generating $250 million annually nationally and the same amount again in advertising revenues paid to local affiliates. This was significantly more than its rivals at ABC and CBS (Ken Auletta, 'Annals of Communications-The Dawn Patrol: The Curious Rise of Morning Television and the Future of Network News', *New Yorker* (8 and 15 August 2005), p. 68).

56 Sridhar Pappu, 'On the Heir', *Arrive* (March/April 2004), p. 24.

57 For a wider reading of *Team America*, see James Gow, '*Team America*-World Police: Down-home Theories of Power and Peace', *Millennium: Journal of International Relations,* vol. 34, no. 2, 2006.

58 Parker and Stone also include a similar, though less biting caricature of a report on BBC World, although not labelled as such.

59 *CBS Evening News,* 20 June 2006.

60 These radical changes briefly seemed possible at CBS, when Leslie Moonves, the CBS Chairman, said he wanted to replace the 'Voice of God anchor' (meaning Dan Rather) with something reported as 'radical and even revolutionary' (*New York Times,* 27 October 2005, quoting Moonves from January 2005).

61 It might be noted that the usual broad, natural smile on Vargas' face (unless inappropriate to the material in a report) was not evident, as she seemed to curl her lip and utter her words through gritted teeth!

62 The 'auto-cuties', as the British female news presenters were called, brought bitter comment from old-time male journalists, such as Michael Buerk, a former BBC news anchor, who suggested bitterly that their roles were about appearance, not professionalism, and that it took nothing to read an autocue.

63 *New York Times,* 27 October 2005.

64 *Time,* 30 April 2006, available at www.time.com/time/magazine/article/ 0, 9171, 1187398, 00.htmml, at 8 May 2006.

65 *CBS Evening News,* 31 August 2006.

66 A Coroner's Inquiry in the UK found that Lloyd had been 'unlawfully killed', while confirming the seriousness with which his employer's at ITN had taken care through training and other precautions to ensure security in dangerous circumstances. The principal facts in the case were that Lloyd and his team had been travelling close to an Iraqi vehicle which had been firing; US fire contingently hit the journalists' vehicle; Lloyd had been wounded, as had Iraqi personnel; a white mini-bus picked up the soldiers and Lloyd; US forces then opened direct fire on the white mini-bus, killing Lloyd and others; the Coroner clearly interpreted this vehicle as an ambulance, concluded that US forces were aware of this, and that, because the vehicle and the people inside it were not, or no longer, engaged in armed hostilities, the killing was unlawful. However, the judgement perhaps misses the complexity of combat situations, where details such as the absence of symbols, for example, a red crescent, to indicate that the mini-bus was an ambulance, the absence of surrender, and US forces Rules of Engagement, might all pose question marks against the judgement.

7 Image and experience: legitimacy and contemporary war

1 Parts of this chapter develop arguments made on images and legitimacy in James Gow, 'Hearts, Minds and Retinas', Counter Insurgency Issues Conference, Joint Service Command and Staff College, 1 September 2005, the notion of ***Trinity³*** (+) also appears there, but is more developed in James Gow, War and War Crimes (London: Hurst & Co, 2007).

2 Lieutenant General Sir Rupert Smith, The Utility of Force: *The Art of War in the Modern World* (London: Allen Lane, 2005), ch. 7.

3 This is not just about counter-insurgency operations; it is about the nature of all types of conflict in the contemporary era.

4 This issue can be understood by references to change in military peacekeeping, where a shift occurred also in the 1990s from traditional peacekeeping to new strands, including what may be termed 'strategic peacekeeping'. James Gow and Christopher

Dandeker, 'Strategic Peacekeeping: Military Culture and Defining Moments', in S.D. Gordon and F.H. Toase (eds), ` (London: Frank Cass & Co, 2001) . Thus, in contrast to the strategically static nature of traditional peacekeeping, where the initiative lies with parties to the conflict, the type of situation with which we are concerned is strategically dynamic not static. It is one in which, although maximal consent is still the ideal, consent may well be challenged, even where there is some consensual basis for the deployment, as in Bosnia and Hercegovina, there are still some parts of the mandate which go beyond that and which are subject, for example, to Chapter VII enforcement measures authorised by the UN Security Council. Thus, there is a complex: the mission is based on the need to maximise consent, as far as possible, while recognising that there is a situation in which consent is not likely easily to be forthcoming-therefore, the Security Council has authorised those enforcement measures as part of the mandate (it should be stressed, only as one part of the mandate) to enable certain things to be permissible. The strategic initiative lies with the external actors. By comparison, in a conventional peacekeeping operation, the strategic initiative lies with the parties to the conflict who have made clear that whatever strategic objectives they had, they have come to the conclusion that they will not be able to get any further and so have said 'Please, help us' and the forces are deployed at the initiative of the parties. In this context there is a difference and that difference is that, at the strategic level, a response is being made to a conflict. Whether or not strategic peacekeeping is the right term is open to discussion. Although it is a useful term for carrying the discussion forward, it may not be definitive. But it is a problematic term, given that peacekeeping could be seenentirely as a passive activity in which there is no strategic initiative taken by the force, or its international sponsors. Similarly, terms such as peace enforcement, or the more generic peace support operations, are used in different ways, depending on the authors involved. The virtue of the label we have adopted for this activity is that it does put the focus at the strategic level.

5 Lawrence Freedman, *The Transformation of Strategic Affairs,* Adelphi Paper 379

(London: Routledge for the IISS, 2006) ; William S. Lind, 'Understanding Fourth Generation War', *Military Review* (September-October 2004), pp. 12-16; Thomas G. Hammes, *The Sling and the Stone: On War in the 21st Century* (St Paul: Zenith Press, 2004), and 'War Evolves into the Fourth Generation', *Contemporary Security Policy,* vol. 26, no. 2 (2005) .

6 Of course, it should be noted that this phenomenon of warfare was new in terms of technical means and in relation to that which had gone immediately before, but that it was an entirely new feature of strategy that factors other than decisive battle contributed to victory, and that the purpose of battle itself was to create a set of strategic conditions. Indeed, this was a dominant mode of strategy in the era of Frederick the Great that was outmoded by the advent of Napoleonic mass armed forces.

7 Joseph P. Nye, 'Soft Power and the Struggle Against Terrorism', Lecture, The Royal Institute of International Affairs, Chatham House, London, 5 May 2005.

8 Nye, 'Soft Power'; see also Nye, *The Paradox of American Power: Why the World's Only Superpower Can't Go It Alone* (Oxford: Oxford University Press, 2002), and 'US Power and Strategy After Iraq', *Foreign Affairs,* vol. 82, no. 4 (July-August 2003) .

9 Rupert Smith, *The Utility of Force: The Art of War in the Modern World* (London: Allen Lane, 2005) .

10 This phenomenon was identified in James Gow and Christopher Dandeker, 'Strategic Peacekeeping', *The World Today,* vol. 51, nos 8-9, (August-September 1995), pp. 171-174; however, for an excellent treatment of the diverse global publics that constitute one of the markers and dynamics of contemporary armed conflict, see Martin Shaw, *The New Western Way of Warfare* (Cambridge: Polity Press, 2005) .

11 Carl von Clausewitz, *On War,* trans. J.J. Graham, Introduction and Notes by Colonel F.N. Maude, CB (Late RE) . Introduction to the New Edition by Jan Willem Honig (New York: Barnes & Noble, 2004) . The following draws on Gow, *War and War Crimes,* where the notion of the **_Trinity³_** (+) is developed.

12 This is Clausewitz's secondary trinity, which is a reflective derivative of the primary

trinity of reason (linked mainly to government), chance (linked mainly to the military) and passion (linked mainly to the people) . See Beatrice Heuser, *Reading Clausewitz* (London: Pimlico, 2002), pp. 53-54.

13 Martin van Creveld, On Future War (London: Brassey's, 1991) (also known as *The Transformation of War*) .

14 Smith, *Utility,* p. 278.

15 Andrew Lambert and Stephen Badsey, *The Crimean War* (Dover, NH: Sutton Press, 1994) .

16 Rt. Hon.John Reid MP, Secretary of State for Defence, 'The Uneven Playing Field', Lecture, King's College London, 20 February 2006.

17 *After September 11: TV News and Multicultural Audiences* (London: British Film Institute, 2002) .

18 This treatment of legitimacy draws on James Gow, *Legitimacy and the Military: The Yugoslav Crisis* (London: Pinter, 1992) . For further discussion on the concept, the following provide a selected introduction: Max Weber, 'Science as a Vocation', in Weber, *From Max Weber: Essays in Sociology* ed. H.H. Gerth and C. Wright Mills (London: Routledge & Kegan Paul, 1948), p. 145ff.; Dolf Sternberger, 'Legitimacy', *International Encyclopaedia of the Social Sciences* (New York: Macmillan, 1968), p. 247; Arthur L. Stinchombe, *Constructing Social Theories* (New York: Harcourt, Brace & Jovanovich, 1968) ; Guigliemo Ferroro, The Principles of Power: *The Great Political Crises of History* (New York: Puttnam's, 1943) ; J.G. Merquior, *Rousseau and Weber* (London: Routledge & Kegan Paul, 1980) .

19 This is discussed more extensively in Gow, *Legitimacy and the Military,* where the difficulties of positively affirming, or measuring, legitimacy are identified (pp. 14-21) . For an attempt to re-engage with a positive approach to legitimacy, in contrast to the critical method identified here, but related to the work research project with which this volume is associated, see Marie Gillespie, 'Security, Media, Legitimacy: Multi-ethnic Media Publics and the Iraq War 2003', *International Relations,* vol. 20, no. 4 (December 2006) .

20 Merquior, *Rousseau and Weber*, p. 5.

21 Alfred G. Meyer, 'Legitimacy of Power in East Central Europe', in S. Sinnanian *et al.* (eds), *Eastern Europe in the 1970s* (New York: Praeger, 1972), p. 66.

22 Jürgen Habermas, *Legitimation Crisis* (London: Heinemann Educational Books, 1970).

23 Focus Group 11, Strand C, Shifting Securities Project.

24 *Daily Telegraph*, 15 May 2004.

25 Freedman, *Transformation*, sets two of these examples (from Croatia and Bosnia) in the context of strategic narratives in contemporary warfare, without actually focusing on the salience of the images involved; in doing so, the analysis follows James Gow and James Tilsley, 'The Strategic Imperative for Media Management', in Gow *et al.* (eds), *Bosnia by Television* (London: BFI, 1996), pp. 103-111, which analysis also included Slovenia; and was later enhanced in Gow, *The Serbian Project and Its Adversaries: A Strategy of War Crimes* (London: Hurst & Co, 2003), ch. 9 *passim*, on which the present treatment draws.

26 There have been allegations that the most famous mortar attacks, in February 1994 and August 1995, were fired by the Bosnian Army itself, not by Serbian forces. However, there was ultimately conclusive evidence, in each case, that Serbian forces had fired the rounds, despite suspicions and reservations. The suspicions arose because of the degree to which the Bosnian Army had been identified firing on its own people, or on the UN, in what were presumed to be efforts to provoke greater international action. An early incident, an alleged bread-queue massacre, was by far the most suspicious of the major incidents. The immediate scenes, approximated in Michael Winterbottom's fiction film *Welcome to Sarajevo* (discussed in Chapter 3), were consistent not with a mortar attack, but with an anti-personnel device (although this cannot be conclusive, as there is a theoretical possibility that the mortar could detonate in an unusual way), which, along with the immediacy of the images captured, suggested that the incident had been a self-inflicted, dark provocation, not a Serbian mortar blow.

27 See Philip Taylor, *War and the Media: Propaganda and Persuasion in the Gulf War*, 2nd edn (Manchester: Manchester University Press, 1998), esp. pp. xiv-xvi.

28 *Dateline London,* BBC News 24, 21 August 2005.

29 James Gow, *The Serbian Project and Its Adversaries: A Strategy of War Crimes* (London: Hurst, 2003), pp. 298-299; see also Ivo Daalder and Michael O'HanIon, *Winning Ugly: NATO's Kosovo War* (Washington, DC: Brooking's Institution, 2000) .

30 Smith had started with the ammunition dumps furthest from Pale, and had intended to work his way through them, sequentially getting closer to Pale itself, but was prevented from doing so by the UN hierarchy, which intervened and disrupted his scheme. General Sir Rupert Smith, Interview, Strand C, Shifting Securities Project.

31 Smith had already shown himself to be a creative thinker, in terms of using moving images, in the run-up to operations against Iraq in 1991. Smith had arranged a television news opportunity to film British troops by the coast, before they were then deployed inland for the eventual assault. However, Smith calculated that without fresh images, these same shots would be used from the library for days, and, as far as the Iraqis were paying any attention, they would assume that the British part of the main assault into Kuwait would come along the coast rather than from the desert, deep inland. This was a manoeuvre that journalists regarded as 'extraordinary'. Focus Group 8, Strand C, Shifting Securities Project.

32 Focus Group 12, Strand C, Shifting Securities Project. Journalists appeared completely familiar with the agreements that had to be signed to report from Israel, taking it as a matter of course and presuming that this would explain why reporters appeared to be mouthpieces for the Israeli government. However, these agreements and restrictions are never noted in broadcasts-in contrast, say, to reports from Saddam's Iraq, where prefatory, or coda labels such as 'this report was filed under government reporting restrictions' would be added. We can speculate that this does not occur in the case of Israel because those agreements themselves, perhaps, preclude declarations of this kind as a condition of access and ability to report.

33 Jennifer Glasse, 'War of Ideas: The Need for a Coherent US Message About Iraq', Research Paper, RCDS, July 2006; and Glasse, Interview, Strand C, Shifting Securities Project.

34 Channel 4 News, 31 July 2006 www.channel4.com/news/special-reports/ special-reports-storypage.jsp? id=2894 at 1 September 2006.

35 One of the experts used in this package was used to reinforce the judgement that this action was a war crime, with reporter John Sparks answering the selfposed question of whether or not it was, with 'Some experts think so', before the talking head is shown saying that elements in this present a 'prima facie case' to answer. That in itself is short of the point it was intended to support. However, the sound bite used omitted the context provided by the full film interview that, although there was a 'first sight' or surface case, any judgement on lawfulness had to be made with full understanding of the context and detail, and how issues of necessity and proportionality were weighted in light of them (James Gow, Field Observation Note 3, Strand C, Shifting Securities Project).

36 Focus Groups 13 and 17, Strand C, Shifting Securities Project; Interview 2.4, Strand A, Shifting Securities Project. In the latter, respondents were in no doubt that the action, as revealed by the report, was 'disproportionate' and 'uncalled for', with one saying that 'I don't think anyone would think that it was not disproportionate. It didn't leave a lot of ground to think otherwise. I think it was objective somehow, but under the table objective. And on the surface you only saw the disproportionality of the event and not the both sides.' In a similar vein, respondents said, 'the impression it left me with was that Israel was in the wrong.' This engendered the response: 'Exactly. Basically, you watch it, you get that feeling, you switch off the TV, go do something and in your mind you have it that Israel was wrong.' There was some sense in both the Strand C focus groups and the Strand A interview that there could be more to understanding this and similar events in the case of this particular conflict, and that there could be more to the Israeli action than was apparent.

37 Focus Groups 8, 11, 12, 123 and 14, Strand C. Shifting Securities Project.

38 Focus Group 8, Strand C, Shifting Securities Project.

39 Smith, *Utility*, p. 241.

40 Focus Group 8, Strand C, Shifting Securities Project.

41 The points in this paragraph are informed by: Focus Groups 1, 2, 3, 4, 7, 8, 11, 12, 13, 14, Strand C. Shifting Securities Project.

42 Focus Groups 8 and 13, with the latter confirming that, for military and civilian officials, there was absolutely no question of a 'one-size-fits-all' approach to the media, and, reflexively, that there were 'just as many misconceptions in the media of the military as the other way round'.

43 Focus Groups 11 and 13, Strand C, Shifting Securities Project.

44 Focus Groups 12 and 14, Strand C, Shifting Securities Project.

45 Brigadier General Mark Kimmitt, Interview, Strand C, Shifting Securities Project.

46 Barbara Starr, on CNN, made the only report of which we are aware. However, that report was made on 20 January, and based on further enquiries by her in Washington DC, and without reference to Kimmitt's original briefing four days earlier, on 16 January 2004. edition.cnn.com/2OO4/US/01/20/ sprj.nirq.abusc/ at 18 June 2006; Donald H. Rumsfeld, 'Testimony', House Armed Services Committee, 7 May 2004, www.defenselink.mil/speeches/ 2004/sp20040507-secdefO421.htm and www.defenselink.mil/Speeches/ Speech.aspx? SpeechlD-118, at 18 June 2006; and 'Chronology of Investigations', www.defendamerica.mil/articles/may2OO4/ aO50704h.html, at 18 June 2006.

47 *60 Minutes II,* CBS News, 28 April 2004, www.cbsnews.com/stories/2004/04/27/60II/main614063.shtml, at 31 August 2006; *CBS Evening News,* 28 April and 5 May 2004.

48 Focus Group 13, Strand C, Shifting Securities Project.

49 Focus Group 12, Strand C, Shifting Securities Project.

50 James Gow, 'Hearts, Minds and Retinas', Counter-insurgency Issues Conference, Joint Service Command and Staff College, 1 September, 2005, which became the basis for Gow, 'Hearts, Minds and Retinas: Legitimating Contemporary Warfare', *Contemporary Security Policy,* vol. 27, no. 4 (April 2007), as well as both enquiries for, and parts of, this volume.

51 There is no doubt that, as a public relations question, the US Marines' public affairs

policy of getting information out immediately makes sense. However, in the context of a multi-service and multi-agency environment, because this is a strategic question there needs to be a strategic approach, unified at the highest levels. A retired US Marines' Colonel pointed out the Marines' approach to Gow during a conference at the Joint Services Command and Staff College, 1-2 September 2005.

52 Smith, *Utility,* p. 393.

53 To be clear, the point here is the use of images constituting alleged war crimes, not the fact that images might portray and provide evidence of particular acts that may be alleged war crimes in themselves.